AUTISMO

Uma jornada de conscientização

Coordenadora técnica
Marjorie Jasper

AUTISMO

Uma jornada de conscientização

Literare Books
INTERNATIONAL
BRASIL · EUROPA · USA · JAPÃO

PRESIDENTE DO CONSELHO
Maurício Sita

PRESIDENTE
Alessandra Ksenhuck

VICE-PRESIDENTES
Cláudia Pires e Julyana Rosa

DIRETORA DE PROJETOS
Gleide Santos

EDITORES
Anselmo Vasconcelos e Helder Novaes

EDITORA JÚNIOR
Júlia Almeida

ASSISTENTE EDITORIAL
Emerson Xavier

REVISORES
Gabriele Lima e Giovana Mattoso

CAPA
Lucas Yamauchi

DESIGN EDITORIAL E DIAGRAMAÇÃO
Ana Paula Nunes Medeiros

IMPRESSÃO
Printi

Dados Internacionais de Catalogação na Publicação (CIP)
(Câmara Brasileira do Livro, SP, Brasil)

Autismo : uma jornada de conscientização / coordenadora técnica Marjorie Jasper. -- São Paulo : Literare Books International, 2025.

ISBN 978-85-9455-389-8

1. Autismo 2. Conscientização 3. Inclusão 4. TEA (Transtorno do Espectro Autista) I. Jasper, Marjorie.

25-262432 CDD-155

Índices para catálogo sistemático:

1. Autismo : Psicologia 155

Eliete Marques da Silva - Bibliotecária - CRB-8/9380

LITERARE BOOKS INTERNATIONAL LTDA.

Alameda dos Guatás, 102
Vila da Saúde – São Paulo, SP. CEP 04053-040
+55 11 2659-0968 | www.literarebooks.com.br
contato@literarebooks.com.br

MISTO
Papel | Apoiando o manejo florestal responsável
FSC® C196274

SUMÁRIO

PREFÁCIO

A publicação de *Autismo: uma jornada de conscientização* representa um avanço fundamental na construção de uma sociedade mais justa e inclusiva para as pessoas autistas e suas famílias. Mais do que um livro, esta obra é um convite à reflexão, ao conhecimento e à ação. Seu impacto transcende as páginas, alcançando todos aqueles que acreditam que a inclusão não é um favor, mas um direito.

Sob a organização de Marjorie Jasper, autora do Método Jasper, profissional cuja trajetória e dedicação à causa das pessoas com transtornos do neurodesenvolvimento são amplamente reconhecidas, esta coletânea reúne um olhar aprofundado e multidisciplinar sobre os desafios enfrentados por pessoas autistas em diferentes esferas da vida. A experiência e o compromisso da organizadora garantem que esta obra vá além do conhecimento técnico, trazendo uma abordagem sensível, embasada e transformadora.

Como advogada especialista em direito previdenciário e social, há anos acompanho de perto as dificuldades vividas por aqueles que buscam assegurar direitos fundamentais para si ou para seus entes queridos. O acesso à saúde, à educação, ao mercado de trabalho e aos benefícios assistenciais e previdenciários não deveria ser uma batalha, mas, na realidade, ainda impõe obstáculos diários às famílias.

O autismo não é um tema restrito a especialistas ou familiares; é um assunto que diz respeito a toda a sociedade. A inclusão verdadeira não se limita às políticas públicas ou às decisões judiciais – ela se manifesta no dia a dia, no olhar atento de cada indivíduo, na sensibilidade das instituições e na vontade coletiva de garantir dignidade e respeito a todas as pessoas.

Nesse contexto, o direito se torna um instrumento essencial de transformação social. Embora a legislação brasileira tenha avançado na proteção das pessoas autistas, ainda há um longo caminho a percorrer para que esses direitos sejam plenamente efetivados. É exatamente por isso que obras como esta são tão necessárias: elas ampliam o conhecimento, fortalecem a conscientização e pavimentam caminhos para uma sociedade mais acessível e empática.

Tenho plena convicção de que este livro será uma referência indispensável para profissionais, famílias, legisladores e todos aqueles que desejam compreender melhor o universo do autismo. Mais do que informar, ele inspira. Lembra-nos de que cada conquista na inclusão é fruto de um esforço coletivo e que cada direito garantido representa um passo a mais rumo a um mundo onde todos, autistas ou não, possam viver com respeito, dignidade e pertencimento.

Que esta jornada de conscientização seja também uma jornada de transformação.

Maeve Jasper Zappellini
@maevejz
Advogada, Jasper Zappellini advogados associados
Especialista em Direito Previdenciário
Conselheira Estadual OAB Santa Catarina 2025/2027
Vice-presidente OAB 4 subsecção 2022/2024
Presidente da comissão de Direito previdenciário 2019/2021

CAPÍTULO 01

A importância do treino de habilidades sociais

O treino de habilidades sociais é essencial para o desenvolvimento humano, impactando a comunicação e os relacionamentos. Essas habilidades envolvem expressão de sentimentos, resolução de conflitos e construção de vínculos, sendo fundamentais na escola e no trabalho. Em crianças com TEA, déficits nesses comportamentos exigem intervenções estruturadas que considerem fatores neuropsicológicos, como controle inibitório e flexibilidade cognitiva. A avaliação neuropsicológica direciona estratégias eficazes, e abordagens como a TCC melhoram a regulação emocional e a interação social. O Método Jasper integra neuropsicologia e análise do comportamento, promovendo vínculos e expressão emocional por meio de ferramentas inovadoras.

Dra. Marjorie Jasper

DRA. MARJORIE JASPER

Psicóloga e neuropsicóloga, com ampla experiência em avaliação neuropsicológica e especializações em Terapia Cognitivo-Comportamental (TCC), ABA, Altas Habilidades e Superdotação, Acupuntura e Medicina Tradicional Chinesa (MTC). Como criadora do Método Jasper, seu trabalho é voltado ao desenvolvimento infantil, promovendo o fortalecimento de habilidades sociais, vínculos afetivos e o manejo emocional. Atua como Diretora Técnica da Clínica Humannity, em Santa Catarina, onde lidera equipes especializadas em diagnóstico e intervenção para crianças com TEA, TDAH e transtornos de aprendizagem. Além da atuação clínica, é autora e coordenadora editorial de obras sobre neurodesenvolvimento pela Editora Literare Books International e ministra formação continuada em Neurociências por meio do Neurociência Método Jasper. Sua missão é contribuir para o avanço do conhecimento e das práticas terapêuticas, oferecendo suporte a profissionais e famílias no cuidado em desenvolvimento de crianças.

Contatos: saudementalhumannity@gmail.com
Instagram: @marjorie_jasper
49 3224 5065

A importância do treino de habilidades sociais

As habilidades sociais são um conjunto de comportamentos que permitem ao indivíduo interagir de forma eficaz e apropriada em diferentes contextos sociais. Elas envolvem competências como comunicação verbal e não verbal, resolução de conflitos, expressão de sentimentos e construção de vínculos. São habilidades essenciais para o desenvolvimento humano, afetando diretamente a qualidade das relações interpessoais em contextos familiares, educacionais e profissionais (Dall'Asta, 2015).

A neurociência moderna destaca a interconectividade dos circuitos cerebrais envolvidos na cognição social, mostrando que a amígdala, o córtex pré-frontal e o córtex cingulado desempenham papéis essenciais na regulação das interações sociais e emocionais (Zerbi *et al.*, 2018). Dessa forma, compreender esses mecanismos auxilia na formulação de abordagens terapêuticas mais eficazes para crianças com dificuldades socioemocionais, como aquelas com TEA.

Além do impacto no desenvolvimento pessoal e profissional, a falta de habilidades sociais pode gerar dificuldades emocionais e cognitivas, afetando negativamente a autoestima e a saúde mental. Indivíduos que não desenvolvem essas competências podem enfrentar isolamento, ansiedade e dificuldades acadêmicas. Portanto, investir no treino dessas habilidades desde a infância é um passo fundamental para garantir o sucesso emocional e social no futuro.

A aprendizagem de habilidades sociais não ocorre de forma automática, sendo necessário um ambiente rico em interações e oportunidades para desenvolver competências interpessoais. Crianças e adolescentes precisam de modelos positivos e estratégias adequadas para aprenderem a lidar com diferentes contextos sociais. Os pais, os educadores e os terapeutas desempenham um papel fundamental na criação desse ambiente e na modelagem de comportamentos adequados.

Bases neuropsicológicas e o papel da avaliação

O desenvolvimento das habilidades sociais está diretamente ligado a processos neuropsicológicos, como as funções executivas, a regulação emocional e a memória. O controle inibitório, por exemplo, é essencial para a gestão de impulsos e comportamentos inadequados, enquanto a flexibilidade cognitiva permite que a criança se adapte a diferentes situações sociais. A memória também desempenha um papel fundamental ao permitir que o indivíduo aprenda com experiências anteriores e as utilize em interações futuras (Maciocia, 1996).

A avaliação neuropsicológica fornece informações críticas sobre o funcionamento cognitivo e emocional do indivíduo, permitindo intervenções mais direcionadas. Conforme Cordioli (2014), abordagens terapêuticas fundamentadas na terapia cognitivo-comportamental (TCC) demonstram eficácia comprovada na modulação dos impulsos e no desenvolvimento de estratégias de interação social mais saudáveis.

A genética também desempenha um papel na forma como os circuitos sociais são estruturados. Estudos de Zerbi *et al.* (2018) destacam que mutações genéticas associadas ao TEA afetam diretamente a conectividade sináptica, reforçando a necessidade de estratégias terapêuticas que considerem tanto aspectos comportamentais quanto neurobiológicos. Compreender a neurobiologia das interações sociais possibilita a criação de metodologias mais eficazes para o treino de habilidades sociais, otimizando os resultados das intervenções.

Componentes fundamentais no treino de habilidades sociais

O treino de habilidades sociais é estruturado em três pilares principais:

- **Reconhecimento das emoções**: ensinar crianças a identificar e nomear emoções básicas como alegria, tristeza, raiva e medo é essencial para a compreensão e regulação emocional (Dall'Asta, 2015). Isso ocorre porque a autoconsciência emocional está diretamente relacionada à capacidade de responder de maneira adaptativa a estímulos sociais (Maciocia, 1996).
- **Fortalecimento de vínculos**: criar um ambiente seguro e acolhedor permite que a criança desenvolva confiança para interagir e aprender novas habilidades. A interação positiva reforça conexões neuronais ligadas à empatia e à reciprocidade (Cordioli, 2014).
- **Prática de comunicação e resolução de conflitos**: ensinar crianças a expressar sentimentos, ouvir os outros e negociar soluções promove interações mais saudáveis, contribuindo para a autorregulação emocional e a construção de repertórios sociais eficazes (Dall'Asta, 2015).

O treino contínuo dessas competências permite que a criança desenvolva autonomia emocional, o que contribui para a formação de uma identidade social saudável. Além disso, ao praticar essas habilidades em diferentes contextos, o aprendizado se torna mais natural e internalizado.

Estratégias gerais para o treino de habilidades sociais

Entre as principais estratégias aplicadas ao treino de habilidades sociais, destacam-se a modelagem, o reforço positivo e o uso de *role-playing*. A modelagem consiste em demonstrar comportamentos apropriados para que a criança os observe e os reproduza. Já o reforço positivo, como descrito no Método Jasper, utiliza recompensas para consolidar comportamentos assertivos (Dall'Asta, 2015).

O uso de atividades lúdicas também é fortemente recomendado, pois combina aprendizado e diversão, estimulando o engajamento das crianças. As práticas em grupo, que simulam interações sociais reais, são eficazes para promover habilidades sociais em contextos naturais.

O Método Jasper como abordagem complementar

O Método Jasper, desenvolvido por mim, Marjorie Jasper, é uma abordagem multidisciplinar que combina princípios da terapia cognitivo-comportamental, da análise aplicada do comportamento e da neuropsicologia para fortalecer vínculos e promover a expressão de emoções. Ele se baseia na neuroplasticidade, ou seja, na capacidade do cérebro de se reorganizar em resposta ao aprendizado e à experiência.

Esse método inclui ferramentas como:

- **"Jogo da minha vida"**: permite que crianças explorem situações cotidianas simuladas, identificando crenças disfuncionais e aprendendo comportamentos assertivos. Já o "Registro diário de emoções" ajuda crianças a identificar e nomear sentimentos, promovendo a reflexão sobre eventos da semana e a expressão saudável de emoções (Dall'Asta, 2015). Esses instrumentos têm demonstrado impacto significativo em contextos clínicos e educacionais, promovendo mudanças comportamentais e emocionais duradouras.
- **"Registro diário de emoções"**: o método combina princípios da terapia cognitivo-comportamental, da análise aplicada do comportamento, da neuropsicologia e medicina tradicional chinesa para fortalecer vínculos e promover a expressão de emoções e habilidades sociais (Dall'Asta, 2015).

A eficácia do Método Jasper é respaldada por estudos que demonstram o impacto positivo das abordagens estruturadas na promoção de mudanças comportamentais duradouras. Crianças que participam desse processo demonstram maior facilidade em estabelecer relações interpessoais saudáveis e resolver conflitos de maneira assertiva.

Estudos de caso e evidências sobre o treino de habilidades sociais

Casos clínicos descritos por Dall'Asta (2015) indicam que o uso do Método Jasper fortalece o vínculo terapêutico e promove melhorias significativas nas habilidades sociais das crianças. Crianças que participaram do "Jogo da minha vida" relataram maior facilidade na expressão de sentimentos e na resolução de conflitos. Quando utilizado em conjunto com o "Registro diário de emoções", observou-se um impacto positivo na interação familiar e no entendimento de emoções.

Além disso, estudos longitudinais indicam que crianças submetidas a programas de treino de habilidades sociais estruturados apresentam maior atividade nas regiões do cérebro associadas à empatia e ao reconhecimento de expressões faciais (Zerbi *et al.*, 2018). Esses achados corroboram a importância da intervenção precoce para garantir um desenvolvimento social mais harmonioso.

Conclusão: a relevância de um treino adequado

O desenvolvimento de habilidades sociais é essencial para a inclusão e o bem-estar das crianças. O **Método Jasper** apresenta-se como uma abordagem inovadora e baseada em evidências, transformando desafios em oportunidades de crescimento e garantindo que cada criança desenvolva confiança para interagir de forma saudável e realizada.

A combinação de técnicas baseadas na neuropsicologia, na neurociência comportamental e na TCC possibilita a criação de um ambiente propício para a aprendizagem social. Com estratégias bem planejadas e cientificamente embasadas, podemos proporcionar uma trajetória de vida mais equilibrada e satisfatória para crianças que enfrentam desafios no âmbito social e emocional.

Referências

CORDIOLI, A. V. *TOC*: manual de terapia cognitivo-comportamental para o transtorno obsessivo-compulsivo. 2. ed. Porto Alegre: Artmed, 2014.

DALL'ASTA, M. J. *Educando positivamente*. Lages: Leader Editora, 2020.

DALL'ASTA, M. *J. Método Jasper*: acompanhando o desenvolvimento emocional e trabalhando os sentimentos básicos. Lages: HY Editora, 2008.

DALL'ASTA, M. J. *Método Jasper*: desenvolvendo vínculo e trabalhando sentimentos com a criança. Lages: HY Editora, 2015.

DALL'ASTA, M. J. *Método Jasper*: uma amizade saudável: curiosidade x vergonha. Lages: HY Editora, 2008.

MACIOCIA, G. *Os fundamentos da medicina chinesa*. São Paulo: Roca, 1996.

ZERBI, V. *et al.* Dysfunctional autism risk genes cause circuit-specific connectivity deficits with distinct developmental trajectories. *Cerebral Cortex*, v. 28, p. 2495-2506, 2018.

CAPÍTULO 02

Inclusão de pessoas autistas no mercado de trabalho

Desafios, soluções e impactos sustentáveis

O capítulo aborda a inclusão de pessoas com TEA no trabalho, destacando desafios como preconceitos e falta de adaptações. Propõe soluções como ajustes razoáveis, treinamentos e campanhas de conscientização. Enfatiza benefícios como inovação, retenção de talentos e conexão com ESG e ODS. Deixa no ar uma reflexão: até onde as organizações estão prontas para abraçar plenamente essa transformação?

Adriana Belintani

ADRIANA BELINTANI

Advogada internacionalista, especializada em Direito Previdenciário e do Trabalho. Fundadora do Belintani Advocacia, é também sócia da Mental Health Connection, onde atua em projetos voltados à saúde mental e riscos psicossociais no trabalho. Pós-graduanda em Saúde Mental nas Empresas (FMUSP), Portuário e Marítimo (Maritime Law Academy), Sustentabilidade e ESG (Exame), e TEA, TDAH e inclusão: saúde, família e sociedade (PUC-PR). Adriana alia sua expertise jurídica à promoção de bem-estar no ambiente corporativo. É colunista da revista *aEmpreendedora* e do jornal *Litoral em pauta*. Promove palestras e cursos, destacando-se em temas como saúde mental, NR-01 e ESG. É autora de livros e artigos sobre advocacia e saúde mental, com foco em liderança, inteligência emocional e prevenção de assédio. Residente no litoral norte de São Paulo, equilibra carreira, família e estudos, buscando constante inovação e crescimento profissional.

Contatos: adrianabelintani@belintani.adv.br
LinkedIn: adrianadanielabelintani
Instagram: @belintaniadvocacia

O panorama da inclusão de pessoas autistas no mercado de trabalho apresenta desafios significativos em diferentes regiões do mundo, refletindo barreiras estruturais, culturais e a falta de políticas públicas eficazes. No Brasil, o cenário é alarmante: em 2019, dados do IBGE indicavam que cerca de 85% dos adultos autistas estavam desempregados, evidenciando preconceito, desconhecimento por parte das empresas e escassez de iniciativas inclusivas. No Reino Unido, mesmo com legislações como a Lei da Igualdade de 2010, apenas 21,7% dos adultos autistas estavam empregados formalmente em 2021, devido à limitada implementação de programas de suporte e conscientização. Nos Estados Unidos, os desafios persistem, com estimativas de 2023 mostrando que aproximadamente 85% das pessoas autistas em idade ativa estavam fora do mercado, destacando o impacto de estigmas culturais e a desconexão entre habilidades e oportunidades.

A exclusão dessa população traz prejuízos profundos tanto para o bem-estar individual quanto para a economia. No âmbito organizacional, o subaproveitamento de talentos como atenção aos detalhes, pensamento lógico e criatividade reduz a produtividade e inibe a inovação. No aspecto pessoal, o desemprego acarreta isolamento social, baixa autoestima e o agravamento de transtornos como ansiedade e depressão. Por outro lado, um mercado de trabalho inclusivo fomenta autonomia, crescimento pessoal e um ambiente mais colaborativo.

Parcerias entre empresas e ONGs surgem como estratégias eficazes para mudar esse cenário. Iniciativas como processos de recrutamento acessíveis, programas de capacitação e suporte contínuo para pessoas autistas são fundamentais para superar barreiras e promover ambientes inclusivos. Campanhas de conscientização ampliam esse impacto, beneficiando tanto indivíduos neurodivergentes quanto o mercado como um todo. Reconhecer e valorizar as competências únicas das pessoas com TEA é mais do que uma questão de justiça social; é uma oportunidade para criar ambientes corporativos mais produtivos, inovadores e harmoniosos.

A persistência e a ética de trabalho das pessoas com TEA são diferenciais no ambiente corporativo, destacando-se por comprometimento e consistência no cumprimento de tarefas. Essas qualidades asseguram excelência em funções que demandam repetitividade, foco contínuo e cumprimento rigoroso de prazos. Ao reconhecer e apoiar essas habilidades, as empresas não apenas valorizam esses profissionais, mas também promovem inovação, qualidade e um ambiente de trabalho mais inclusivo e produtivo, fortalecendo o engajamento e o senso de pertencimento nas equipes.

Além disso, empresas que investem em inclusão constroem uma reputação positiva no mercado, sendo vistas como líderes sociais que promovem responsabilidade e inovação. Essa percepção atrai clientes, parceiros e talentos, criando um ciclo virtuoso de crescimento e reconhecimento.

Para maximizar o potencial dos profissionais com TEA, é essencial criar um ambiente inclusivo que valorize suas habilidades e promova seu desenvolvimento. Adaptações sensoriais, como a redução de ruídos altos e iluminação forte, são fundamentais para garantir conforto e concentração no ambiente de trabalho. Além disso, a comunicação clara e estruturada, com feedback regular e objetivos bem definidos, ajuda a evitar mal-entendidos e a alinhar expectativas. Treinamentos específicos para equipes e gestores desempenham um papel crucial ao sensibilizar sobre as necessidades e as forças desses profissionais, fomentando uma cultura de apoio e respeito. A designação de mentores também é uma estratégia valiosa, oferecendo suporte na integração, no desenvolvimento de carreira e na resolução de desafios específicos.

Ao valorizar as habilidades únicas das pessoas com TEA, as empresas criam uma relação de ganho mútuo. Esses profissionais encontram oportunidades para crescer e se desenvolver, enquanto as organizações acessam talentos que impulsionam inovação, produtividade e uma ética organizacional diferenciada. Assim, a inclusão efetiva não é apenas um dever moral, mas também uma estratégia transformadora que gera impactos positivos e duradouros tanto no mercado de trabalho quanto na sociedade.

Desafios e barreiras na inclusão de pessoas com TEA

A inclusão de pessoas com transtorno do espectro autista (TEA) enfrenta desafios significativos no trabalho, na educação e nas relações sociais. Barreiras sensoriais, falta de ajustes razoáveis, dificuldades na comunicação e estigmas ainda limitam a participação plena dessas pessoas. Contudo, esses obstáculos podem ser superados com ações que promovam compreensão e respeito às suas singularidades.

Como já sabido, ambientes sensoriais adversos, como ruídos, iluminação forte e estímulos excessivos, prejudicam a qualidade de vida e a permanência de pessoas com TEA em espaços que deveriam ser acolhedores. Soluções simples, como áreas de baixa estimulação, controle de iluminação e redução de ruídos, tornam esses ambientes mais acessíveis. Apesar de eficazes, essas medidas são muitas vezes ignoradas por falta de conscientização ou preparo.

A comunicação social é outro desafio, agravado pelo despreparo de colegas e gestores, o que gera isolamento e mal-entendidos. Treinamentos de sensibilização são fundamentais para promover práticas comunicativas acessíveis e construir uma cultura inclusiva. Além disso, estigmas, como a crença equivocada de que pessoas autistas não podem desempenhar funções com excelência, limitam suas oportunidades. Campanhas educativas e histórias de sucesso são indispensáveis para desmistificar essas percepções.

Superar essas barreiras requer treinamentos e iniciativas para criar ambientes acolhedores, programas de conscientização para desconstruir mitos e políticas institucionais que incentivem práticas inclusivas. Acima de tudo, é essencial um acompanhamento personalizado que atenda às necessidades específicas de cada pessoa com TEA, garantindo seu pleno desenvolvimento e participação.

Boas práticas e inclusão no trabalho

Boas práticas de inclusão são essenciais para promover diversidade e fortalecer relações no ambiente corporativo, agregando valor à organização e aos colaboradores. Adaptações no local de trabalho, como espaços tranquilos para reduzir sobrecarga sensorial e recursos visuais que organizam tarefas, aumentam a produtividade e diminuem o estresse. Treinamentos para líderes são fundamentais para criar uma cultura mais acolhedora e melhorar a comunicação e o suporte às equipes. Pequenas mudanças, como dividir tarefas em etapas claras, ajudam colaboradores neurodiversos a se sentirem mais seguros e engajados, transformando o ambiente em um espaço inclusivo e colaborativo, que valoriza e potencializa talentos únicos.

Legislação e apoio: construindo ambientes inclusivos e saudáveis

A criação de um ambiente de trabalho inclusivo e saudável exige o cumprimento de normas como as Normas Regulamentadoras 07 e 01, que promovem saúde mental, bem-estar e igualdade. A NR-07 destaca a importância da readaptação profissional, ajustando condições laborais para garantir que as tarefas atendam às necessidades individuais, protegendo a saúde física e mental dos trabalhadores.

A NR-01, embora não trate diretamente de pessoas com TEA, pode ser usada para promover sua inclusão e segurança no trabalho. Medidas como a identificação de riscos psicossociais, criação de espaços sensoriais e fornecimento de EPIs são essenciais para atender às necessidades específicas desses profissionais. Treinamentos para equipes e gestores promovem conscientização e capacitação, enquanto adaptações nos processos de trabalho, como horários flexíveis e funções alinhadas às habilidades do indivíduo, favorecem seu desempenho e engajamento.

Políticas inclusivas que integram a NR-01 oferecem ajustes razoáveis e suporte contínuo, criando um ambiente acolhedor e produtivo. Essas ações não apenas beneficiam diretamente trabalhadores neurodiversos, mas também fortalecem a cultura organizacional, promovendo inovação e diversidade. A aplicação dessas legislações transforma o ambiente corporativo em um espaço mais justo e acessível, onde inclusão e bem-estar são pilares fundamentais para o desenvolvimento sustentável.

Benefícios da inclusão e seu impacto organizacional no contexto do ESG e ODS

A inclusão no ambiente corporativo vai além das boas práticas, sendo um pilar estratégico essencial para organizações que buscam se destacar em um mercado competitivo e alinhar-se aos princípios de **ESG** (*environmental, social, and governance*) e aos **objetivos de desenvolvimento sustentável** (ODS) da ONU. O ESG avalia práticas ambientais, sociais e de governança das empresas, incentivando transparência, sustentabilidade e responsabilidade social. Os ODS, por sua vez, são 17 metas globais que promovem ações para erradicar desigualdades, proteger o meio ambiente e fomentar crescimento econômico inclusivo até 2030. Juntos, ESG e ODS formam diretrizes essenciais para práticas corporativas éticas e sustentáveis.

Investir em inclusão não é apenas uma questão de responsabilidade social, mas também uma estratégia que gera resultados positivos e sustentáveis, promovendo impacto social e econômico significativo.

Um dos principais benefícios da inclusão é a **inovação**. Equipes diversas, com experiências e perspectivas distintas, impulsionam soluções criativas e abordagens inéditas, alinhadas ao **ODS 9** (indústria, inovação e infraestrutura). Essa diversidade permite que as organizações antecipem tendências, adaptem-se a mudanças e obtenham vantagem sobre concorrentes menos diversos.

A inclusão também fortalece a **reputação organizacional**, um dos pilares do ESG, posicionando empresas como éticas e progressistas, atraindo consumidores, investidores e parceiros comerciais. A valorização da diversidade contribui diretamente para o cumprimento do **ODS 10** (redução das desigualdades), reforçando o compromisso com a equidade social e a promoção de oportunidades igualitárias.

Ambientes de trabalho adaptados às necessidades dos colaboradores são mais eficientes e produtivos. Funcionários valorizados e respeitados demonstram maior engajamento, refletindo em melhor desempenho organizacional. Além disso, a criação de uma cultura inclusiva reduz conflitos internos e melhora a colaboração, contribuindo para o bem-estar dos funcionários, em consonância com o **ODS 8** (trabalho decente e crescimento econômico).

A **retenção de talentos** é outro aspecto fundamental. Empresas inclusivas mantêm seus colaboradores por mais tempo, pois ambientes acolhedores e equitativos promovem lealdade e diminuem a rotatividade. Isso reduz custos operacionais e fortalece o capital humano, enquanto reforça o pilar social do ESG, garantindo que a empresa atue como agente de transformação.

Esses benefícios ultrapassam os limites organizacionais, reforçando a inclusão como um diferencial competitivo e alinhando as empresas às metas globais de sustentabilidade. Ao priorizar a diversidade e adotar práticas inclusivas, as organizações não apenas atendem às demandas de um mercado em evolução, mas também contribuem para um legado de impacto positivo, em linha com o ESG e os ODS. Investir em inclusão, portanto, é uma decisão estratégica que promove um futuro mais justo, sustentável e colaborativo.

Conclusão

A inclusão de pessoas com transtorno do espectro autista (TEA) no mercado de trabalho é um imperativo moral, legal e estratégico. Em um mundo que valoriza diversidade e inclusão como pilares do desenvolvimento sustentável, é essencial que organizações e sociedade acolham a neurodiversidade. Esse processo requer adaptações estruturais e mudanças culturais que promovam respeito e valorização das diferenças.

Superar barreiras como preconceitos, desconhecimento sobre o TEA e ambientes corporativos pouco adaptados exige esforço coletivo. Cada obstáculo superado aproxima as organizações de um ambiente mais justo e inclusivo.

Boas práticas incluem ajustes no ambiente de trabalho, programas de treinamento, comunicação clara, flexibilidade e espaços sensoriais seguros. Compreender e valorizar habilidades como atenção aos detalhes, pensamento analítico e criatividade traz perspectivas inovadoras e fortalece equipes e resultados organizacionais.

A inclusão beneficia a todos: promove autoestima e independência para pessoas com TEA e agrega valor às corporações por meio da diversidade. Este é um chamado à ação para construir um futuro em que a neurodiversidade seja integrada e valorizada, garantindo ambientes de trabalho acolhedores e produtivos para todos.

CAPÍTULO 03

Autismo

Conscientização e a eficácia da intervenção da terapia fonoaudiológica

Este capítulo explora a importância da disseminação de informações sobre o autismo, a necessidade de abordagens terapêuticas personalizadas e a eficácia das intervenções fonoaudiológicas. Estudos mostram que terapias baseadas em evidências, como aquelas focadas na integração sensorial e no desenvolvimento da linguagem funcional, favorecem a autonomia e a qualidade de vida dos indivíduos com TEA.

Aline Mendes Marchi da Silva

ALINE MENDES MARCHI DA SILVA

Graduada em Fonoaudiologia (UFRJ), pós-graduada em Psicopedagogia Clínica e Institucional (UNIG), e em Educação Especial e Inclusiva (UNINTER), especialista em Distúrbios de Fala e Linguagem (UNYLEYA), em Neuroaprendizagem (FAVENI), especialista com formação e certificação em ABA, mestre em Educação (Facultad Interamericana de Ciencias Sociales).

Contatos: alinemendesmarchi@yahoo.com.br
Facebook: alinemendesmarchi
Instagram: @alinemendesmarchi

O transtorno do espectro autista (TEA) é uma condição do neurodesenvolvimento caracterizada por dificuldades na comunicação social, na interação, comportamentos repetitivos e interesses restritos, que impactam o desenvolvimento e a qualidade de vida dos indivíduos. A conscientização sobre o autismo tem crescido, promovendo diagnósticos mais precoces e intervenções eficazes, incluindo a terapia fonoaudiológica. Este capítulo explora o papel da fonoaudiologia no desenvolvimento de habilidades comunicativas e sua importância para melhorar a qualidade de vida de indivíduos com TEA e suas famílias.

Conscientizar a sociedade sobre TEA é essencial para desmistificar preconceitos, promover a aceitação e incentivar o acesso a serviços de saúde e educação especializados. Campanhas informativas e capacitação de profissionais têm sido fundamentais para identificar sinais precoces do autismo, como atraso no desenvolvimento da fala, dificuldades em manter contato visual e padrões atípicos de comportamento.

A conscientização também é essencial para fortalecer políticas públicas e assegurar que intervenções terapêuticas, como a fonoaudiologia, estejam disponíveis para indivíduos com TEA, respeitando suas especificidades e singularidades.

A fonoaudiologia é uma intervenção essencial para crianças, jovens e adultos com TEA, devido às dificuldades de comunicação que frequentemente estão presentes nesse público. A terapia fonoaudiológica tem como objetivo desenvolver ou melhorar:

- **Comunicação verbal**: promovendo o desenvolvimento da fala funcional, quando possível.
- **Comunicação Alternativa e Aumentativa (CAA)**: para indivíduos não verbais, com o uso de recursos como pictogramas, pranchas de comunicação e dispositivos eletrônicos.
- **Habilidades pragmáticas**: aprimorando a interação social, como iniciar conversas, responder a perguntas e interpretar expressões faciais e gestos.
- **Compreensão de linguagem**: ampliando o entendimento de instruções, narrativas e contextos sociais.

As abordagens terapêuticas utilizadas na fonoaudiologia para o TEA variam conforme o perfil individual de cada paciente. Entre as estratégias mais utilizadas, estão:

- **Modelo Denver de Intervenção Precoce (*Early Start Denver Model* – ESDM)**: foco no desenvolvimento de habilidades sociais e linguísticas por meio de brincadeiras e interações naturais.
- **Análise do Comportamento Aplicada (ABA)**: ciência estruturada para ensinar comportamentos e habilidades, incluindo a comunicação.
- **Intervenção centrada na comunicação social**: priorização do desenvolvimento de interações espontâneas e funcionais em contextos naturais.
- **Treinamento dos pais e cuidadores**: capacitação de familiares e promoção da comunicação e da interação no dia a dia.

Pesquisas destacam a eficácia da terapia fonoaudiológica no desenvolvimento de habilidades comunicativas em indivíduos com TEA. Estudos apontam que intervenções precoces, realizadas por fonoaudiólogos em conjunto com uma equipe multidisciplinar, estão associadas a:

- Maior desenvolvimento da linguagem verbal ou uso eficaz de CAA.
- Melhora no engajamento social e na reciprocidade comunicativa.
- Redução de frustrações e comportamentos desafiadores devido à maior capacidade de expressão.

Além disso, o suporte fonoaudiológico contínuo durante diferentes etapas da vida auxilia na transição para a vida adulta, promovendo maior autonomia e participação social.

Futuras perspectivas incluem o uso de tecnologias avançadas, como inteligência artificial e realidade virtual, para enriquecer as intervenções e personalizar os tratamentos.

A terapia fonoaudiológica desempenha papel central no desenvolvimento de habilidades comunicativas e na promoção da qualidade de vida de indivíduos com TEA. Aliada à conscientização social e ao trabalho multidisciplinar, é uma ferramenta poderosa para garantir o direito à comunicação e à inclusão. Investir na formação de profissionais, ampliar o acesso aos serviços e fortalecer o suporte às famílias são passos essenciais para um futuro mais inclusivo e equitativo.

O tema TEA é complexo e vasto e nossa intenção nunca foi a de esgotá-lo, mas tão somente contribuir para levar informações e conhecimentos aos interessados.

CAPÍTULO 04

Como promover uma comunicação aumentativa e alternativa para indivíduos que não são bons comunicadores?

Neste capítulo, discutiremos novas possibilidades de se comunicar para os indivíduos que não são bons comunicadores, em especial as crianças com TEA, para as quais, nesses 20 anos de experiência, tive a oportunidade de oferecer mais qualidade de vida e inclusão por meio da comunicação alternativa e ressaltando a importância do papel da família durante todo esse processo.

Amanda Caetano

AMANDA CAETANO

Fonoaudióloga graduada pelo Centro Universitário Moacyr Sreder (RJ), pós-graduada em Transtorno do Espectro Autista, Desenvolvimento Infantil e Análise do Comportamento Aplicada (ABA). Formada em Intervenção Baseada no ESDM. Certificação Internacional no método PROMPT nível I, PODD e PECS. Capacitação profissional em LAMP, Multigestos, Boquinhas, PlusHand, CoreWords e nos métodos DTTC e Rest, voltados à apraxia de fala na infância. Também possui certificação em Processadores de Linguagem Gestalt. Pós-graduanda em Comunicação Alternativa. Com mais de 20 anos de experiência, atua como fonoaudióloga clínica com ênfase nos transtornos do neurodesenvolvimento na Clínica Despertare. CEO da empresa Comunica+, especializada em Comunicação Aumentativa e Alternativa, acredita firmemente que indivíduos com dificuldades de se comunicar, para que sejam compreendidos, precisam de alternativas para que possam expressar seus desejos e necessidades, e serem incluídos na sociedade. Seu propósito é promover qualidade de vida por meio da implementação da comunicação alternativa de forma efetiva, e realizar palestras, workshops, treinamentos e mentorias em CAA para profissionais, familiares e outros parceiros de comunicação.

Contatos: caetanoamanda28@gmail.com
Instagram: @comunicamais_caa
21 98887 8882

Você já se sentiu frustrado por não conseguir se expressar? Esse é provavelmente o sentimento de 30% das crianças, jovens e adultos com autismo que não desenvolvem linguagem verbal complexa para comunicação. Porém, mesmo com dificuldade de se expressar, essas pessoas têm ideias, necessidades, pensamentos e urgências que, mesmo não sendo faladas, precisam ser entendidas pela sociedade.

A falta de acessibilidade fere o direito da pessoa com deficiência porque a deixa em um estado de desvantagem em relação a seus pares que falam e limita sua participação social e oportunidades.

O presente texto tem por objetivo abordar alternativas de promover uma comunicação funcional para esses indivíduos. Para tanto, é necessário entender que fala e comunicação são conceitos diferentes, para que então possa entender a real necessidade da implementação da comunicação aumentativa e alternativa (CAA), bem como seus benefícios para esses indivíduos.

Sabemos que a comunicação é uma troca de informações entre dois ou mais interlocutores. Para nos comunicarmos, não necessariamente precisamos da fala. Também conseguimos nos comunicar por meio de escrita, imagens, gestos, expressões faciais, entre outros meios, o que chamamos de comunicação multimodal. Uma prova disso é o choro, mecanismo que utilizamos para alcançar o que queremos desde o primeiro dia de vida, antes mesmo da fala. Portanto, a comunicação eficaz acontece quando a mensagem de uma pessoa é compreendida pela outra, independentemente da forma utilizada para expressá-la.

A comunicação é um direito humano que garante autonomia e liberdade, e a CAA é um meio de dar voz e proporcionar acesso a um mundo de possibilidades que está protegido por leis de acessibilidade e inclusão, garantindo que pessoas com deficiências tenham direito à comunicação por meio de tecnologia assistiva.

A Lei brasileira de inclusão – 13.146/2015, art. 8º, assegura que a comunicação seja garantida pelo uso de tecnologia assistiva (TA).

A Lei de acessibilidade – 10.098/2000 estabelece normas para a promoção para pessoas com deficiência (PCD). O **art. 17** desta lei prevê a eliminação de barreiras na comunicação e a oferta de recursos de CAA para garantir o acesso a educação, saúde e trabalho.

Em um primeiro contato, muitas pessoas concluem que a CAA se resume a aplicativos, pranchas ou imagens em cartões. No entanto, a CAA deve ser entendida de modo mais amplo. A CAA constitui um sistema integrado por quatro componentes: símbolos, recursos, técnicas e estratégias.

Para quem é indicado o uso de CAA?

A CAA se faz necessária quando a fala e/ou linguagem está prejudicada, mesmo que parcialmente, de tal forma que afete a comunicação e a participação na sociedade.

O desenvolvimento é um complexo processo que envolve a aprendizagem de habilidades desde o nascimento até a fase adulta. Por esse motivo, recorremos aos marcos do desenvolvimento infantil que nos ajudam com parâmetros de idade esperada para o surgimento de habilidades específicas em diversos domínios, como cognitivo, motor, linguagem receptiva e expressiva, interação social etc.

Especialmente no que se refere à CAA, é fundamental que esses marcos sejam utilizados como parâmetros para a recomendação do uso de CAA. Portanto, se a criança tem um ano e não adota comportamentos comunicativos para se expressar, como contato visual e gestos simples ou convencionais, mesmo sem o uso de palavras (apontar, responder "sim" e "não" com a cabeça; dar "oi" e "tchau" espontaneamente ou sob solicitação) ou não utiliza palavras faladas (como "mama", "dá", "papa"), essa criança já é elegível para iniciar a CAA.

Autismo e comunicação aumentativa e alternativa

Há crianças, jovens e adultos que não são bons comunicadores, não conseguem falar ou têm um discurso pouco funcional. É o caso de algumas pessoas com autismo, dependendo do nível. Por isso, usar comunicação alternativa com quem tem autismo ou qualquer dificuldade comunicativa traz alguns benefícios:

- Redução de comportamento-problema.
- Melhor desenvoltura da criança.
- Potencializa o desenvolvimento cognitivo.
- Proporciona inclusão na educação, favorecendo a socialização com os pares e o processo de aprendizagem.

Com base na preocupação com esse grupo, pensei em uma maneira de implementar o sistema de comunicação de forma robusta (complexa), porém simplificada e sem reduzir o vocabulário, personalizada de acordo com o usuário.

Por onde começar?

Para a implementação da CAA, é imprescindível a realização de uma avaliação fonoaudiológica, para que então possamos a implementar de forma mais assertiva e motivadora para o usuário. Por esse motivo, siga o passo a passo:

1. **Anamnese**: mesmo que o paciente seja antigo, se vai iniciar a implementação da CAA, precisa de uma nova anamnese com foco em CAA, para que seja possível entender quais são as maiores expectativas, demandas e necessidades na comunicação do paciente.
2. **Preenchimento junto com a família do guia de comportamentos comunicativos (GCC)**: a fim de identificar os comportamentos utilizados pelo paciente como forma de comunicação, para que possamos planejar estratégias dentro do sistema de CAA.
3. **Avaliação do processamento de linguagem**: para entender como o usuário processa a linguagem, isto é, a maneira como seu cérebro adquire linguagem. Atualmente, conhecemos duas formas de processamento de linguagem: analítica e Gestalt.
4. **Avaliação do nível de linguagem**: uso de protocolos ou amostra de linguagem.
5. **Avaliação com o paciente**: análise de método, tipo de tecnologia, interação.
6. **Avaliações específicas em CAA**: nesta etapa, usaremos protocolos específicos com foco em CAA, como EAC (escala de avaliação de competências comunicativas), matriz de comunicação e a Grade Dinâmica de Metas em CAA (DAGG 3), entre outros.

A motivação e os interesses são a base para uma rotina de treinos que simulam situações reais de convívio social. Em cada sessão, são repetidas diversas interações curtas, em que a comunicação é mediada pelo recurso de CAA. Dessa forma, o usuário passa a entender que o recurso de CAA pode ajudá-lo a fazer pedidos, compartilhar suas ideias e fazer comentários mais complexos.

A escolha do recurso inicial depende da avaliação de diferentes fatores, incluindo a opinião do usuário e a de seus familiares; a observação de suas dificuldades e habilidades sensoriais, motoras e cognitivas; a viabilidade financeira de aquisição dos materiais e recursos; a análise do contexto, do ambiente e das atividades em que o recurso será utilizado para permitir maior independência e autonomia possível para o uso.

A escolha de um aplicativo precisa considerar características e habilidades do usuário, contexto de utilização, custo e capacidade de customização, plataforma de funcionamento, elementos e formas de construção da grade, tamanho e cor dos pictogramas, registro de uso, adaptação da voz ao gênero do usuário, velocidade de fala, acesso ao teclado, idioma do sistema, flexão verbal e nominal, backup disponível, manipulação remota.

A atualização e a evolução constante do sistema de CAA são fundamentais para garantir que o usuário continue crescendo, adquirindo novos conhecimentos, novas palavras e novos desafios durante o seu desenvolvimento.

Como implementar?

Durante minha formação, aprendi diferentes possibilidades de trabalho para o uso da CAA, como PECS, PODD, Corewords. Com base nesses estudos, optei por trabalhar com um sistema robusto que atende a todas as funções comunicativas, com organização morfossintática e distribuição de vocabulário acessório. O sistema respeita a ordem das palavras na estruturação de frases, pois acredito que isso facilita a organização e o planejamento para a emissão de palavras e frases. Tudo é personalizado para cada usuário, para que ele se sinta motivado e tenha à disposição todos os recursos necessários para uma comunicação de qualidade.

Tendo em vista que as crianças em desenvolvimento aprendem por meio de exposição, tentativa e erro, modelagem, correção de outros e repetida modelagem da língua falada, acredito que o sucesso no uso da CAA e o avanço das habilidades de comunicação dependem, em grande parte, do parceiro de comunicação. Por esse motivo, minha atuação como fonoaudióloga concentra-se em suporte e treinamento da família, assistentes terapêuticos e demais parceiros de comunicação que passam mais tempo com o usuário e têm mais oportunidades para modelar.

Vale ressaltar que o fracasso da CAA está ligado ao fato de a modelagem não ser feita de forma **consistente, frequente** ou com **estratégias corretas**. É mais provável que os parceiros de comunicação culpem o recurso de CAA, o profissional que o implementou ou até mesmo o usuário pelo fracasso, em vez de aceitarem que talvez não tenham modelado e apoiado a CAA da maneira correta.

Para obter sucesso na modelagem, crie motivação e circunstâncias que sejam altamente envolventes e tornem a comunicação mais provável.

Seja um parceiro motivador, use pausas convidativas (faça uma pausa e espere que o indivíduo responda). Considere usar um relógio para garantir que está aguardando por tempo suficiente. Alguns indivíduos precisam de apenas alguns segundos, outros precisam de muito mais tempo. Além disso, é importante estimular a motivação e reexpor o indivíduo ao vocabulário-alvo, pois a comunicação é sempre uma escolha. Isso significa que está tudo bem se ele optar por não se comunicar ou expressar algo diferente do esperado. Quando isso acontecer, concentre-se em incentivar a motivação e traga novas oportunidades de exposição ao vocabulário-alvo.

Foi pensando em todas essas questões desafiadoras ao longo de minha jornada com pacientes que apresentam dificuldades complexas de comunicação que resolvi escrever este capítulo. Meu objetivo é conscientizar e provar que todos podem se comunicar por meio de diferentes formas, basta buscar profissionais qualificados para avaliar e treinar não somente o usuário, mas também os parceiros de comunicação.

Relatos de quem já vivencia essa experiência

1. Camila, mãe do Lucas (TEA, TDAH e apraxia de fala)

"O uso da CAA em nossa família surgiu pela necessidade de ofertarmos um canal de comunicação ao meu filho. Lucas é minimamente oralizado e, ao longo do tempo, observamos que seu aprendizado é visual. Logo introduzimos imagens nas suas atividades do dia a dia para auxiliá-lo nos sentimentos e nas estratégias de regulação emocional e sensorial. Atualmente, foi introduzido *AsTeRICS Grid* pela fonoaudióloga Amanda, o que facilitou e proporcionou uma variabilidade de pictogramas e repertório para Lucas. Além dos estímulos visuais, também contamos com a vocalização da palavra, o que fez com que Lucas aumentasse a reprodução sonora (fala) de forma espontânea. A comunicação alternativa trouxe para Lucas a validação dos seus sentimentos, vontades e necessidades. Hoje temos um filho que, através do comunicador, está alcançando sua autonomia e sendo protagonista da própria história."

2. Livia, mãe do Theo (TEA)

"Demos início à comunicação aumentativa e alternativa com meu filho, entendendo que, tão importante quanto a fala, é se comunicar. Theo é uma criança com muitas vontades e minha intenção é entendê-las e respeitá-las. Hoje, Theo consegue se expressar através do comunicador, o que está ajudando muito no desenvolvimento de sua fala. Sou muito grata à fonoaudióloga Amanda por ter nos apresentado esse método. Meu filho era refém do silêncio e hoje consegue se comunicar."

Referências

BROWN, R. *Uma primeira linguagem*: os primeiros estágios. Londres: George Allen & Unwin Ltd, 1973.

FERNANDES, F. D. M.; MOLINI-AVEJONAS, D. R.; SOUSA-MORATO, P. F. Perfil funcional da comunicação nos distúrbios do espectro autístico. *Revista Cefac*, v. 8, n. 1, p. 20-26, 2006. Disponível em: https://doi.org/10.1590/S2317-17822014000100013. Acesso em: 8 jan. 2025.

FERNANDES, F. D. M. Pragmática. *In*: ANDRADE, C. R. F. *et al. ABFW*: teste de linguagem infantil nas áreas de fonologia, vocabulário, fluência e pragmática. 2. ed. Carapicuíba: Pró-Fono, 2004.

JUNIOR, P. Casos de autismo sobem para 1 a cada 68 crianças. *Revista Autismo*, Notícias, 28 mar. 2014.

MELLO, A. M. *et al. Retratos do autismo no Brasil*. São Paulo: AMA, 2013.

TOGASHI, C. M.; WALTER, C. C. F. As contribuições do uso da comunicação alternativa no processo de inclusão escolar de um aluno com transtorno do espectro do autismo. *Revista Brasileira de Educação Especial*, v. 22, p. 351-366, 2016. Disponível em: https://doi.org/10.1590/S1413-65382216000300004. Acesso em: 8 jan. 2025.

WANDIN, H. *et al.* Uma revisão do escopo da modelagem CAA auxiliada para indivíduos com deficiências de desenvolvimento e comunicação emergente. *Current Developmental Disorders Reports*, v. 10, p. 123-131, 2023.

CAPÍTULO 05

O tratamento do autismo

Como a ciência ABA contribui para o processo de ganho de repertórios comportamentais

O presente capítulo traz uma reflexão sobre o quanto a Análise do Comportamento Aplicada tem trazido contribuições para o tratamento da criança com autismo. Pensando em protocolos padrão ouro na intervenção clínica e escolar, as evidências nos mostram o quão capacitada e avançada está a ciência ABA. As evidências de sucesso no tratamento baseado em ABA nos trazem a certeza de um solo fértil e rico para as nossas crianças que tanto amamos. Aliás, ao falarmos do amor pela criança, não podemos esquecer o lado humano do tratamento. Pensar em ABA não dispensa o assentimento da criança na terapia, o respeito, a ética e a compaixão.

Ana Luisa Machado Fernandes

ANA LUISA MACHADO FERNANDES

Psicóloga e Analista do Comportamento com certificação internacional pelo IBAO. Sua paixão em pesquisas e estudos a incentivaram a fazer o mestrado em Ensino de Ciências e algumas outras pós-graduações, dentre elas a Musicoterapia. É fundadora da ABAmais consultoria, empresa que supervisiona vários núcleos de intervenção ABA pelo Brasil. Como sócia da ABAmais EDUCA, já formou mais de 10 mil alunos em cursos sobre ABA. Pensando em sua responsabilidade em atender o público da cidade que a criou, fundou em 2024, juntamente com os seus sócios, o Instituto Ana Fernandes, um espaço de atendimento e formações presenciais.

Contatos: analu_coral@yahoo.com.br
Instagram: @anafernandespsi
@abamais_consultoria
35 99103 3647

Pensando no título deste livro e nas contribuições da ciência ABA nesse contexto, quero apresentar a ABA de uma forma simples e apaixonante para que você, leitor, não tenha dúvidas sobre qual caminho percorrer no tratamento do seu paciente com autismo.

Talvez você seja um pai ou uma mãe de uma criança com autismo ou um terapeuta superenvolvido com seus pacientes. Independentemente do papel que você desempenha nessa jornada, uma coisa nunca poderá faltar: o amor. Esse amor será o motor que o levará a procurar sempre o que há de melhor para o desenvolvimento desse paciente. Lembro-me bem do dia em que recebi a mãe de um paciente com autismo no consultório e perguntei: "O que te traz aqui?". A resposta foi imediata (tempo de latência de menos de um segundo): "Eu quero o que há de melhor para o tratamento do meu filho para que ele tenha autonomia e seja feliz". Ela só queria um caminho. Um caminho que a levasse ao sucesso no tratamento. Não me perguntou se seria difícil, ou como ela teria que nos ajudar nesse primeiro momento; ela só queria a certeza de apresentar o que havia de melhor naquele momento.

Esse é o caminho que apresentarei aqui para vocês hoje. Um caminho de tratamento baseado em evidências que me trouxe combustível para permanecer nesse trabalho durante todos esses anos de profissão. Ver curvas de evolução, crianças aprendendo a se comunicar e vocalizar, progredindo academicamente, isso alimenta nossa alma. E onde encontrei esse caminho? Na terapia baseada em ABA.

Para você, terapeuta, cabe a reflexão: como tem conduzido o tratamento de seus pacientes com autismo? Tem aproximado os pais desse trabalho e planejado intervenções de forma ética, científica e humana? Tem deixado o bem-estar de seu paciente em primeiro lugar? Qual o seu papel nesse processo? Essas reflexões nos trazem um norte para entregar de fato o que essa criança precisa de nós.

Para auxiliá-los nessa reflexão, precisaremos abraçar aqui alguns conceitos básicos da ABA. Esses conceitos trarão a você um panorama sobre o objetivo da ciência e sobre como ela conduz esses processos de aprendizagem de novos repertórios comportamentais (já que será por meio do ensino desses novos repertórios que traremos os ganhos comportamentais que tanto almejamos).

Mas antes mesmo de questões conceituais: o que será essa ABA sobre a qual tanta gente tem falado por aí?

> A análise do comportamento aplicada é a ciência na qual as táticas derivadas dos princípios do comportamento são aplicadas sistematicamente para melhorar o comportamento socialmente significativo e a experimentação é usada para identificar as variáveis responsáveis pela mudança de comportamento. (Cooper, 2020, p. 19)

Com essa definição, Cooper nos mostra que a ABA, ao contrário do que muitas pessoas pensam, não é um método. Muitos estão à procura de livros mágicos com estratégias rígidas sobre como melhorar determinados repertórios comportamentais, como "Como fazer meu filho parar de chorar ao ir para a escola" ou "Como ampliar o repertório verbal do meu paciente". Esses são exemplos de dúvidas diárias sobre a condução de intervenções infantis. A ABA não trará a você um manual rígido de programas de ensino. Pelo contrário, iluminará tratamentos individuais e únicos para cada criança. A ABA é uma ciência que procura melhorar de forma significativa comportamentos socialmente importantes analisando o ambiente, antecedentes e consequências desses comportamentos.

A ABA é uma ciência baseada em evidências, isto é, Analistas do Comportamento tomam suas decisões sobre como intervir em determinado comportamento ao analisar "evidências científicas acerca da efetividade das intervenções a serem utilizadas e discutir com os envolvidos no processo as bases para suas decisões" (Sella *et al.*, 2018). A ABA é uma ciência com consistência teórica e metodológica. Seus pesquisadores se empenham dia após dia para prover evidências de que os seus procedimentos são efetivos. As pesquisas não param, queridos leitores.

Diante disso, como será que as mudanças de comportamento acontecem? Acredito que vocês estejam aí curiosos para entender a beleza dessa ciência que tem conquistado o mundo e servindo de base para práticas padrão ouro no tratamento do autismo no mundo.

Agora, sim, podemos pensar em questões conceituais. É claro que, como analistas do comportamento, a primeira coisa que precisamos compreender é: o que é o comportamento. Para Todorov (2007), compreende-se o comportamento como uma relação ou interação entre eventos ambientais (estímulos) e atividades de um organismo (respostas). Isto é, nós não podemos mais olhar um comportamento como um evento isolado.

Todorov (2007) destaca que "os conceitos de comportamento e ambiente e de resposta e estímulos são interdependentes. Um não pode ser definido sem referência ao outro" (p. 59). A essa relação de dependência entre os eventos do ambiente, ou entre eventos comportamentais e do ambiente, nós damos o nome de contingência (Catania, 1999). Skinner (1978) afirma que, para que nós consigamos compreender essa contingência, precisamos analisar o que ele chama de três termos: 1) a ocasião em que a resposta ocorre, ou seja, o estímulo discriminativo (SD); 2) a própria resposta (comportamento); e 3) as consequências.

Analisar esses três termos aos quais Skinner faz referência é parte muito importante do nosso trabalho enquanto analistas do comportamento. Analisar o comportamento, seu ambiente e suas funções nos ajudará a tomar decisões preciosas sobre o rumo e o desenho das intervenções.

Como analistas do comportamento, é esse o nosso papel: compreender esse comportamento, entender por meio de avaliações comportamentais o que a criança apresenta de déficits, reservas e excessos comportamentais. Assim, o primeiro passo é: o que o paciente precisa aprender? Para encontrar essa resposta, nós precisaremos lançar mão de bons protocolos de avaliação.

Mas será que apenas os protocolos nos trarão essa resposta? Aliás, muitos terapeutas têm se esquecido da base do nosso trabalho: a observação clínica. Importante: os protocolos não são dispensáveis no processo avaliativo, isto é, você que é um familiar de uma criança com autismo, por exemplo, sempre deve pedir aos terapeutas para conhecerem os dados coletados nos protocolos. Porém, para que o paciente seja compreendido em sua totalidade, a observação e a proximidade com a criança, a família e com a escola são indispensáveis.

Outro conceito muito importante que precisamos referenciar para compreender a aprendizagem comportamental é o conceito de Comportamento Operante. Moreira e Medeiros (2007) nos falam que as consequências de nossos comportamentos vão influenciar suas ocorrências futuras, determinando, em algum grau, se os comportamentos que as produziram ocorrerão ou não outra vez, ou se ocorrerão com maior ou menor frequência. Eu costumo brincar que, quando entendemos essa afirmação e conseguimos fazer esse manejo, aí sim ganhamos algo parecido com um poder. Ganhamos a clareza em pensar em arranjos ambientais que vão aumentar ou diminuir a frequência de determinado comportamento.

Sobre as consequências citadas por Moreira e Medeiros, fazemos referência a reforço e punição. Sobre reforçar um comportamento, seja ele de forma positiva (colocando algo no ambiente) ou de forma negativa (tirando algo do ambiente), nós estamos falando em aumentar a frequência de determinado comportamento. E o que isso quer nos dizer? Que quando precisamos ensinar algo novo à criança, o item de preferência dela será muito útil no processo. Apresentá-lo no papel de reforçador do comportamento nos dá a chance de que o comportamento novo ocorra novamente e com isso tenhamos êxito na intervenção. O mesmo acontece com a retirada de estímulos aversivos. Por exemplo, quero que meu aluno fique mais tempo em sala de aula para cumprimento das atividades, mas sei que o excesso de estímulo visual daquele ambiente traz desconforto a ele. Preciso, então, tirar esses estímulos que o estão "atrapalhando" para que a probabilidade de permanecer em sala de aula aumente. Já a punição, que é ou a apresentação de um estímulo aversivo após um comportamento indesejado ou a remoção de um estímulo positivo como consequência, não é frequentemente utilizada no dia a dia das intervenções clínicas baseadas em ABA.

O entendimento do Comportamento Operante é crucial para a compreensão do procedimento de modelagem. De acordo com Catania (1999), para fazermos o procedimento de modelagem, nós vamos usar dois procedimentos muito importantes: a aproximação sucessiva e o reforçamento diferencial. Isso significa que teremos sempre como meta "um passo à frente" do que estamos, reforçando cada resposta do meu aprendiz em direção ao objetivo final. Assim, uma boa avaliação de preferências é tão importante quanto a avaliação comportamental, pois, se não tivermos em mãos possíveis reforçadores aos comportamentos-alvo da nossa intervenção, a probabilidade de sucesso da modelagem fica prejudicada.

A modelagem ocupa um papel importante na aprendizagem de novos comportamentos. Ao definir o que iremos ensinar, nós já montamos um grande plano de como iremos ensinar, quais são os passos de ensino. Por exemplo, preciso que meu paciente aprenda a me pedir água. Porém, esse objetivo hoje está muito distante do repertório comportamental que ele tem. Sendo assim, precisarei de um plano no qual o primeiro passo será ensiná-lo a olhar para o que ele quer. Em seguida, apontar. Em seguida, vocalizar algo em direção ao item e, só depois, melhorar a topografia vocal para que se pareça com "água". Aí vem a reflexão: "Mas será sempre esse mesmo caminho para todas as crianças?". Espero que, a esta altura do capítulo, a palavra "não" já tenha vindo para a ponta de sua língua. Algumas crianças pularão o primeiro objetivo, com outras trabalharemos com CAA, com outras faremos videomodelação... Enfim, são muitas as estratégias e ferramentas que temos baseadas em ABA para ajudar nossas crianças a aprenderem novos repertórios comportamentais. O que não podemos perder de vista são as evidências dos procedimentos que estamos aplicando.

É sempre importante falarmos desses conceitos básicos quando referenciamos a aprendizagem de novos comportamentos. Porém, não podemos deixar de referenciar questões relacionadas a empatia, compaixão, respeito e assentimento. Não quero correr o risco de, ao ler este capítulo, você concluir que estamos falando de estratégias engessadas e frias. O objetivo é compartilhar com você que estamos falando de um envolvimento real com a criança que está diante de nós, e de um olhar capaz de identificar entre tantas técnicas e estratégias aquela que melhor atenderá à criança que está próxima a você. A modelagem, por exemplo, é só uma possibilidade de estratégia de ensino de novos comportamentos. Temos diversas outras possibilidades que podem nos ajudar com igual eficiência. E aqui está o ponto central: todas essas decisões serão tomadas com base no perfil da nossa criança. O processo avaliativo e interventivo é totalmente individualizado e humano.

Gostaria de encerrar este capítulo dizendo a você que tenho inúmeros casos de sucesso na clínica trabalhando ganhos de repertórios comportamentais com estratégias de ensino baseadas em ABA.

Porém, de nada valeria todo o conhecimento técnico se os avanços dos nossos pequenos não fossem visíveis a nós e às famílias. Ainda esta semana, em que escrevi este texto, sentada com uma família no consultório, ao ver aquele brilho nos olhos de quem está percebendo não só o aumento de repertório e a melhora no desenvolvimento da criança por meio de gráficos e outras estratégias de análise de avanços comportamentais, mas também aquela alegria real de quem está vivenciando essa melhora no dia a dia, o ganho de autonomia e bem-estar da criança. Eu me senti completa. Completa por saber que estou no caminho certo com relação ao embasamento das minhas intervenções, no caminho certo por trazer empatia e compaixão ao meu trabalho e respeito e ética por todos à minha volta, principalmente a criança.

A ABA com certeza é a minha escolha. Eu seria capaz de contar casos e mais casos de sucesso aqui para vocês. Tenham a certeza de que, se há motivação na melhora e perspectiva de um bom desenvolvimento, não há possibilidade de distanciar-se dessa ciência que tanto faz por todos nós.

Espero que vocês, ao lerem este capítulo, sintam o amor que tenho pela ciência, pelo trabalho respeitoso com a criança com autismo e, principalmente, que se motivem a tratar nossas crianças com assentimento e com toda empatia que elas merecem.

Referências

CATANIA, A. C. *Aprendizagem*: comportamento, linguagem e cognição. Trad. D. G. Souza *et al.* 4. ed. Porto Alegre: Artmed, 1999.

COOPER, J. O.; HERON, T. E.; HEWARD, W. L. *Análise do comportamento aplicada*. 3. ed. Upper Saddle River, NJ: Pearson, 2020.

MAYER, P. C. M.; GONGORA, M. A. N. Duas formulações comportamentais de punição: definição, explicação e algumas implicações. *Acta Comportamental, Guadalajara*, v. 19, n. 4, p. 47-63, 2011. Disponível em: http://pepsic.bvsalud.org/scielo.php?script=sci_arttext&pid=S0188-81452011000400003&lng=pt&nrm=iso. Acesso em: 19 mar. 2023.

MOREIRA, M.; MEDEIROS, C. A. *Princípios básicos de análise do comportamento*. Porto Alegre: Artmed, 2007.

SELLA, A. C.; RIBEIRO, D. M. *Análise do comportamento aplicada ao transtorno do espectro autista*. 1. ed. Curitiba: Appris, 2018.

SKINNER, B. F. *Ciência e comportamento humano*. Brasília: Editora da Universidade de Brasília, 1967.

SKINNER, B. F. *O comportamento verbal*. São Paulo: Editora Cultrix, 1978.

TODOROV, J. C. A psicologia como o estudo de interações. *Psicologia: Teoria e Pesquisa*, v. 23, p. 57-61, 2007. Disponível em: https://doi.org/10.1590/S0102-37722007000500011. Acesso em: 25 mar. 2025. Edição Especial.

CAPÍTULO 06

Autonomia e aprendizado

Neuropsicopedagogia no cotidiano do TEA

Este capítulo visa trazer possibilidades de articular aprendizagens pedagógicas e atividades de vida diária no cotidiano com crianças autistas, a fim de exaltar a importância da parceria entre profissionais-família-escola para um melhor desenvolvimento e qualidade de vida de indivíduos com transtorno do espectro autista. A neuropsicopedagogia promoverá ações e formas de compreender o aprendizado dos nossos filhos e alunos.

Ana Rosa Garcia Furlan

ANA ROSA GARCIA FURLAN

Pedagoga graduada pela Universidade Luterana do Brasil, graduanda em Psicologia pela Anhembi Morumbi. Especialista em Educação Especial e Inclusiva, Psicopedagogia e Neuropsicopedagogia Clínica e Institucional com atualização (UFSCAR), Análise do Comportamento Aplicada (ABA) para Autismo e Deficiência Intelectual e Gestão, Orientação e Supervisão Educacional (UNINA). Possui extensão acadêmica em Avaliação Comportamental, formação em VB-MAPP, ABLLS, IDADI e outros protocolos de avaliação e rastreio. Palestrante com foco em capacitação de profissionais e autistas para o mercado de trabalho e treinamento empresarial para acolhimento de novos colaboradores atípicos. CEO da Clínica PsicoKids, São Pedro (SP), onde atua desde 2019, que oferece cursos, palestras, treinamentos, avaliações e intervenção nas áreas da saúde e educação.

Contatos: furlanbia22@gmail.com
psicokids97@gmail.com
Instagram: @anarosa.furlan
@psicokids_clinica
19 99677 1141

Introdução

O transtorno do espectro autista (TEA) é uma condição do neurodesenvolvimento, caracterizada por dificuldades persistentes na comunicação e interação social e apresentar padrões de comportamentos restritos e repetitivos, interesses e atividades (APA, 2013). Mesmo com os avanços, o desenvolvimento de atividades diárias em indivíduos dentro do espectro autista ainda representa um desafio. A adaptação do ambiente familiar e a individualização das intervenções são essenciais para que ocorra de maneira eficaz a compreensão direcionada por meios e formas a fim de contribuir para o aprendizado de nossos filhos e alunos. Quando pensamos em cérebro, no TEA o seu funcionamento é atípico, caracterizado por habilidades, meios e formas de aprender diferentes, e nem sempre a orientação deve ser a mesma. A aprendizagem humana é influenciada por questões pessoais, sociais, pedagógicas e emocionais (Russo, 2015).

A neuropsicopedagogia pode potencializar o aprendizado e o desenvolvimento das atividades de vida diária, proporcionando a promoção de intervenções eficazes, contribuindo no desenvolvimento cognitivo e funcional nas dificuldades de aprendizagens apresentadas dentro do ambiente familiar. Indivíduos que estão dentro do espectro do autismo precisam de intervenções para o desenvolvimento de todos os aspectos citados de acordo com o tratamento definido diante de cada quadro clínico.

Conforme Russo (2015), podem ser adotadas diversas estratégias de aprendizagem para serem utilizadas com pacientes dentro do TEA, visando ao desenvolvimento das funções executivas, como linguagem, comportamento afetivo e social. Posto isso, são várias as contribuições em atividades que estimulam o cérebro diante das dificuldades encontradas no cotidiano.

Essa articulação em tarefas do dia a dia promove a integração de múltiplas funções cognitivas e estimula o cérebro a reforçar esse percurso.

Sendo assim, diversos autores, como Tomazini (2018), abordam o tema, relacionando-o aos desafios enfrentados por pais e educadores na educação formal de crianças autistas. Ressalta-se a importância de criar abordagens adequadas e eficazes, fundamentadas em paciência e determinação, para garantir a efetividade, a melhoria e a generalização no ensino e na aprendizagem.

Impacto da neuropsicopedagogia nas atividades diárias

Apesar da necessidade e do diferencial das ações de um terapeuta ocupacional dentro do desenvolvimento funcional e cognitivo, a conexão entre profissionais ainda não está totalmente consolidada. A neuropsicopedagogia é uma área interdisciplinar que une princípios da neurociência, psicologia e pedagogia para criar estratégias a partir da interação entre o cérebro, o desenvolvimento e o comportamento. No TEA, ela traz possibilidades de aprendizagem com a compreensão de como o cérebro autista processa informações, em relação à aquisição de habilidades e comportamentos para uma aprendizagem específica no desenvolvimento de habilidades no cotidiano.

Durante os primeiros anos de vida, ou seja, na primeira infância, as experiências e as interações sociais que cercam a criança, assim como outros elementos, são determinantes para o desenvolvimento de habilidades e repertórios comportamentais. Esses fatores podem potencializar ou atrasar o desenvolvimento infantil, especialmente quando não há a estimulação adequada ao indivíduo. Esse período fundamenta-se no princípio da neuroplasticidade, que é particularmente expressiva na primeira infância. A neuroplasticidade refere-se à capacidade do cérebro de se moldar, formar novas sinapses e, assim, modificar-se em resposta a estímulos e experiências, adquirindo novas aprendizagens.

Na neuropsicopedagogia, a utilização de estratégias pedagógicas embasadas em conhecimentos neurocientíficos tem como objetivo possibilitar o desenvolvimento cognitivo, emocional e motor, especialmente em indivíduos que apresentam dificuldades ou transtornos do neurodesenvolvimento, como o TEA.

No contexto das atividades de vida diária, reconhece-se sua importância como ferramentas pedagógicas essenciais quando integradas ao processo de ensino-aprendizagem na neuropsicopedagogia. Essas atividades permitem a avaliação e o desenvolvimento cognitivo e funcional, preparando o indivíduo para a independência e uma melhor qualidade de vida. Mais do que tarefas práticas, elas requerem o uso de funções executivas, como atenção, memória, organização e resolução de problemas. Estudos demonstram que, ao longo da vida, indivíduos dentro do transtorno do espectro autista (TEA) enfrentam diversos desafios relacionados às funções adaptativas (De Bildt *et al.*, 2005; Estes *et al.*, 2009; Hume, Loftin & Lantz, 2009). Nesse sentido, torna-se evidente que a estimulação das funções executivas no cotidiano familiar contribui significativamente para a aquisição de habilidades essenciais que as crianças precisam desenvolver.

Para exemplificar, atividades como preparar um café da manhã no ambiente familiar envolvem não apenas a seletividade alimentar, coordenação motora, mas também estimulam a capacidade de sequenciar passo a passo das ações, memória, controle inibitório, organização e planejamento. Atividades simples, como se preparar para a escola arrumando a mochila, envolvem organização e planejamento durante a separação do material utilizado para a aula do dia, organização do espaço na verificação da quantidade de material e separação dos itens mais frágeis e, o mais importante, não se esquecer de nenhum item. Essas funções são essenciais no ambiente escolar, onde se sugere que o desenvolvimento de atividades do cotidiano pode ser realizado em ambiente clínico, transferido para a sala de aula e, posteriormente, para o ambiente familiar. Diversos autores relatam que o desempenho acadêmico está diretamente relacionado às funções executivas, especialmente durante as transições entre os anos escolares, que demandam maior autonomia (Bertollo & Yerys, 2019; Vogan *et al.*, 2018).

A educação dos pais sobre as possibilidades de aprendizagem nas habilidades de vida diária contribui não apenas para evitar grandes prejuízos na busca por uma vida independente e funcional, mas também para reduzir comportamentos disruptivos e a evasão diante de demandas relacionadas às atividades do cotidiano. Esses comportamentos frequentemente ocorrem devido às dificuldades na aquisição de novas habilidades. No ambiente familiar, desafios relacionados ao planejamento, à organização e ao enfrentamento de mudanças podem gerar prejuízos no desenvolvimento da autonomia e independência nas ocupações diárias, bem como no aprendizado de habilidades funcionais. Assim, a família desempenha um papel fundamental no desenvolvimento da criança (APA, 2014).

De acordo com Larson (2010), é essencial que as mães estejam atentas para auxiliar as crianças nas atividades do cotidiano e monitorem seus comportamentos durante a realização dessas tarefas. Observam-se dificuldades relacionadas à perda de foco, velocidade de desempenho, organização, reconhecimento de riscos, persistência, resolução de problemas, segurança e independência na execução de tarefas rotineiras. Diante disso, torna-se necessária a intervenção efetiva da família, oferecendo suporte adequado às necessidades específicas da criança em diferentes períodos ao longo do dia.

Promover situações de engajamento é uma das estratégias que tornam a aprendizagem eficaz no desenvolvimento de habilidades. Isso se deve à necessidade constante do suporte da rede de apoio familiar, que contribui para a redução de comportamentos disruptivos e das dificuldades motoras, evitando prejuízos no aprendizado das habilidades de autonomia e vida diária. Com isso, seguem sugestões e orientações para estimular o bom desempenho das famílias e crianças nas atividades do cotidiano:

- Utilização do ambiente familiar na execução de atividades cotidianas que a família realiza no dia a dia, tornando-as significativas para a criança, o adolescente ou o adulto.
- Respeitar o tempo de execução, permitindo que as tarefas sejam realizadas no tempo necessário para o indivíduo, fornecendo respostas adequadas e utilizando dicas (físicas, verbais e modelagem) como suporte sempre que necessário.
- Propiciar o passo a passo, dividindo cada atividade em etapas, fornecendo instruções claras e detalhadas, se necessário, para que a criança possa aprender e realizar gradualmente cada etapa. O objetivo é que, com o tempo, ela consiga executar a atividade completa de forma independente.
- Observar a necessidade de adaptação, recursos de tecnologia, pistas visuais impressas com imagens ou fotos reais da criança realizando a atividade.
- Videomodelação, utilizando vídeos em que um familiar (modelo) grava a execução de uma atividade. A criança assiste ao vídeo para observar e aprender a habilidade por meio de aproximações sucessivas, até alcançar a execução completa da atividade. Essa estratégia também contribui para o aumento do engajamento.

Aprendizagens nas funções executivas

- **Organização e planejamento**: refeição – identificar os itens necessários, lista escrita ou com imagens para verificação, identificação das etapas (pegar os ingredientes, preparar, organizar a mesa e servir).
- **Memória de trabalho**: arrumar o armário de roupas – listar verbalmente ou separar as peças, colocar nos lugares indicados, confirmar visualmente se as peças estão nos lugares corretos.
- **Controle inibitório**: preparar um lanche evitando distrações, como usar o celular ou assistir à televisão – escolher o lanche adequado ao

momento, finalizar as etapas sem interrupções, observar e avaliar o tempo necessário para a conclusão.

- **Flexibilidade cognitiva**: resolver problemas nas atividades domésticas, como itens que faltam na receita – identificação do item que faltou, procurar a solução usando outro item ou mudando o recipiente, executar a solução e avaliar o resultado final.
- **Resolução de problemas**: separar a roupa adequada para uma festa – analisar o evento e a temperatura, separar as peças de roupas apropriadas, vestir-se com autonomia e observar com suporte do cuidador se a escolha foi adequada.
- **Atenção sustentada**: lavar a louça – definir o que será limpo, concluir a tarefa sem pausa e verificar se a atividade foi concluída com sucesso.

Conclui-se, portanto, que, para alcançar o desenvolvimento pleno, é fundamental acreditar no potencial de cada criança e oferecer possibilidades de aprendizagem eficazes. Isso se aplica tanto a indivíduos dentro do espectro do autismo quanto àqueles com dificuldades de aprendizagem, que também necessitam de estímulos para otimizar, de forma prática e significativa, suas capacidades no dia a dia.

Convido a todos a explorar as dicas apresentadas neste capítulo, com o objetivo de proporcionar condições que favoreçam a autonomia e a dignidade, respeitando as condições singulares de cada indivíduo em seu cotidiano.

Referências

AMERICAN PSYCHIATRIC ASSOCIATION (APA). *Diagnostic and statistical manual of mental disorders (DSM-5).* 5. ed. Washington: American Psychiatric Association, 2013.

AMERICAN PSYCHIATRIC ASSOCIATION (APA). *Manual diagnóstico e estatístico de transtornos mentais*: DSM-5. Porto Alegre: Artmed, 2014.

BERTOLLO, J. R.; YERYS, B. E. More than IQ: executive function explains adaptive behavior above and beyond nonverbal IQ in youth with autism and lower IQ. *American Journal of Intellectual and Developmental Disabilities*, v. 124, n. 3, p. 191-205, 2019. Disponível em: https://doi.org/10.1352/1944-7558-124.3.191. Acesso em: 8 jan. 2025.

DE BILDT, A. *et al.* Adaptive functioning and behaviour problems in relation to level of education in children and adolescents with intellectual disability. *Journal Intellect Disabil Res.*, n. 49, v. 9, p. 672-681, 2005. Disponível em: doi: 10.1111/j. 1365-2788.2005.00711.x.PMID: 16108984. Acesso em: 4 abr. 2025.

ESTES, A. *et al.* Parenting stress and psychological functioning among mothers of preschool children with autism and developmental delay. *Autism*, v.13, n. 4, p. 375-387, 2009. Disponível em: https://doi.org/10.1177/1362361309105658. Acesso em: 14 abr. 2025.

FERNANDES, R. M.; MARINS, J. H. N. Estudos das bases neuropedagógicas e o papel do educador na construção da aprendizagem frente à educação emocional e cognitiva do aluno. *EFDeportes.com, Revista Digital*, Buenos Aires, n. 202, 2015. Disponível em: https://www.efdeportes.com/efd202/bases-neuropedagogicas-e-o-educador.htm. Acesso em: 29 out. 2024.

HUME, K., LOFTIN, R.; LANTZ, J. Increasing Independence in Autism Spectrum Disorders: A Review of Three Focused Interventions. *J Autism Dev Disord*, v. 39, p. 1329-1338, 2009. Disponível em: https://doi.org/10.1007/s10803-009-0751-2. Acesso em: 14 abr. 2025.

LARSON, E. Ever vigilant: maternal support of participation in daily life for boys with autism. *Physical and Occupational Therapy in Pediatrics*, v. 30, p. 16-17, 2010. Disponível em: http://doi.org/10.3109/01942630903297227. Acesso em: 7 fev. 2025.

RUSSO, R. M. T. *Neuropsicopedagogia clínica*: introdução, conceitos, teoria e práticas. Curitiba: Juruá, 2015.

TOMAZINI, A. S. A neurociência e seus benefícios na educação da criança autista. *Revista Valore*, v. 3, n. 2, p. 557-575, 2018.

CAPÍTULO 07

Maternidade que transforma

A maternidade atípica me forjou mais forte e resiliente

"Quando nasce um filho, nasce uma mãe", porém, na maternidade atípica, não é bem assim. Na verdade, a maternidade como um todo se constrói, porque nenhuma mulher já nasce pronta para se tornar mãe. Porém, na jornada de uma mãe com filhos atípicos, repleta de desafios únicos e inesperados, essa mãe é forjada muito mais forte e resiliente. Este capítulo explora como a neuropsicopedagogia e o ativismo de uma mãe se tornaram uma ferramenta essencial para uma mãe dedicada a superar as dificuldades diárias, especialmente com sua filha primogênita, Sophia, diagnosticada com transtorno do espectro autista (TEA).

Andréa Andrade

ANDRÉA ANDRADE

Graduada em Licenciatura Plena em Pedagogia pela UFPI. Especialista em Transtorno do Espectro Autista pelo Rhema Educação. Pós-graduada em Neuropsicopedagogia pela Faculdade Censupeg, e em Transtornos do Neurodesenvolvimento pela Formação TND do Dr. Thiago Castro. Idealizadora do primeiro evento de Mulheres Empreendedoras "Florescer – Primeira Edição" no município de Tutoia/MA. Idealizadora da 1ª Caminhada pela Conscientização do Autismo no município de Tutoia/MA. Idealizadora da Mentoria AMI – Ativando Mães Incríveis. CEO da GranBook Livraria. Idealizadora do CONAUT, o Congresso Nacional de Autismo.

Contatos: aleitesouzaandrade@gmail.com
Instagram: @andreaandrade_np
86 99929 0269

Do lado de fora, olhando para dentro, você nunca poderá entendê-lo. Do lado de dentro, olhando para fora, você jamais conseguirá explicá-lo. Isso é autismo.

Autism Topics

Quando Sophia nasceu, eu e meu esposo idealizamos uma menina que se desenvolveria conforme os marcos esperados. No entanto, em 2013, eu conheci o autismo. Sophia, a minha primogênita, foi diagnosticada com TEA aos três anos de idade, e esse diagnóstico marcou o início de uma jornada de incertezas e desafios constantes. A partir desse momento, nossa vida se transformou em uma corrida contra o tempo para proporcionar a ela o máximo de estímulos possível, respeitando suas limitações. Todos da família diziam que eu, como mãe, estava equivocada, que ela não tinha nenhum transtorno e que, na verdade, só era muito inteligente. Mas eu sabia, até mesmo pela minha prática pedagógica, que havia algo a mais. A maioria das pessoas pensam que todos os indivíduos autistas têm o QI elevado, e sabemos que essa não é uma regra. De acordo com o DSM-5, sabemos que alguns também têm deficiência cognitiva, sem falar em outras inúmeras comorbidades.

Assim, a escola foi uma importante aliada para investigarmos e chegarmos ao diagnóstico que, para aquela época, foi precoce.

Quando recebi o diagnóstico, no fundo eu já sabia. A menina que idealizamos já não existia mais e veio o "luto do diagnóstico", que é esse momento desafiador que passamos no pós-diagnóstico até compreendermos e aceitarmos. Assim, comecei uma corrida diária para superar as dificuldades encontradas pelo caminho. Eu, como mãe e profissional da educação, não passei por todas as etapas do luto. Vivi a fase da depressão e aceitação.

Elizabeth Kübler-Ross é conhecida por seu modelo das cinco fases do luto, que são: negação, raiva, barganha, depressão e aceitação. Embora esse modelo tenha sido desenvolvido para descrever o processo de luto em geral, pode ser adaptado para entender como mães atípicas podem vivenciar o luto, considerando suas características únicas de processamento emocional e comunicação.

A fase de negação envolve a dificuldade em aceitar a realidade da perda. É uma forma de amortecer o impacto inicial da notícia. A mãe pode, inicialmente, recusar-se a aceitar o diagnóstico, acreditando que houve um erro ou que o filho simplesmente "vai superar isso". Por exemplo, a mãe pode falar: "Ele só está atrasado. Vai começar a falar logo, como o primo dele fez". Ela pode buscar múltiplas opiniões médicas na esperança de um diagnóstico diferente.

Na fase da raiva, a pessoa pode sentir raiva em relação à perda, direcionando-a a si mesma, a outros ou à situação em geral. A mãe pode sentir raiva em relação aos médicos, ao sistema de saúde, ou até mesmo a si mesma, questionando se fez algo errado durante a gravidez. Nessa fase, a mãe pode pensar: "Por que isso está acontecendo com meu filho? Não é justo! Os médicos não sabem do que estão falando".

A barganha envolve tentar negociar ou fazer promessas para reverter ou mitigar a perda, buscando maneiras de "curar" ou melhorar a condição do filho, investindo em terapias ou tratamentos alternativos. Uma de suas falas pode ser: "Se eu conseguir o melhor terapeuta, ele vai melhorar. Vou fazer tudo o que for preciso".

A fase de depressão é marcada por tristeza profunda e reflexão sobre a perda. A mãe pode sentir uma tristeza profunda e um sentimento de impotência, preocupando-se com o futuro do filho e sentindo-se sobrecarregada pelas demandas do cuidado. Uma de suas falas pode ser: "Eu não sei como vamos lidar com isso. O que será do futuro dele?". Foi essa fase que eu vivi logo que recebi o diagnóstico de Sophia.

A aceitação não significa felicidade, mas sim a compreensão e aceitação da realidade da perda. A mãe começa a compreender e aceitar o diagnóstico, focando em como apoiar o desenvolvimento e o bem-estar do filho. Ela pode buscar se conectar com outras famílias e comunidades de apoio. Geralmente, a sua fala é: "Meu filho é único e incrível do jeito que é. Vamos trabalhar juntos para garantir que ele tenha o melhor suporte possível". Essa é a fase que vivo constantemente e que toda mãe atípica precisa alcançá-la.

Os desafios diários e a importância da neuropsicopedagogia

Percebendo que 30 minutos de terapia não seriam suficientes, decidi me especializar em Neuropsicopedagogia. Essa formação me capacitou a ser uma terapeuta para Sophia em casa, estendendo as terapias para o ambiente familiar. Entender que os estímulos devem ser constantes é crucial para pais e mães atípicas. Essa especialidade me forneceu as ferramentas necessárias para adaptar nossa rotina e criar um ambiente propício ao desenvolvimento de Sophia.

Minha filha enfrentava diversos desafios: ecolalia tardia e imediata, crises de comunicação, seletividade alimentar, hipersensibilidade sonora, hiperfoco em elefantes e pelúcias, e dificuldades sensoriais relacionadas ao banho. Além disso, sua socialização era restrita, e sua locomoção era afetada por uma rotação no quadril. Conciliar essas necessidades com uma rotina de trabalho intensa era exaustivo, mas necessário, pois eu era a única fonte de renda enquanto meu esposo cursava medicina. Com o tempo e as terapias, Sophia fez grandes progressos. A ecolalia desapareceu, a hipersensibilidade auditiva foi dessensibilizada, as crises diminuíram, e seu vocabulário e linguagem expressiva melhoraram significativamente. O desfralde das fezes, um marco importante, só ocorreu aos 9 anos, após terapia alimentar e medicação para a parte gástrica. A introdução de medicamentos para a parte comportamental teve início aos 11 anos e foi um passo necessário para enfrentar os desafios da adolescência.

Por muito tempo, eu me anulei para cuidar de Sophia, mas escolhi não ter medo e seguir em frente. Tive mais dois filhos, e embora o medo de que eles também tivessem o transtorno existisse, nunca deixei que ele me dominasse. Minha fé em Deus foi um pilar fundamental. Ter outros filhos beneficiou não apenas a mim, mas também Sophia, que aprendeu a respeitar limites e a importância das relações interpessoais. Com o tempo, os irmãos passaram a se tornar modelos de comportamento para Sophia. Ensino sempre para eles como ela deve ser tratada e que na minha ausência precisam cuidar dela e protegê-la. Procuro, de vez em quando, fazer a seguinte reflexão com eles: "Quando a mamãe não estiver mais na terra, vocês precisam cuidar de Sophia, orientando ela como se fosse filha de vocês. Se amem, se respeitem e se protejam sempre!".

A introdução da neuropsicopedagogia em nossa vida não apenas ajudou Sophia, mas também transformou nossa dinâmica familiar. A aplicação dos conhecimentos adquiridos durante minha pós-graduação permitiu que eu criasse estratégias personalizadas para lidar com os desafios diários. A rotina, antes caótica, começou a se estruturar em torno de atividades que promoviam o desenvolvimento de Sophia, ao mesmo tempo em que respeitavam suas necessidades sensoriais e emocionais. Sempre preferi pagar aulas de reforço para ela, pois sempre resistia muito comigo. E para não desgastarmos a nossa relação de mãe e filha, preferi terceirizar.

Comecei a comprar brinquedos de estímulos cognitivos, consegui entender melhor os momentos de crise e como eu poderia intervir naquele momento de maneira mais assertiva, e cada conquista, por menor que fosse, era celebrada como um grande passo em direção à sua autonomia.

Os avanços de Sophia foram acontecendo aos poucos, depois de muitos anos de terapia, de muitos estímulos em casa e tentativas frustradas também. Para estimular a fala, eu sempre fazia muitas perguntas para ela, pedia para ela narrar fatos simples, dava comandos em casa para estimular a autonomia. Nos momentos de banhar, pegava brinquedos de que ela gostava, fazia bolhas de sabão para que ela começasse a assimilar o momento do banho com algo prazeroso e alegre. Comecei a fazer e comprar algumas atividades adaptadas de estímulo cognitivo e sensorial. Sempre busquei alternativas para que a rotina se tornasse leve e não cheia de cobranças. A pandemia foi o momento mais desafiador, pois, como ela não se movimentava muito, o intestino ficou preguiçoso. Quando ela conseguiu defecar, sentiu dores e, por causa desse trauma, vivi dias dolorosos. Ela começou a provocar as constipações, prendia para não ter que sentir a dor, passava cerca de oito dias sem defecar e, quando não tinha mais jeito, ela se ajoelhava na minha frente (porque defecava ainda na fralda), eu fazia massagens nas costas dela, ela gemia de dor e eu olhava para cima e chorava caladinha, pois ela não gosta de me ver chorar (fica muito nervosa). Isso durou alguns meses e, quando as consultas presenciais retornaram, Sophia fez terapia alimentar com uma nutricionista e tomou algumas medicações para ajudar no processo. A conquista veio, ela passou a não prender mais e ainda conseguiu desfraldar. Tudo é questão de calma e paciência.

O diagnóstico de Sophia revelou meu verdadeiro propósito de vida: ajudar outras mães a não se perderem no abismo que muitas vezes se colocam ao se tornarem mães atípicas. Através da Mentoria AMI – Ativando Mães Incríveis, ofereço suporte às mães, ajudando-as a alcançar diagnósticos precisos e melhorar a qualidade de vida de todos da família, pois a mulher tem o poder de mudar a atmosfera do seu lar. Uma mãe triste e estressada desorganiza o ambiente e tudo vai mal, mas quando a mãe está bem, tudo fica no seu devido lugar e começa a fluir. A criação da Mentoria AMI – Ativando Mães Incríveis – foi uma extensão natural do meu desejo de ajudar outras mães a encontrarem seu caminho. A mentoria oferece suporte emocional e prático, ajudando mães a desenvolverem estratégias para lidar com os desafios do dia a dia. Por meio de um acompanhamento personalizado, abordo temas como a importância da aceitação familiar, a criação de rotinas estruturadas, a importância do autocuidado e de não se anular. Mostro, por meio da prática, que você pode ser uma excelente mãe e se cuidar ao mesmo tempo. Nenhuma mãe precisa se anular para ser a melhor mãe que o seu filho pode ter. As mães atípicas precisam ser mais compreendidas, mais amadas, mais aceitas e mais felizes.

Não é nada fácil uma maternidade atípica, são vários questionamentos que me faço até hoje... "Será que minha filha vai se casar?", "Será que ela vai se formar?", "Será que vai conseguir fazer uma faculdade?", "Com o que ela vai conseguir trabalhar?". São muitas angústias, questionamentos, medo de morrer e não saber se vão cuidar dela tão bem quanto eu. E, quando se fala em amizade, também reflito muito. Um dia eu estava em uma cafeteria da cidade, quando me deparo com uma mesa cheia de coleguinhas que estudavam com ela na mesma sala, estavam todos lanchando, sorrindo e conversando. Chorei! Comecei a pensar que ela poderia não viver aqueles momentos com a sua turma, pois, como Sophia ainda é bem imatura, os colegas da mesma idade podem não ter muito interesse em tê-la junto nesses momentos. Ela é um pouco introvertida, e isso conta muito quando tratamos de socialização, mas sempre deixo ela à vontade. Não é que ela não tenha amigos – ela tem, e muitos – mas são amizades mais do ambiente escolar e que a superprotegem. Isso não é bom, apesar de ser uma demonstração de carinho por ela e que tem muito valor.

Ser mãe atípica dói. Há dores que apenas quem vive conhece, e precisamos ressignificar nossas dores, mas isso é algo que fui entendendo com o tempo. Ser mãe atípica é amar nos detalhes, lutar com garra para que seu filho se desenvolva, é passar noites em claro buscando alternativas para ter bons resultados, é chorar no silêncio e se alegrar com as pequenas conquistas. É um cansaço que parece não ter fim, o peso de decisões que você nunca imaginou que precisasse tomar. É enfrentar julgamentos de pessoas leigas. Às vezes, a dor é do olhar alheio. Lembro-me bem de uma vez em que Sophia teve uma crise no meio da praça de alimentação do shopping e todos os olhares de julgamento se voltaram para mim. Eu saí daquele lugar com um esgotamento emocional sem tamanho. Ser mãe atípica é enfrentar o esgotamento físico e mental, mas ainda assim encontrar forças para se levantar todos os dias e continuar. Ser mãe atípica também é descobrir um amor que transforma, é celebrar cada pequena conquista como algo grandioso, a melhor conquista do mundo. É enxergar o brilho nos olhos do seu filho e sentir que todo esforço valeu a pena.

E, no meio de tantas demandas e desafios, é tão fácil se perder. Você se dedica tanto, ama tanto, luta tanto, que se esquece de si, esquece que é humana. Mas aqui está a verdade... Você não precisa se anular para ser a melhor mãe que seus filhos podem ter. Lembre-se: você é mais do que uma mãe. E toda mãe atípica precisa se cuidar, pois você importa. E seu filho, com todo amor que sente por você, precisa que você esteja bem.

Mãe atípica, a sua vida não acabou, se cuide!

Busque ajuda pelo seu filho...

Mães felizes tornam a sua rotina leve.

Referências

ABREU, A. *et al.* Treinamento de pais e autismo: uma revisão de literatura. *Ciências & Cognição*, v. 21, n. 1, 2016.

COSTA, S. C. P. *O impacto do diagnóstico de autismo nos pais*. 2012. 183 f. Dissertação (Mestrado em Ciências da Educação) – Universidade Católica Portuguesa, Centro Regional de Beiras, Viseu.

MONTE, L. da C. P.; PINTO, A. A. Família e autismo: psicodinâmica familiar diante do transtorno e desenvolvimento global na infância. *Estação Científica*, Juiz de Fora, n. 14, jul./dez. 2015.

CAPÍTULO 08

Desenvolvimento de habilidades sociais no autismo

Dos desafios às estratégias de intervenção

O desenvolvimento de habilidades sociais em indivíduos com TEA é um desafio central, impactando sua adaptação social e qualidade de vida. A análise do comportamento aplicada, com práticas baseadas em evidências, utiliza reforço positivo e ensino estruturado para promover interações sociais eficazes. Estratégias como treino de habilidades em grupo, DTT, modelagem, *role-playing* e scripts sociais favorecem a generalização e a autonomia, fortalecendo a inclusão.

Anuska Erika Pereira Bezerra

ANUSKA ERIKA PEREIRA BEZERRA

Mestra em neurociência cognitiva e comportamento, Certificada Qualified Applied Behavior Analysis Credentialing Board (QABA®). Especialista em Análise do Comportamento Aplicada. Graduada em Fisioterapia e Segurança pública e graduanda em Psicologia. Certificada internacional PEERS® for Adolescents Certified, pela University of California San Francisco. Certificada Internacional Instrutora PCM. Supervisora e CEO do Instituto Viver Autismo. Palestrante. Certificada no modelo Denver de Intervenção precoce pelo Mind Institute. Certificada PECS e Certificada em Neuromodulação Cerebral. Certificada no Essencial for living. Mãe do João Victor – autista nível 3 de suporte.

Contatos: anuskaerika@hotmail.com
Instagram: @anuskaerika
83 98815 9086

Introdução à Análise do Comportamento Aplicada (ABA) e autismo

A Análise do Comportamento Aplicada (ABA) é a abordagem mais eficaz para a intervenção no transtorno do espectro autista (TEA), reconhecida como padrão ouro de intervenção (Clementele *et al.*, 2024). A ABA baseia-se nos princípios de reforço para promover o ensino de novas habilidades e aprendizagem funcional substitutivas aos comportamentos desafiadores (Cooper, Heron & Heward, 2020), destacando a eficácia na promoção de mudanças comportamentais significativas e socialmente relevantes, em várias áreas de desenvolvimento, incluindo habilidades sociais, uma das áreas mais afetadas em indivíduos autistas.

Habilidades sociais: relação e desafios no TEA

Habilidades sociais, segundo Del Prette & Del Prette (2017), referem-se ao conjunto de comportamentos aprendidos que permite interações eficazes com outras pessoas e que traz benefícios para a própria pessoa e para a comunidade à qual está presente. Para as autoras, as habilidades sociais fazem parte de uma competência essencial para o desenvolvimento interpessoal e para a participação ativa na sociedade.

As habilidades sociais são importantes para a adaptação e o bem-estar em qualquer contexto social. No caso de pessoas autistas, o desenvolvimento dessas habilidades é um desafio significativo devido às dificuldades inerentes na comunicação verbal, comunicação social e na compreensão de normas sociais implícitas. Cooper, Heron & Heward (2020) destacam que as deficiências nas habilidades sociais podem impactar a capacidade de estabelecer e manter relações interpessoais, influenciando negativamente a qualidade de vida desses indivíduos. Portanto, entender os desafios e as necessidades específicas de cada indivíduo é o primeiro passo para a elaboração de intervenções eficazes.

Os estudos de Del Prette, Paiva & Del Prette (2005) sugerem que as dificuldades nas habilidades sociais não se restringem apenas à comunicação verbal, mas também envolvem aspectos como a leitura de sinais não verbais, o reconhecimento de emoções em si e nos outros e as respostas adequadas a diferentes contextos sociais. Essas dificuldades são exacerbadas pela rigidez comportamental e pelo pensamento concreto, características frequentes no espectro autista. Ocasionando que muitas interações cotidianas se tornem fontes de estresse, tanto para os indivíduos com TEA quanto para as pessoas ao seu redor (Del Prette & Del Prette, 2006).

Além disso, Cooper, Heron & Heward (2020) apontam que esses desafios podem ser exacerbados por inúmeras questões, sejam sensoriais ou comportamentos restritos e repetitivos, comuns em pessoas com TEA.

ABA aplicada ao desenvolvimento de habilidades sociais

A ABA é reconhecida como padrão ouro e eficaz para o ensino de habilidades sociais, utilizando tecnologias comportamentais por meio de procedimentos como reforço positivo, modelagem comportamental, scripts e treinos de contextos sociais diferentes. Skinner (1953) destacou o poder do reforço na aprendizagem de novos comportamentos, sendo o princípio central da análise do comportamento aplicada. Cooper, Heron & Heward (2020) explicam que, ao usar o reforço imediato para incentivar comportamentos sociais adequados, podem aumentar a frequência desses comportamentos. Além disso, Miltenberger (2000) esclarece que com o uso de procedimentos comportamentais usados pela ABA, pode-se desenvolver habilidades sociais de forma estruturada e sistemática e promover comportamentos adaptativos, facilitando a aprendizagem de novos comportamentos.

Intervenções e estratégias para o desenvolvimento de habilidades sociais usando ABA

Del Prette & Del Prette (2022) enfatizam a importância do ensino de habilidades sociais em contextos naturais, iniciando em treinos estruturados e seguidos para contextos ambientais reais, enfatizando que a generalização dessas habilidades é fundamental para a autonomia dos indivíduos com TEA.

Tipos de intervenção

- **Grupos de habilidades sociais**: em ambientes como escolas e centros terapêuticos, a ABA pode ser usada para ensinar habilidades de interação em grupo, como compartilhar brinquedos, conversação, interação durante jogos, civilidade e respeito às regras e às opiniões dos colegas.
- ***Role-playing* (ensaios comportamentais)**: estratégia voltada para o ensino prático de habilidades sociais em um ambiente controlado, permitindo que a pessoa aprenda a responder de forma apropriada em diferentes situações sociais. Esses ensaios oferecem oportunidades de modelar comportamentos relevantes, praticar e refinar suas habilidades antes de aplicá-las em contextos mais naturais. Além disso, ensaios comportamentais oferecem oportunidades de praticar repetidamente o treino de habilidades, com correção imediata de erros e reforço das respostas corretas (Cooper, Heron & Heward, 2020).
- **Modelagem**: segundo Del Prette & Del Prette (2006), procedimento de ensino que consiste em apresentar exemplos de comportamentos sociais adequados que a pessoa com TEA deve observar e imitar, seguindo os *prompts* de ensino individualizados. A exposição gradual por aproximações sucessivas ao comportamento de ensino desejado é composta por dois procedimentos, o reforço diferencial e a extinção, como contingências de reforçamento na aprendizagem focado na interação social apropriada e descrita pelo modelo selecionado.
- **Ensino por tentativas discretas**: Discrete Trial Training (DTT) – procedimento de ensino bastante utilizado na análise do comportamento aplicada, consiste em um formato estruturado que divide as habilidades em pequenas etapas, apresentando-as em sessões curtas e repetitivas, com feedback claro e reforço imediato eficaz para ensinar comportamentos específicos, como a iniciação de diálogos ou o uso de saudações adequadas. Resume-se na apresentação de um estímulo antecedente claro pelo instrutor, na emissão da resposta da criança e o provimento de uma consequência (Fazzio, 2007; Lear, 2004). De acordo com Sundberg (2008), o DTT pode ser usado para aumentar gradualmente a complexidade das interações sociais, ensinando respostas adequadas a estímulos sociais e reforçando por meio de repetição e prática.
- **Roteiros ou scripts sociais**: são procedimentos eficazes para ajudar os indivíduos a compreenderem e aplicarem habilidades sociais em diferentes contextos. Segundo Winner (2014), é uma ferramenta para ensinar comportamentos complexos, como iniciar conversas,

pedir ajuda ou fazer amigos. Envolve o uso de diálogos previamente planejados com uso de palavras ou frases para leitura, figuras ou gravações, que são apresentadas como pistas para a comunicação e aprendizagem de interações sociais específicas, como iniciar uma conversa ou fazer um pedido educadamente. Sundberg (2008) sugere que os scripts sociais, quando combinados com reforço positivo, podem ser uma ferramenta para o desenvolvimento de comportamentos sociais complexos, aumentando a independência social.

Resultados positivos do desenvolvimento de habilidades sociais no TEA

As intervenções baseadas em ABA têm demonstrado resultados significativos na melhoria das habilidades sociais em indivíduos com TEA. Cooper, Heron & Heward (2020) relatam que, com o treinamento adequado, os indivíduos apresentam uma melhora significativa na comunicação, nas interações sociais e na capacidade de participar de atividades comunitárias e educacionais. Del Prette & Del Prette (2022) também destacam que o desenvolvimento dessas habilidades contribui para a inclusão social e a qualidade de vida dos indivíduos com TEA.

Conclusão e impacto a longo prazo do treinamento em habilidades sociais

O desenvolvimento de habilidades sociais em indivíduos com TEA é fundamental para sua integração social e para o impacto na qualidade de vida, impactando diretamente as relações sociais. As intervenções baseadas em ABA são primordiais para aplicar de forma sistemática e personalizada e promover não apenas o aprendizado de habilidades específicas, mas também sua generalização para diferentes contextos, com foco na inclusão social de pessoas autistas, sendo ferramentas comportamentais essenciais para o desenvolvimento de habilidades sociais, oferecendo um caminho baseado em evidências para a melhoria do comportamento social e da autonomia.

Referências

CLEMENTELE, L. F. *et al.* Dificuldades no diagnóstico precoce do autismo. *Revista CPAQV – Centro de Pesquisas Avançadas em Qualidade de Vida*, v. 16, n. 2, p. 6. 2024. Disponível em: https://doi.org/10.36692/V16N2-39R. Acesso em: 1 abr. 2025.

COMODO, C. N.; DEL PRETTE, A.; DEL PRETTE, Z. A. P. Intergeracionalidade das habilidades sociais entre pais e filhos adolescentes. *Psicologia: Teoria e Pesquisa*, v. 33, p. 1-9, 2017.

COOPER, J. O.; HERON, T. E.; HEWARD, W. L. *Análise do comportamento aplicada.* 3. ed. Hoboken: Pearson Education, 2019.

COOPER, J. O.; HERON, T. E.; HEWARD, W. L. *Applied behavior analysis* . 3. ed. Hoboken: Pearson Education, 2020.

DEL PRETTE, Z. A. P.; DEL PRETTE, A. Psicologia educacional, forense e com adolescente em risco: Prática na avaliação e promoção de habilidades sociais. *Avaliação Psicológica*, v. 5, n. 1, p. 99-104, 2006.

DEL PRETTE, Z. A. P.; DEL PRETTE, A. Social competence at school: effectiveness of a teaching at distance program for teachers. *Paideia,* Ribeirão Preto, v. 32, e3239, 2022. Disponível em: https://doi.org/10.1590/1982-4327e3239. Acesso em: 01 abr. 2025.

DEL PRETTE, Z. A. P.; PAIVA, M. L. M.; DEL PRETTE, A. Contribuições do referencial das habilidades sociais para uma abordagem sistêmica na compreensão do processo de ensino-aprendizagem. *Interações*, v. X, n. 20, p. 57-72, 2005.

FAZZIO, D. *Training tutors and parents to implement discrete-trials teaching with children diagnosed with autism*. (PhD dissertation). Department of Psychology, University Of Manitoba, 2007.

LEAR, K. *Help us learn*: a self-paced training program for ABA. Part I: training manual. 2. ed. Toronto: s. n., 2004.

MILTENBERGER, R. G. *Behavior modification*: principles and procedures. 2. ed. Belmont: Wadsworth, 2000.

SKINNER, B. F. *Science and human behavior*. New York: The Free Press, 1953.

SUNDBERG, M. L. *Verbal behavior milestones assessment and placement program*: the VBMAPP. Concord: AVBPress, 2008.

WINNER, M. G. *Thinksheets for teaching social thinking and related skills*. 1. ed. Santa Clara: Think Social Publishing, Inc, 2014.

CAPÍTULO 09

O papel da família na intervenção de crianças com TEA

O capítulo analisa o impacto do diagnóstico na dinâmica familiar, abordando desafios emocionais, mudanças diárias e a importância da parceria entre tutores e clínica. Destaca a participação familiar para o desenvolvimento e o bem-estar, além da estruturação de rotinas como estratégia para fortalecer a evolução da criança e da família.

Camila Lessa

CAMILA LESSA

Psicóloga formada pela Uninove, com pós-graduação em Transtorno do Espectro do Autismo: Atenção Multiprofissional (Instituto Ensino Albert Einstein), pós-graduanda em Terapia Cognitivo-Comportamental (PUC), pós-graduanda em Análise do Comportamento Aplicada, com foco em Autismo (IBAC), analista de testes psicológicos (Grupo Desenvolver), educadora parental (certificada pelo Instituto Educação Consciente), certificada em orientação parental de pais e familiares no TEA (CBI of Miami), certificada em Autismo na Adolescência: Quando a Criança com TEA Cresce (Instituto Singular), certificada em Seletividade Alimentar (Madrid – IEX), Child Life Specialist (Hospital Sabará), certificada em Abordagem Snoezelen (Portugal – ZenSenses). Atual Diretora Clínica e Mantenedora da Clínica Integrary, focada em atendimento multidisciplinar.

Contatos: Instagram: @clinicaintegrary

Antes do diagnóstico, surgem os primeiros sinais, que muitas vezes assustam e deixam os responsáveis sem saber como agir. Ver o filho parar de falar, gritar sem motivo aparente, perder habilidades ou agredir a si mesmo provoca dor e culpa, além de atrair olhares de julgamento. Diariamente, recebo famílias em sofrimento, buscando um diagnóstico para encontrar um caminho de esperança e solução. Observo que, após o processo de aceitação, o diagnóstico traz alívio a partir dos objetivos estabelecidos pela equipe multidisciplinar, pois, com um plano terapêutico, a família passa a enxergar melhor as possibilidades para o futuro.

Os sinais são uma via de mão dupla: ao mesmo tempo que causam dor, trazem também a necessidade e a força que levam a família a buscar ajuda e um tratamento especializado. Após o diagnóstico de TEA, o ambiente familiar passa por rupturas imediatas e transformações significativas em sua dinâmica social. A vida da família passa a girar em torno das dificuldades da criança, e o diagnóstico é frequentemente interpretado como uma sentença definitiva.

Segundo Benczik (2000, p. 16), essas crianças "... não conseguem se adaptar adequadamente ao meio em que vivem e nem corresponder às expectativas dos adultos; por isso, o nível de estresse das pessoas que convivem com elas é sempre alto".

Dado esse nível de estresse e as incertezas associadas ao diagnóstico, é essencial que a família busque orientação parental e cuide de seu bem-estar emocional, a fim de oferecer um ambiente acolhedor e saudável. Muitas vezes, a pessoa autista se isola em seu próprio mundo e encontra dificuldades para se relacionar. Frequentemente, ela rejeita contato físico, tem dificuldades em ambientes com muitos estímulos sonoros e visuais (luzes, cores etc.), além de apresentar déficits na comunicação e na compreensão das interações.

Diante de tantas particularidades, é crucial que as famílias perseverem em encontrar formas de se conectar com essas crianças, assumindo o papel de co-terapeutas no seu desenvolvimento. Compreender esse papel e a importância do tratamento adequado permite que a família também solicite à equipe multidisciplinar um apoio direcionado ao treino parental.

Dificuldades diárias de comunicação enfrentadas pela pessoa no espectro

O autismo é um transtorno do neurodesenvolvimento que afeta as habilidades de socialização e comunicação. A dificuldade de comunicação pode levar a uma dependência maior e à falta de autonomia, o que gera frustração tanto para o indivíduo quanto para quem convive com ele. Frequentemente, essa dificuldade também está relacionada à desregulação, que pode resultar em crises.

Por isso, a equipe multidisciplinar se preocupa em desenvolver e ampliar as habilidades comunicativas da pessoa autista, inclusive por meio de métodos de comunicação aumentativa e alternativa. Essa melhora comunicativa fortalece relações, facilita a socialização, promove a autonomia e permite que o indivíduo expresse suas vontades e necessidades, além ampliar o sentimento de pertencimento.

A participação da família é essencial nesse processo, oferecendo suporte para que a criança possa se comunicar melhor. Compreender a importância da orientação parental é fundamental para o sucesso no desenvolvimento da pessoa com TEA, pois o envolvimento familiar facilita a atuação conjunta com outras pessoas que acompanham a criança.

Conhecimento, clareza e objetivos

O aprendizado traz os caminhos para os objetivos se tornarem alcançáveis. Uma família que compreende o autismo e as dificuldades, bem como possíveis comorbidades de seu filho, possui mais respaldo e um olhar criterioso sobre o tratamento e suas evoluções. Além disso, estar ciente dos direitos garante aos tutores maior apoio na inserção de seu filho e de toda a família. Dessa forma, promovemos a equidade de oportunidades na convivência de pessoas atípicas, fortalecendo a inclusão e favorecendo aprendizagens.

Os tutores também atuam como uma ponte essencial de comunicação entre o filho, as instituições e pessoas envolvidas em seu desenvolvimento. A clínica e a escola devem manter uma relação próxima, com planejamentos e objetivos em comum, mas apenas a família pode compartilhar os desafios diários que a criança enfrenta em diferentes ambientes, aumentando a precisão das intervenções para os comportamentos e as habilidades a serem estimuladas.

Quando a comunicação entre família, escola e clínica está alinhada, ampliamos a visão sobre o comportamento da criança ao longo do dia. Essa ampla observação favorece o planejamento de uma intervenção terapêutica e escolar mais precisa, visando ao desenvolvimento social, ao aprimoramento de habilidades de interação e proporcionando estímulos importantes para várias áreas de sua vida. Esse alinhamento facilita a aprendizagem por meio de modelos reais, oferecendo à criança uma experiência de interação mais rica e significativa.

Para Vygotsky (*apud* Rego, 2001), "o desenvolvimento e a aprendizagem estão sempre ligados, sendo que a aprendizagem possibilita o despertar dos processos internos de desenvolvimento que ocorrem devido ao ambiente cultural". A escola desempenha papel fundamental no desenvolvimento global das crianças. O conhecimento da família sobre seu filho, aliado à sincronia de informações entre família e instituição, assegura que todas as orientações sejam compreendidas e seguidas adequadamente. O ambiente familiar, com sua forte influência, é crucial para a evolução do paciente.

Rotina

Estabelecer rotinas para o seu filho cria um ambiente favorável para um desenvolvimento saudável, minimizando crises. A previsibilidade proporcionada pela rotina promove estabilidade emocional e comportamental, tornando o dia a dia menos estressante.

De acordo com Barbosa (2006, p. 35), "uma rotina adequada torna-se um instrumento facilitador da aprendizagem, ela permite que a criança estruture sua independência e autonomia, além de estimular a socialização". A equipe multidisciplinar atua como facilitadora nesse processo, desenvolvendo, junto com a família, um quadro de rotina que pode ser colocado em um local acessível para a criança. Isso auxilia visualmente na compreensão cotidiana.

Telas

O uso excessivo de telas tem impactado ainda mais a socialização de pessoas com autismo, que já apresentam um déficit significativo nessa área. Ao utilizar esses dispositivos, a interação social se torna praticamente inexistente, já que não há troca comunicativa ou social, apenas a recepção de informações.

Segundo a OMS (2019), "crianças menores de 2 anos não devem fazer uso de televisão, tablets ou smartphones, ou qualquer tipo de aparelhos audiovisuais". O uso precoce de telas contribui para atrasos no desenvolvimento social e cognitivo, resultando em dificuldades em áreas como aprendizagem, atenção, foco, coordenação motora e linguagem, além de trazer comportamentos ansiosos, agressivos, alterações no sono, entre outros diversos prejuízos, de acordo com Arantes & Moraes (2021).

Em nossa prática clínica, orientamos as famílias a priorizar momentos de qualidade com seus filhos, afastando-os das telas. É importante lembrar que o ambiente em que a criança vive é o principal modelo para o desenvolvimento de seus comportamentos diários.

Brigas

Como mencionado anteriormente, o ambiente familiar exerce grande influência sobre os comportamentos infantis. Por isso, é essencial estar atento ao estado emocional da criança, especialmente em relação a seu nível de ansiedade, que pode causar desregulação. Muitas vezes, a família tem dificuldade em identificar a função desse comportamento e, sem saber como agir, pode gerar ainda mais estresse.

É importante refletir sobre a qualidade das relações familiares, evitando discussões, gritos, agressividade ou ameaças na presença da criança. O estado emocional das pessoas que convivem com crianças atípicas impacta diretamente no seu desenvolvimento e na capacidade de autorregulação.

Alimentação

A família exerce influência direta nas preferências alimentares das crianças. Desde o útero, os alimentos são percebidos como agradáveis ou não pela criança, por meio da alimentação da mãe. Após o nascimento, essas percepções são reforçadas no dia a dia, moldando os hábitos alimentares ao longo do tempo.

A relevância do fator aprendido é tão significativa, que há estudos indicando a existência de preferências inatas por determinados alimentos e sabores. A maioria das preferências são aprendidas por meio da experiência com a comida e com a alimentação e implicam um condicionamento associativo de sinais alimentares a aspectos do entorno alimentar da criança, especialmente os contextos sociais e as consequências fisiológicas da alimentação. Por isso, as práticas alimentares das famílias durante a infância desempenham papel crucial na formação dos hábitos alimentares precoces, influenciando tanto as preferências alimentares das crianças quanto a sua capacidade de regular a ingestão energética (Birch, 1998).

Comunicação entre os pais

A espera de um filho é permeada por ansiedades e descobertas, além de uma nova perspectiva para o futuro. A partir desse momento, os pais começam a projetar suas expectativas familiares. No entanto, a maternidade atípica traz inseguranças, pois a vida e as expectativas mudam abruptamente com a nova rotina e preocupações que antes não existiam. Essa realidade também pode impactar na relação do casal, levando ao afastamento e à falta de comunicação produtiva. Ademais, os casais muitas vezes enfrentam um bombardeio de opiniões externas, sem embasamento científico, que podem acentuar ainda mais os desentendimentos.

É fundamental ressaltar a importância de uma comunicação efetiva e de cumplicidade entre os parceiros. Isso se torna essencial para que o casal esteja mais bem preparado para lidar com a parentalidade atípica e para compreender seu papel como parceiros no desenvolvimento pleno de seu filho.

Em meus atendimentos a casais que enfrentam essa realidade, oriento a reserva de momentos para que possam discutir assuntos de interesse mútuo, aqueles que existiam antes da chegada do filho. Esses interesses, que inicialmente os uniram, são essenciais para reforçar a conexão entre eles. Dessa forma, as decisões sobre a família e o papel de cada um na vida do filho tendem a ser mais assertivas

Inclusão familiar

A inclusão, o respeito e o apoio devem começar em casa. É fundamental que a família desenvolva a capacidade de compreender e aceitar a diversidade como parte integrante do cotidiano. A compreensão se dá gradualmente, com estratégias que podem ser elaboradas em conjunto durante a Orientação Parental. O desenvolvimento das habilidades da pessoa com TEA ao longo do tratamento traz conforto à família e abre novas perspectivas para o futuro.

Maneiras práticas de incentivar as habilidades do seu filho com TEA

Observe o comportamento

Atente-se em como seu filho interage com outras pessoas, em grupo e em diferentes ambientes. Entenda suas potencialidades e dificuldades. Como o principal observador, suas percepções podem guiar mudanças importantes em seu desenvolvimento.

Estabeleça uma rotina visual

Crie um quadro com imagens representando as atividades diárias da criança e coloque-o em um local de fácil acesso. Essa visualização ajuda a criança a se organizar e oferece previsibilidade.

Estimule a comunicação

Incentive a comunicação por meio de jogos, brincadeiras, conversas e histórias. A equipe profissional pode direcionar atividades para promover avanços nesta área.

Incentive brincadeiras estruturadas e sensoriais

De acordo com os desafios do seu filho, proponha atividades que o ajudem a superar barreiras e expandir habilidades com materiais simples, que podem ser feitos em casa.

Saia de casa

Conheça lugares e pessoas novas. Atividades em grupo são fundamentais para o desenvolvimento de habilidades sociais. Cada interação traz aprendizado e novas experiências.

Promova a autonomia

Envolva a criança em atividades da vida diária, como arrumar o quarto ou escolher roupas, estimulando sua independência e autoconfiança.

Acredite no potencial e celebre conquistas

Valorize cada progresso, por menor que seja. Elogie as conquistas e os comportamentos positivos, pois isso reforça a autoestima e a autoconfiança.

Referências

ARANTES, M. C. B.; MORAIS, E. A. Exposição e uso de dispositivos de mídia na primeira infância. *Residência Pediátrica*, v. 3, n. 1, p. 1-18, 2021.

BARBOSA, M. C. S. A rotina nas pedagogias da educação infantil: dos binarismos à complexidade. *Currículo sem Fronteiras*, v. 6, n. 1, p. 56-69, jan./jun. 2006.

BENCZIK, Edyleine B. P. *Manual da escola de transtorno de déficit de atenção/hiperatividade*: versão para professores. São Paulo: Casa do Psicólogo, 2000.

OLIVEIRA, A. L. S. *et al.* Os impactos do uso de telas no neurodesenvolvimento infantil. *RESU – Revista Educação em Saúde*, v. 9, supl. 3, p. 103-118, 2021.

REGO, T. C. *Vygotsky*: uma perspectiva histórico-cultural da educação. 11. ed. Petrópolis: Vozes, 2001.

CAPÍTULO 10

Cancelamento de planos de saúde e os prejuízos para pessoas autistas

Quando planos de saúde são cancelados, o impacto vai além do aspecto financeiro, afetando a saúde, o bem-estar e o futuro de indivíduos com transtorno do espectro autista (TEA). Este capítulo analisa como o cancelamento dos planos de saúde, mais do que mera questão jurídica, se transformou em grave problema social e que não pode ser ignorado pela comunidade autista.

Carlos Henrique Bastos da Silva

CARLOS HENRIQUE BASTOS DA SILVA

Empresário, escritor, palestrante e advogado pela Universidade Paulista. Pós-graduado pela Universidade de Taubaté, Instituto Nacional de Pós-Graduação, Universidade Salesiana e pela Escola de Administração de Empresas de São Paulo da Fundação Getulio Vargas. É sócio-proprietário do Bastos Silva Advogados Associados e da Clínica Integrativa Aia. Militante na área cível, com ênfase em direito civil e direitos das pessoas com deficiência. É casado, pai de duas filhas típicas e dois filhos autistas. Ativista da causa das pessoas com deficiência, afirma que sua luta pelos direitos dos autistas não é somente profissional, mas profundamente pessoal. Gosta de rock e motocicletas.

Contatos: carlos.bastos.silva@bastos-silva.adv.br
Instagram: @bastossilvaadvogados
11 4112 3720

A importância do tratamento especializado

Indivíduos com TEA frequentemente necessitam de tratamentos multidisciplinares, como terapia ocupacional, fonoaudiologia, psicologia, e acompanhamento médico especializado. Esses serviços são essenciais para o desenvolvimento de habilidades de comunicação, interação social e autonomia.

No entanto, o custo dessas terapias pode ser extremamente alto para as famílias, tornando os planos de saúde uma ferramenta indispensável para viabilizar esse cuidado.

Quando um plano de saúde é cancelado ou recusa a cobertura de tratamentos, as famílias enfrentam desafios insuperáveis. Muitos são obrigados a interromper terapias essenciais, o que pode levar a retrocessos significativos no desenvolvimento da pessoa autista, prejudicando anos de progresso.

Além disso, a busca por tratamentos de qualidade no sistema público de saúde pode ser desanimadora, devido às longas filas de espera e à insuficiência de serviços especializados.

Os direitos dos autistas no cancelamento de planos de saúde

Conforme exposto e debatido em vários artigos desta obra, a Lei n. 12.764/2012, conhecida como Lei Berenice Piana, reconhece o autismo como uma deficiência e garante a essas pessoas os mesmos direitos previstos na Constituição, incluindo o acesso à saúde. Além disso, a Agência Nacional de Saúde Suplementar (ANS) exige que os planos de saúde ofereçam cobertura para tratamentos relacionados ao TEA.

Na prática, porém, muitas famílias enfrentam desafios, como negativas de cobertura ou limitações no número de sessões de terapia, o que vai contra os direitos assegurados por lei.

Conforme dados do Conselho Nacional de Justiça, o volume de ações judiciais de consumidores contra operadoras de planos de saúde encerrou 2024 com quase 300.000 novos casos. O índice mais que dobrou desde 2021 e é o maior já registrado desde o início do monitoramento do CNJ, em 2020.

Para as operadoras, a judicialização excessiva do setor pressiona custos, que acabam elevando os reajustes dos contratos, e, na ponta, consumidores desassistidos veem na Justiça o caminho para acessar os tratamentos. Na esteira dessa novela de horrores, o cancelamento dos planos de saúde é o novo cenário de abusos que as famílias têm sido obrigadas a enfrentar.

O exemplo mais conhecido dos absurdos cometidos em 2024 é o comunicado enviado pela Unimed a vários consumidores de São Paulo, cancelando o plano e colocando à "disposição" de seus usuários das modalidades individuais e familiares a opção de serem atendidos no estado da Bahia, "sem a necessidade de cumprimento de novos prazos de carência".

Esse tipo de conduta não se coaduna com os princípios constitucionais da dignidade da pessoa humana e do direito à saúde, até porque a relação contratual entre consumidores e operadoras é regida pelo Código de Defesa do Consumidor, de modo que as empresas prestadoras de serviços de saúde estão submetidas às normas da Lei n. 8.078/1990, nos termos dos arts. 2º e 3º do referido diploma legal.

Aliás, o próprio Superior Tribunal de Justiça, por meio da Súmula 608, assim dispõe:

> Aplica-se o Código de Defesa do Consumidor aos contratos de plano de saúde, salvo os administrados por entidades de autogestão.

Ou seja, a proteção aos consumidores é garantida por todos os ângulos pelos quais se olhe, e foram, a partir de fevereiro de 2025, novas regras foram implementadas pela ANS como forma de coibir o cancelamento abusivo que estava ocorrendo.

Com as novas regras, o plano de saúde pode ser cancelado se houver pelo menos duas mensalidades em atraso dentro de um período de 12 meses, consecutivas ou não. Assim, se o consumidor atrasar o pagamento de abril e depois de setembro, mesmo tendo quitado os meses intermediários, a operadora já poderá encerrar o contrato. Essa mudança exige mais atenção dos consumidores, pois mesmo pequenos atrasos espaçados ao longo do ano podem resultar no cancelamento do plano.

Também a partir de fevereiro de 2025, os dias de atraso em mensalidades já quitadas não serão contabilizados no intervalo de 60 dias para fins de inadimplência, impedindo que atrasos do passado, acumulados ao longo de 12 meses, venham a comprometer a manutenção do contrato. A ideia é evitar que se dê o cancelamento do plano por atrasos pontuais.

Uma mudança muito importante foi feita com as novas regras no que diz respeito à comunicação que deve ser fornecida aos beneficiários, antes de a empresa cancelar ou rescindir o contrato por inadimplência. Embora a comunicação possa se dar por diversos meios, ela deve garantir que o usuário saiba da dívida e que tenha a oportunidade de quitar:

- Cartas, para notificar os beneficiários.
- E-mails com certificado digital e confirmação de leitura.
- Ligações telefônicas gravadas.
- Comunicações por aplicativos de mensagens.

Além disso, a operadora deve possuir comprovante de que o beneficiário recebeu a notificação, seja por meio de assinatura, confirmação eletrônica ou gravação de chamada.

A operadora também está impedida de promover o cancelamento do plano durante internações hospitalares, mesmo em situação de inadimplência.

Tal como ocorre nos casos de internação, a rescisão do plano de saúde, seja ele individual ou coletivo, no período em que o beneficiário (ou seu dependente) estiver submetido a tratamento médico garantidor de sua sobrevivência configura prática abusiva, sendo assim a jurisprudência majoritária:

> Direito civil. Agravo interno no recurso especial. Ação declaratória de nulidade c/c obrigação de fazer. Contrato coletivo de plano de saúde com menos de 30 usuários. Resilição. Necessidade de motivo idôneo. Agrupamento de contratos. Lei 9.656/98. Resolução ANS 195/2009 e Resolução ANS 309/2012. Contrato coletivo de plano de saúde. Resilição. Impossibilidade. Necessidade de continuidade de tratamento. Súmula 568 do stj. 1. (...). 2. O artigo 13, parágrafo único, II, da Lei n. 9.656/98, (...) tendo incidência apenas nas espécies individuais ou familiares. Precedentes das turmas da segunda seção do STJ. 3. A regulamentação dos planos coletivos empresariais (Lei n. 9.656/98, art. 16, VII) distingue aqueles com menos de 30 usuários, cujas bases atuariais se assemelham às dos planos individuais e familiares, impondo sejam agrupados com a finalidade de diluição do risco de operação e apuração do cálculo do percentual de reajuste a ser aplicado em cada um deles

> (resoluções 195/2009 e 309/2012 da ANS). 4. Nesses tipos de contrato, em vista da vulnerabilidade da empresa estipulante, dotada de escasso poder de barganha, não se admite a simples rescisão unilateral pela operadora de plano de saúde, havendo necessidade de motivação idônea. Precedentes. 5. É abusiva a rescisão contratual de plano de saúde, individual ou coletivo, por parte da operadora, durante o período em que a parte segurada esteja submetida a tratamento de emergência ou de urgência, garantidor da sua sobrevivência e/ou incolumidade física. (...) (STJ – AGINT no resp: 1862008-SP 2020/0035544-5, rel. Ministra Nancy Andrighi, julgamento: 22/06/2020, T3 – terceira turma, publicação: *DJE* 25/06/2020).

No caso de pacientes com TEA, caso estejam com intervenções em andamento, considera-se abusivo o cancelamento do plano.

Fica claro que manter os pagamentos em dia é fundamental para o exercício dos direitos aqui comentados, evitando desta forma o cancelamento e a rescisão contratual.

O plano coletivo empresarial por adesão

Alguns comentários são necessários no que diz respeito à possibilidade de cancelamento dos planos de saúde da modalidade "plano empresarial por adesão".

Tais planos, embora existam sob diferentes nomenclaturas, são caracterizados por serem adotados por entidades de classe ou pequenas empresas.

Os contratos de planos privados de assistência à saúde coletivos por adesão ou empresarial somente poderão ser rescindidos unilateralmente após a vigência do período de 12 meses e mediante prévia notificação da outra parte com antecedência mínima de 60 dias.

Contudo, é comum que tais planos tenham a natureza de "falso coletivo", ou seja, os beneficiários são todos de uma mesma família.

Nessas circunstâncias, o contrato existente entre as partes tem natureza familiar, de forma que só pode ser rescindido se houver inadimplemento do consumidor ou no caso de fraude, e isto com todas as inovações ocorridas a partir de fevereiro de 2025.

Assim, é admissível a migração para um plano compatível, na modalidade individual ou familiar, nas mesmas condições financeiras e operacionais, para que a criança com TEA não tenha suas intervenções terapêuticas interrompidas.

Isto é, a operadora de saúde deve assegurar o direito de migração do plano de saúde coletivo para um plano individual ou familiar, sem prazo de carência, com a mesma cobertura e valor compatível com o antigo plano, nos termos da Resolução do Conselho de Saúde Suplementar que é clara quanto ao direito à continuidade dos serviços de assistência à saúde, conforme art. 1º da Resolução n. 19/1999, bem como o art. 17, parágrafo único, da Resolução n. 195/2009.

A suspensão ou rescisão unilateral do contrato por parte da seguradora de saúde é permitida, desde que obedeça aos critérios do art. 13, parágrafo único, inciso II, da Lei n. 9.656/1998:

> Art. 13. Os contratos de produtos de que tratam o inciso I e o § 1º do art.1º desta Lei têm renovação automática a partir do vencimento do prazo inicial de vigência, não cabendo a cobrança de taxas ou qualquer outro valor no ato da renovação.
>
> Parágrafo único. Os produtos de que trata o caput, contratados individualmente, terão vigência mínima de um ano, sendo vedadas:
>
> (...)
>
> II – a suspensão ou a rescisão unilateral do contrato, salvo por fraude ou não-pagamento da mensalidade por período superior a sessenta dias, consecutivos ou não, nos últimos doze meses de vigência do contrato, desde que o consumidor seja comprovadamente notificado até o quinquagésimo dia de inadimplência.

Nesse sentido, o Superior Tribunal de Justiça (STJ), no julgamento do Tema 1.082, estabeleceu que a operadora, mesmo após rescindir unilateralmente o plano ou o seguro de saúde coletivo, deve garantir a continuidade da assistência a beneficiário internado ou em tratamento de doença grave até a efetiva alta, desde que o paciente arque integralmente com o valor das mensalidades.

O que estava acontecendo nos últimos anos é que as operadoras de saúde pretendiam o cancelamento imotivado do plano, deixando claro que estavam buscando cancelar os planos antigos, que não seriam de seu interesse econômico.

A relação contratual entre o beneficiário e a operadora de plano de saúde é pautada pelo princípio da continuidade, que impõe à operadora o dever de manter o plano vigente, desde que o beneficiário cumpra com suas obrigações contratuais.

O direito à saúde é um direito fundamental garantido pela Constituição Federal, e assim deve ser sempre exercido.

Os prejuízos psicológicos e sociais

A interrupção de terapias pode causar não apenas prejuízos clínicos, mas também impactos psicológicos e sociais.

Para os autistas, a falta de tratamento pode aumentar dificuldades comportamentais e de adaptação, levando ao isolamento social e à redução da qualidade de vida.

Para as famílias, o cancelamento do plano de saúde traz ansiedade, estresse financeiro e a sensação de desamparo diante de um sistema que deveria protegê-las.

Sem as terapias adequadas, fica mais difícil compartilhar informações corretas, combater estereótipos, mitigar preconceitos e também a aceitação e a inclusão social.

Em busca de políticas mais justas

Diante desse cenário, é urgente que haja uma fiscalização mais rigorosa das operadoras de planos de saúde para garantir que cumpram a legislação.

Também é fundamental ampliar o acesso a tratamentos de qualidade no sistema público, reduzindo a dependência exclusiva dos planos de saúde.

Mas, acima de tudo, é essencial que a comunidade autista inteira, representada por profissionais de saúde, operadores do direito, ONGs em geral, clínicas de saúde, pacientes e pais e mães atípicas, tenha consciência de seus direitos e, à luz da dignidade da pessoa humana, não tenha receio de exercer esses direitos, em especial junto ao Poder Judiciário.

Além disso, iniciativas como a jornada de conscientização sobre o autismo que esta obra inaugura podem contribuir para que a sociedade possa acolher e melhor compreender sobre as necessidades dessas pessoas e a importância do cuidado contínuo das intervenções.

Conclusão

O cancelamento de planos de saúde é mais que uma questão financeira, é um ataque à dignidade e aos direitos de pessoas autistas e suas famílias. Governos, legisladores, tribunais, operadoras e a sociedade civil devem trabalhar juntos e garantir que essas pessoas tenham acesso contínuo aos tratamentos e intervenções que necessitam.

Somente assim será possível promover inclusão, respeito e igualdade de oportunidades para todos os indivíduos com TEA.

Referências

BRASIL. [Constituição (1988)]. Constituição da República Federativa do Brasil de 1988. Brasília, DF: Presidente da República, [2016]. Disponível em: http://www.planalto.gov.br/ccivil_03/constituicao/constituicao.htm. Acesso em 27 mar. 2025.

BRASIL. *Lei n. 8.069, de 13 de julho de 1990*. Dispõe sobre o Estatuto da Criança e do Adolescente e dá outras providências. *Diário Oficial da União*: seção 1, Brasília, DF, 16 jul. 1990. Disponível em: https://www.planalto.gov.br/ccivil_03/leis/l8069.htm. Acesso em: 27 de mar. 2025.

BRASIL. *Lei n. 8.078, de 11 de setembro de 1990*. Dispõe sobre a proteção do consumidor e dá outras providências (Código de Defesa do Consumidor). *Diário Oficial da União*: seção 1, Brasília, DF, 12 set. 1990. Disponível em: https://www.planalto.gov.br/ccivil_03/leis/l8078compilado.htm. Acesso em: 27 mar. de 2025.

BRASIL. *Lei n. 9.656, de 3 de junho de 1998*. Dispõe sobre os planos e seguros privados de assistência à saúde. *Diário Oficial da União*: seção 1, Brasília, DF, 4 jun. 1998. Disponível em: https://www.planalto.gov.br/ccivil_03/leis/l9656.htm. Acesso em: 27 de mar. de 2025.

BRASIL. *Lei n. 12.764, de 27 de dezembro de 2012*. Institui a Política Nacional de Proteção dos Direitos da Pessoa com Transtorno do Espectro Autista. *Diário Oficial da União*: seção 1, Brasília, DF, 28 dez. 2012. Disponível em: https://www.planalto.gov.br/ccivil_03/_ato2011-2014/2012/lei/l12764.htm. Acesso em: 27 de mar. de 2025.

BRASIL. *Lei n. 13.146, de 6 de julho de 2015*. Institui a Lei Brasileira de Inclusão da Pessoa com Deficiência (Estatuto da Pessoa com Deficiência). *Diário Oficial da União*: seção 1, Brasília, DF, 7 jul. 2015. Disponível em: https://www.planalto.gov.br/ccivil_03/_ato2015-2018/2015/lei/l13146.htm. Acesso em: 27 de mar. de 2025.

BRASIL. *Lei n. 13.977, de 8 de janeiro de 2020*. Altera a Lei n. 12.764, de 27 de dezembro de 2012, para instituir a Carteira de Identificação da Pessoa com Transtorno do Espectro Autista (Ciptea). *Diário Oficial da União*: seção 1, Brasília, DF, 9 jan. 2020. Disponível em: https://www.planalto.gov.br/ccivil_03/_ato2019-2022/2020/lei/l13977.htm. Acesso em: 27 de mar. de 2025.

CAPÍTULO 11

Treino piramidal como ferramenta para ampliar o atendimento a pessoas neurodivergentes

Entre as estratégias para melhorar o atendimento às pessoas neurodivergentes e suas famílias, o treino piramidal é particularmente promissor. Ele amplia as oportunidades de aprendizado e de generalização das habilidades e é financeiramente mais acessível. Neste capítulo, vamos explorar as potencialidades do treino piramidal e sugestões de como torná-lo mais eficaz.

Carolina Ramalho

CAROLINA RAMALHO

Psicóloga graduada pela FMU, com pós-graduação em Terapia Comportamental e Cognitiva pela USP e em Educação de Pessoas com Transtorno do Espectro Autista e/ou com Atraso de Desenvolvimento Intelectual: Contribuições da Análise do Comportamento Aplicada pela UFSCar. Mestra em Psicologia Comportamental: Análise do Comportamento pela PUC-SP. Instrutora no Sistema Profissional de Gerenciamento de Crises (PCM) e certificada internacionalmente pela PCMA. Já atuou com atendimento em escola, clínica, hospital e em domicílio. Atua como supervisora de atendimento de crianças maiores de oito anos, pré-adolescentes, adolescentes e adultos.

Contatos: carolina.ramalho@abarca.com.br
11 95676 4260

Se uma criança não pode aprender da maneira como é ensinada, é melhor ensiná-lá da maneira que ela pode aprender.

Marion Welchmann

É fato que, nos últimos anos, o número de pessoas diagnosticadas com transtorno do espectro autista (TEA), que é considerada uma neurodivergência, tem aumentado. Nos Estados Unidos, por exemplo, as estatísticas mais recentes indicam que uma em cada 36 pessoas está no espectro do autismo, com maior prevalência na população masculina – proporção de quatro homens para cada mulher (Maenner *et al.*, 2023). No Brasil, embora ainda não haja estimativas oficiais, o Instituto Brasileiro de Geografia e Estatística (IBGE) já começou a inserir perguntas sobre o TEA, devido à Lei 13.861/2019.

O TEA é definido como um transtorno do neurodesenvolvimento que se caracteriza por algum grau de dificuldade nas áreas da comunicação e comportamento social, além de padrões restritos e repetitivos de comportamento (APA, 2023).

É um diagnóstico que, portanto, impacta não apenas os indivíduos que o têm, mas também suas famílias e políticas públicas de saúde e educação, por exemplo. A literatura científica, inclusive, já aponta que há riscos aumentados à saúde emocional e psicológica dos cuidadores de pessoas neurodivergentes, como depressão, estresse e queda na qualidade de vida (Howlin & Moss, 2012).

Por isso, é importante ampliar e melhorar o acesso das famílias a uma melhor qualidade de vida para pessoas neurodivergentes – e, nesse sentido, têm sido propostas diferentes práticas baseadas em evidências científicas. Entre elas, citamos a intervenção baseada no antecedente, ensino de comunicação funcional, ensino por tentativas discretas, análise funcional do comportamento, intervenção aplicada por pais, treino de habilidades sociais… e o treino piramidal (Andzik & Cannella-Malone, 2017; Steinbrenner *et al.*, 2020).

O que é o treino piramidal?

O treino piramidal nada mais é que um ensino em formato de "pirâmide" e/ou "cascata", em que o conhecimento flui de cima para baixo. Na prática, consiste em um especialista (pessoa com conhecimento técnico no tema que será ensinado – nível 1) ensinando um cuidador, professor ou terapeuta (nível 2), que, por sua vez, ensina a outra pessoa (nível 3), seja ela um outro cuidador, professor, terapeuta ou a pessoa neurodivergente.

Um dos primeiros estudos a utilizar o treino piramidal foi publicado ainda nos anos 1970 (Jones *et al.*, 1977), com o objetivo de diminuir o custo de treinamento de professores em escolas e manter as mudanças realizadas por um consultor externo. Outro estudo clássico (Kuhn *et al.*, 2003) buscou ensinar familiares de pessoas neurodivergentes a lidarem com comportamentos socialmente interferentes.

Como funciona na prática?

1. **Avaliação**: o especialista (nível 1) realiza uma avaliação detalhada da pessoa neurodivergente para identificar as habilidades a serem ensinadas e as melhores estratégias de ensino. Além disso, é necessário também avaliar o repertório do cuidador/profissional a ensinar tais habilidades para a pessoa neurodivergente.
2. **Treinamento do nível 2**: primeiro, o especialista avalia o repertório do cuidador a ser ensinado na habilidade a ser ensinada e o repertório desse mesmo cuidador em ensinar essa habilidade a outras pessoas. Em seguida, o especialista planeja os melhores procedimentos para ensinar o cuidador e inicia esse treino.
3. **Observação e feedback**: essa etapa consiste tanto em o cuidador aplicar a habilidade aprendida no especialista quanto ensinar diretamente a outra pessoa (seja um outro cuidador, um profissional ou a pessoa neurodivergente). Durante essa etapa, o especialista observa e dá feedbacks positivos e corretivos para a pessoa ensinada diretamente por ele (cuidador 1, por exemplo).
4. **Generalização e manutenção**: o cuidador ensinado diretamente pelo especialista implementa as técnicas aprendidas ao longo do tempo, em diferentes contextos e com diferentes estímulos para que as habilidades ensinadas à pessoa neurodivergente sejam generalizadas e mantidas.

Para o treino piramidal "dar certo", é fundamental que o especialista tenha sólida formação em análise do comportamento aplicada (ABA) e experiência tanto no trabalho com pessoas neurodivergentes quanto no ensino a terapeutas e cuidadores.

Além disso, a supervisão contínua é essencial para garantir a qualidade do ensino e a adaptação das estratégias às necessidades de cada pessoa, seja o terapeuta ou cuidador, seja a própria pessoa neurodivergente, já que, por definição, o ensino é individualizado – e, claro, exatamente por isso, é importante que a comunicação seja clara e eficaz entre todos os envolvidos.

Os benefícios do treino piramidal

O treino piramidal é promissor porque amplia o alcance ao conhecimento e atendimento às pessoas neurodivergentes, já que um único especialista pode treinar várias pessoas (nível 2).

Além disso, ele traz empoderamento para os familiares: o cuidador torna-se uma figura ativa no processo terapêutico da pessoa neurodivergente, capaz de agir mesmo na ausência do especialista.

Para as pessoas neurodivergentes, as habilidades sociais, comunicativas e de vida diária podem ser significativamente aprimoradas, com melhoria no desempenho para a realização das tarefas, aumento de autonomia em muitas situações e na qualidade de vida. Além disso, as técnicas embasadas na ciência da ABA utilizadas no treino piramidal podem também ajudar a reduzir comportamentos que interferem na vida da pessoa neurodivergente ou com TEA e de seus familiares, ajudando na redução de comportamentos lesivos e no engajamento em atividades sociais.

Em 2020, esta autora realizou uma revisão de literatura com o objetivo de avaliar o uso do treino piramidal como uma estratégia eficaz para ampliar o ensino de outras pessoas na abordagem do TEA (Ramalho, 2020).

A revisão concluiu que o treino piramidal pode ser vantajoso em aspectos como ser menos oneroso financeiramente (o que é muito importante para a população de baixa renda) e poder utilizar meios tecnológicos para alcançar aquelas pessoas que, inclusive, vivem em lugares mais remotos.

Na verdade, entre os artigos que tinham essa informação, 94% e 82% dos participantes (cuidadores, familiares, profissionais da área da saúde/educação) de níveis 1 e 2, respectivamente, adquiriram o comportamento ensinado depois do treino – e 95% dos participantes neurodivergentes (nível 3) tiveram melhorias em seu repertório. Como se não bastasse, o treino piramidal ainda pode ser ensinado em escolas, hospitais, universidades, clínicas e em casa.

Como sugestão, identificamos a inclusão dos seguintes componentes: descrição do que será feito, justificativa da importância de o cuidador/profissional ou pessoa neurodivergente aprender aquela habilidade, realizar um checklist, apresentar um modelo, treinar (*role play*), dar feedback, ensinar a coletar dados e uma medida de validade social sobre a importância do treino, utilizando, por exemplo, uma escala Likert.

A revisão também apontou que a forma de ensinar costuma utilizar o paradigma "instrução, modelo, treino, feedback" (em inglês, conhecido pela sigla BST – *behavioral skills training*) e, entre as habilidades ensinadas, dar dicas, reduzir comportamentos interferentes, uso de reforçamento positivo e ensino por meio de tentativas discretas eram as mais recorrentes no nível 2. No que tange ao ensino da pessoa neurodivergente (nível 3), foram listados comunicação funcional, pedido por ajuda, fazer recusa e experimentar novos alimentos (Ramalho, 2020).

Recomendações para iniciar um treino piramidal

Se você é um especialista em ABA, considere implementar o treino piramidal seguindo a recomendação de criar uma checklist detalhada com os comportamentos a serem ensinados. Essa ferramenta permitirá identificar as habilidades que o aprendiz já possui e, com base nesses dados, planejar procedimentos de ensino de forma personalizada e eficaz.

Esse checklist não é só da aplicação do objetivo/habilidade a ser aprendida pela pessoa neurodivergente, mas também os do aplicador de nível 2 e dos objetivos da própria aplicação (por exemplo, o que a mãe deve fazer para que o ensino seja efetivo quando o compartilhar com o pai).

Ademais, o especialista deve demonstrar fluência no que está ensinando – também pelo preenchimento de checklist – e, além de "ensinar a ensinar", também mostrar como se coletam os dados de ensino e até como o cuidador, por meio desses dados, pode tomar algumas decisões, mais simples.

Um dos maiores desejos desta autora é utilizarmos essa ferramenta promissora para ensinar uma gama de habilidades a profissionais das áreas da saúde e da educação, com o objetivo de lidarem de forma mais respeitosa e efetiva com pessoas com deficiência e/ou neurodiversas, servindo como facilitadores no atendimento médico, ambulatorial, clínico e escolar dessas pessoas e, assim, auxiliando também na qualidade de vida delas.

Referências

AMERICAN PSYCHIATRIC ASSOCIATION [APA]. *Diagnostic and statistical manual of mental disorders*. 5 ed., Text Revision (DSM-5-TR). Washington, DC: APA, 2022.

ANDZIK, N.; CANNELLA-MALONE, H. I. A review of the pyramidal training approach for practitioners working with individuals with disabilities. *Behavior Modification*, [s. l.], v. 41, n. 4, p. 558-580, 2017.

BRASIL. *Lei n. 13.861, de 18 de julho de 2019*. Altera a Lei n. 7.853, de 24 de outubro de 1989, para incluir as especificidades inerentes ao transtorno do espectro autista nos censos demográficos. Disponível em: https://www.planalto.gov.br/ccivil_03/_ato2019-2022/2019/lei/L13861.htm. Acesso em: 2 out. 2024.

HOWLIN, P; MOSS, P. Adults with autism spectrum disorders. *Canadian Journal of Psychiatry*, [s. l.], v. 57, p. 275-283, 2012.

JONES, F. H.; FREMOUW, W.; CARPELS, S. Pyramid training of elementary school teachers to use a classroom management skills package. *Journal of Applied Behavior Analysis*, [s. l.], v. 10, p. 239-253, 1977.

KUHN, S. A.; LERMAN, D. C.; VORNDRAN, C. M. Pyramidal training for families of children with problem behavior. *Journal of Applied Behavior Analysis*, [s. l.], v. 36, n. 1, p. 77-88, 2003.

MAENNER, M. *et al.* Prevalence and characteristics of autism spectrum disorder among children aged 8 years – autism and developmental disabilities monitoring network, 11 Sites, United States, 2020. *Surveillance Summaries*, [s. l.], v. 72, n. 2, p. 1-14, 2023.

RAMALHO, A. C. M. *Treino piramidal para ensino de cuidadores no atendimento de pessoas com transtorno do espectro autista (TEA)*: uma revisão. 2020. 64 f. Dissertação (Mestrado em Psicologia Experimental: Análise do Comportamento) – Pontifícia Universidade Católica de São Paulo, São Paulo, 2020.

STEINBRENNER, J. R. *et al. Evidence-based practices for children, youth, and young adults with autism*. Chapel Hill: The University of North Carolina at Chapel Hill, Frank Porter Graham Child Development Institute, National Clearinghouse on Autism Evidence and Practice Review Team, 2020.

CAPÍTULO 12

O silêncio e o silenciamento na caminhada autista

O capítulo aborda o silêncio e o silenciamento que permeiam a caminhada da mãe atípica nas diferentes fases da vida do autista. Eles geram reflexões sobre os jovens que estão fora da universidade, do mercado de trabalho e sem políticas públicas voltadas à inclusão e qualidade de vida. Como romper esse silenciamento?

Cícera Alves Feitosa

CÍCERA ALVES FEITOSA

Licenciatura em Língua Portuguesa, pela Universidade do Estado de Mato Grosso. Especialização em Língua Portuguesa e Literatura. Foi professora na Secretaria Municipal de Educação, Rede Estadual de Educação e Universidade Estadual de Mato Grosso e coordenadora em Mato Grosso pelo PROLER, o Programa Nacional de Incentivo à Leitura. Atuou também como coordenadora na Escola Estadual Frei Ambrósio. Certificação Internacional em *Storytelling*, com James McSill. No blog, escreve sobre cuidado, cuidador, autocuidado e autismo. É Conselheira Municipal da Saúde, ativista dos direitos da pessoa com deficiência e mãe atípica. Em janeiro de 2025, aceitou o convite para ocupar a cadeira 27 da ACADEPAN – Academia Lítero-Cultural Pantaneira de Poconé.

Contatos: www.quemcuidadocuidador.com.br
ciceraepedro@hotmail.com
Instagram: @avidadequemcuida
65 99804 8888

O silêncio é a possibilidade do dizer vir a ser outro. No silêncio, o sentido ecoa no sujeito. É esse processo que lhe torna possível perpassar as diferenças dos diferentes...

Eni Orlandi

Há muitas formas de silêncio e de silenciamento que uma mãe atípica vai encontrar pelo caminho. E a forma como lidamos com todos esses silêncios nem sempre é fácil, pois os desafios que nos são impostos, de vez em quando parecem intransponíveis. Sabe quando a gente diz que tem algo errado com nosso filho e ninguém acredita, familiares amigos e profissionais da saúde?

Esses silenciamentos vêm embrulhados em amáveis conselhos de profissionais da saúde. Em quem, por força das circunstâncias, precisamos acreditar que estão certos, afinal, eles têm mais conhecimento que a gente.

Vivi essa experiência com um médico, quando questionei sobre a alfabetização de meu filho, Pedro Henrique, que não estava acontecendo. A justificativa dele, "é necessário mais tempo. Sua angústia, mãe, é porque você é professora. Mães professoras sufocam os filhos. Eu sei como é, minha mãe era professora". Assim, diante de alguns acontecimentos, optamos por manter silêncio.

Esse silenciamento também pode surgir por meio de pessoas próximas, pelas quais nutrimos respeito, afinal, nos foi ensinado no passado que a experiência conta muito. E você, com um filho atípico nos braços, algumas vezes mãe pela primeira vez, quer desesperadamente que alguém a acorde do pesadelo em que está mergulhada por não saber como agir.

Então, como ervas daninhas, brotam familiares e amigos com as mais variadas formas de educar, pois, na maioria das vezes, agir de forma diferente no mundo classificado como falta de educação.

Qual a mãe que nunca ouviu frases como: "Ah, se fosse meu filho!" ou "Apanhar não mata ninguém, quando eu era pequeno vivia apanhando e estou aqui vivo e saudável"? Além da clássica "Ah, se fosse lá em casa". Parece que todo mundo, de uma hora para outra, torna-se especialista em regras de como cuidar e educar uma criança.

Em situações assim, muitas vezes ficamos tão abaladas que a única coisa que queremos é sair dali e chorar. Ao mesmo tempo em que ansiamos pelo silêncio, também somos silenciadas. Para evitar situações como essas, às vezes optamos por não ir a algumas reuniões familiares, afinal lugares com muita gente e barulho são gatilhos para desregular nossos filhos.

Mas, às vezes, basta um barulho diferente para isso acontecer, e ninguém entende. Imagine então a dificuldade de lidar com o hiperfoco. Quando o tema é algo que a família gosta, pode até chegar ao exagero. Um exemplo comum é se a criança gosta de carros de corrida e, com frequência, ganha presentes relacionados.

Meu filho, por exemplo, ainda hoje tem várias camisetas de santos, mas houve uma época em que ele tinha uma quantidade absurda. Se decidisse passar um mês inteiro usando só camisetas de santos, sem repetir, seria possível. Isso sem falar nas preferidas. Muitas vezes você coloca a camiseta no varal para secar e, de repente, já encontra a pessoa vestida com ela outra vez. Mas quando o hiperfoco é voltado para algo que as pessoas consideram inadequado, deixa-se de respeitar a individualidade da criança.

Como encontrar o equilíbrio? Explorando o hiperfoco, na perspectiva do aprendizado e buscando inserir novas experiências que também são necessárias. Para isso, a ajuda de profissionais que possam nos orientar é essencial.

No entanto, a maioria das famílias não tem acesso aos profissionais capacitados para orientá-las sobre estímulos para o desenvolvimento e técnicas de manejo para lidarem com momentos de crise.

Às vezes, mesmo as terapias ofertadas não são suficientes para atender a todas as demandas e muitos profissionais da saúde ainda não compreenderam que eles podem fazer a diferença na adaptação da criança ao meio, por meio da construção de rotinas e hábitos que possibilitem aos autistas desenvolverem o máximo de autonomia possível em suas vidas.

Quando essas intervenções não acontecem na idade certa, crianças que poderiam chegar à idade adulta e levar uma vida normal ou com um mínimo de suporte, acabam ficando dependentes e certamente terão um custo bem mais alto na perspectiva da saúde, além de causar maior desgaste emocional da família.

Quando um autista disfuncional atinge a fase adulta, há grande probabilidade de que ele, e as pessoas a seu redor, precisem de cuidados, pois as crises tendem a se tornar mais severas e, em muitos casos, surgem também outras comorbidades.

O cuidador, por viver em uma sociedade em que muitas vezes é silenciado e invisibilizado, precisa aprender a cuidar de si mesmo, fazer pausas para repor a energia e cultivar alguma atividade que o faça feliz. Bem como alimentar algumas amizades, pois sem ter um ombro amigo por perto de vez em quando, torna-se bem difícil a caminhada. Ter fé e esperança também ajuda a seguir em frente.

Alguns cuidados raramente são compartilhados. Afinal, aquilo que não é visível, não precisa de atenção nem de comprometimento. É mais fácil fingir que está tudo bem com o outro. Ou acreditarem que você é uma mãe tão guerreira que dá conta de tudo sozinha. Tenho aversão ao adjetivo "guerreira", e sei que os políticos adoram usá-lo para justificarem suas omissões.

O Estado é mesmo omisso em relação a isso. Porém, neste último ano foi aprovada a Lei 14.880, de 4 de junho de 2024, oportunizando a crianças de zero a três anos terem atendimento por multiprofissionais, após serem diagnosticadas com alguma deficiência. Precisamos divulgar essa lei e cobrar, para que de fato seja cumprida. Então, quem sabe no futuro, tenhamos outras possibilidades de interação social.

No momento, não temos; logo, é urgente a implementação de políticas públicas para um grande número de adolescentes e jovens autistas que vivem em um mundo de silêncio e silenciamento. Já não estão mais na escola, pois terminaram o ensino médio. Mas também não estão na universidade, porque não foram alfabetizados e não estão no mercado de trabalho, porque não desenvolveram as habilidades necessárias para tal.

Há ainda um grande número de profissionais da educação que acreditam que a criança com deficiência não irá aprender e que o mais importante é cuidar dela e possibilitar que ela socialize com as outras crianças.

Afirmo com segurança que meu filho foi extremamente bem cuidado nas escolas por onde passou, mas a aprendizagem não foi prioridade. Houve alguns profissionais que se esforçaram e fizeram a diferença na vida dele. Porém, outros se limitam tanto, considerando-se incapazes e, realmente, acabam sendo. Pois, para darmos conta de fazer algo diferente, é necessário querer estudar, aprender e construir recursos alternativos.

Vivenciamos situações em que tudo o que sabemos é insuficiente. Torna-se necessário desbravar um mundo novo, aprender novas técnicas, nos despir de preconceitos, abraçar o diferente e respeitar as diferenças, vendo-as como oportunidade de crescimento e aprendizagem.

Ao ter um filho autista, durante a caminhada nos desfazemos de camadas que levamos anos construindo, e, depois, descobrimos que muitas não têm nenhum valor na vida prática.

Como mães atípicas, passamos por situações em que a sensação de falta de proteção é tão intensa que é como se nos tivessem arrancado a pele. E qualquer movimento intensifica a dor, pois o julgamento do outro vem em palavras, gestos e silêncio. Muitas vezes, já ouvimos que o corpo fala e, de fato, fala muito, sendo extremamente tagarela.

Todas as mães atípicas já leram em movimentos de olhos, boca e testa a desaprovação em relação ao comportamento de nossos filhos. Ou corpos que se afastam de nossos filhos como se, ao tocar neles, fossem ficar contaminados. Ou em uma situação de desregulação, algum pé a bater no chão em total sinal de desaprovação, ou cabeças se movendo de um lado para o outro. Mas posso garantir que a percepção desses julgamentos nos torna cada dia mais fortes.

Para as mães que estão iniciando a caminhada: acreditem; é preciso coragem, força e mansidão para passar por todos esses processos. No entanto, o essencial é cercar-se de pessoas boas. Essa bondade você perceberá na forma generosa como elas acolhem e tratam seu filho. Com total respeito pelas diferenças e pelo diferente. Por mais estranhas que sejam as estereotipias de seu filho, elas as compreenderão.

Caso não seja assim, não vale a pena manter a amizade. Como vocês vão saber? Acreditem, ao nos tornarmos mães atípicas, desenvolvemos uma habilidade de percepção incrível. Então, a leitura de mundo e das pessoas à nossa volta se torna rápida. Muitas vezes, em uma única conversa, podemos estabelecer uma amizade verdadeira. Ou seu radar de cuidado se acende e você fica mais atenta à forma de agir dessa pessoa.

Concentre-se nas ações, que são mais importantes do que as palavras. Pois um belo discurso é fácil, mas a consistência em nossa forma de agir diz quem somos.

É melhor ter meia dúzia de amigos com quem você possa contar a qualquer momento, do que muitos que sempre estão disponíveis nos momentos de festa, mas que se você pedir para ele ficar uma hora com seu filho, nunca pode. Ou aqueles que sempre dizem que não sabem o que fazer em momentos de crise.

Quando queremos, sempre podemos aprender. Ao sermos gentis no cuidado com o outro e se nossas ações estiverem imbuídas de amor, superaremos as dificuldades. Pois o amor é o sentimento que pode preencher o espaço do conhecimento e da técnica.

É essencial sermos fortes para reconhecer os silenciamentos que nos são impostos na igreja, na família, na escola, nos lugares públicos, em áreas de lazer etc.

Minha maior dificuldade com a igreja é ver que muitos representantes parecem acreditar que receber a criança com espectro autista é o mesmo que acolher. No entanto, acolher vai além; inclui repensar os discursos e as palavras usadas. Acreditem, senhores padres, vocês são figuras de autoridade, e quando meu filho volta para casa com medo de ir para o inferno, dá um trabalho enorme desfazer as vossas homilias.

A busca por direitos é árdua. Não precisamos discutir, mas no silêncio podemos construir argumentos e justificativas que façam nossos representantes políticos nos ouvirem.

E eles nos ouvem. Nos ouvem quando demonstramos conhecimento sobre o assunto e apresentamos números. Assim, eles transformam nossas informações em quantidade de votos. Por isso, é essencial que nos organizemos em associações, que façamos parte de grupos de mães, pois além de nossas vivências nos fortalecerem, de vez em quando também precisamos de alguém que nos ouça. Todas as vezes que estamos organizadas com um número maior de mães, ou com algum representante político ao nosso lado, nos tornamos visíveis.

É nessa incompletude vivenciada no dia a dia, em que falta quase tudo aos nossos filhos, que precisamos construir a completude que permita a eles e a nós, enquanto mães cuidadoras, viver uma vida digna e com mais empatia.

Para isso acontecer, a cada dois anos precisamos conhecer os projetos que cada candidato apresenta. E, se em suas propostas, nossos filhos autistas não estiverem contemplados, esse candidato não merece nossos votos. Na verdade, todas nós deveríamos estar filiadas a partidos políticos, ajudando a construir essas propostas. Pois ninguém melhor que nós sabe quais são as reais necessidades de nossos filhos.

Por último, dentro das políticas públicas que já tinha citado anteriormente, é essencial a construção de espaços formadores, com direito a cursos profissionalizantes, fisioterapia, cultura, lazer e cursos de alfabetização para jovens e adultos autistas, com metodologia adequada às suas necessidades. Pois, na faixa etária certa, em vez de receberem os estímulos certos, apenas receberam cuidados básicos, pois naquela época não se sabia o que fazer. No entanto, nos dias atuais, já existem, para as pessoas de boa vontade, infinitas possibilidades de como fazer diferente.

A quantidade de jovens que passam o dia em casa é enorme. Posso garantir aos governos que esse investimento é bem mais econômico do que o custo futuro, de quando esses jovens já não tiverem, na maioria das vezes, mães cuidadoras, pois muitos pais não se envolvem nesses cuidados ou, muitas vezes, abandonam os filhos. Esses, não raro, irão parar nas ruas, expostos à violência e ao uso de drogas. Vale lembrar que a maioria dos que estão nas ruas possui algum tipo de deficiência, e que, na verdade, o que nós não aprendemos a ver é que algumas deficiências são quase imperceptíveis.

Não é fácil adaptar-se às regras sociais. Todos experimentamos dificuldades. Imagine, agora, para aqueles que nasceram com um grau de sensibilidade exacerbada.

É possível que o convívio com eles recupere a nossa humanidade dispersada em tantas distrações do dia a dia. E que nosso olhar humanizado vença os silêncios e quebre as grades do silenciamento para aprendermos a conviver e respeitar as diferenças e o diferente.

Durante a caminhada com nossos filhos autistas, podemos cair, então estenda a sua mão e nos ajude a levantar. Se possível, em silêncio.

Referência

ORLANDI, E. P. *As formas do silêncio*: no movimento dos sentidos. 4. ed. Campinas, Unicamp, 1997.

CAPÍTULO 13

Como você cuida da pessoa mais importante da sua vida?

Como você cuida da pessoa mais importante da sua vida? Uma conversa com quem cuida e ama um indivíduo com um psicodiagnóstico, especialmente com as mães, sobre sentimentos, acolhimentos, expectativas, dores, descobertas e caminhos. Uma reflexão: sua filha é atípica ou tem uma atipicidade? E quem é a pessoa mais importante da sua vida?

Cristiane F. Alves Lorga

CRISTIANE F. ALVES LORGA

Psicóloga clínica individual, de casal e de família, com formação pela Universidade Paulista (UNIP) em São José do Rio Preto/SP, 2012. Formação em Direito pela Universidade de Rio Preto (UNIRP), em 1990. Formação em Tradução (francês) pela UNESP, em 1992. Especialização em Intervenção Familiar: Psicoterapia e Orientação Sistêmica pela Faculdade de Medicina de São José do Rio Preto (FAMERP), em 2014. Membro da Associação Paulista de Terapeutas Familiares (APTF). Autora do capítulo "Um chocolate e alguns segredos: diferentes vivências de pós-diagnóstico de doenças sexualmente transmissíveis" do livro *Família, novos retratos e novas molduras*, organizado por Ceneide M. O. Cerveny. Curso de Formação em Terapia e Trabalho Comunitário, de Michel White, Dulwich Centre, na Austrália.

Contatos:

Como você cuida da pessoa mais importante da sua vida? Como é para você ser mãe, ou cuidadora que convive, cuida e ama um indivíduo com autismo ou algum outro psicodiagnóstico? E quem cuida de você? Neste capítulo, falo um pouco sobre como cuidadoras se cuidam ou gostariam de ser cuidadas.

Quem é a pessoa mais importante da sua vida? Antes de você entrar nesse mundo atípico, quem era você? Quais são seus sonhos? Expectativas? O que você sabia sobre esse mundo? Como você entrou nesse novo mundo? Você não está só, não é a primeira e nem será a última. Somos muitas.

Ao viver esse processo pela busca de um psicodiagnóstico nesses últimos anos, como mãe, irmã e psicóloga, uma nova porta foi aberta em minha vida. Acabei me fazendo essa pergunta: como será que as mães se sentem ao receber um psicodiagnóstico? Será que elas se sentem apoiadas? Sozinhas? Chocadas? Frustradas? Acolhidas? Decepcionadas? Ou será que sentem que finalmente podem respirar, afinal, existe um nome para essas características da sua criança?

Além de histórias de psicodiagnósticos que começaram a aparecer em meu consultório, minha filha em busca de seu autoconhecimento e um psicodiagnóstico tardio de uma irmã motivaram-me a escrever este capítulo sobre alguns papéis, preconceitos, experiências, sentimentos, acolhimentos, expectativas, dores, descobertas e caminhos de mães que se deparam com uma filha e um psicodiagnóstico. Por aqui, convido-as a entrarem por essa porta comigo e que nosso momento seja amigável, próspero e agregador.

Ilustre leitora, mesmo como psicóloga-escritora, acredito nas relações, nas trocas, sendo assim, fique à vontade para entrar em contato comigo, não estamos sós. Outra coisa: usarei pronomes femininos neste capítulo, com respeito e sem intenção de exclusão, assim como me referirei a você como mãe.

Quanto a mim, sou e sempre serei mãe de Luísa. De resto, apenas estou. Estou escrevendo este capítulo, estou psicóloga clínica e estou tendo esses pensamentos e sentimentos hoje. Amanhã? Será outro dia e espero estar pensando em algumas coisas de forma diferente.

Neste capítulo, compartilharei meus conhecimentos como mãe e psicóloga, com o intuito de acolher, principalmente as mães, com o desejo de elevar sua autoestima, uma vez que percebo o quanto são negligenciadas por seus cônjuges, por suas filhas, família, sociedade e, até, por elas mesmas.

Ao fazer isso, pode ser que você se identifique, ou que pense que o que estou dizendo é nada, comparável com suas experiências, sintomas e dificuldades; entretanto, meu olhar será sobre nosso papel de mãe, cuidadora e educadora e o quanto estamos atentas e nos permitimos nos abrirmos para questionamentos do desenvolvimento de nossa filha no que se refere tanto ao aspecto fisiológico quanto ao cognitivo, social e emocional. Um pouco sobre nossas dores, conquistas e como podemos e deveríamos nos acolher e encontrar forças para continuar.

Trago algumas reflexões e fico curiosa se você se permitiria me acompanhar nessas respostas. Quando você percebeu que algo não estava bem, que sua filha não se desenvolvia como o esperado? Quando percebeu que precisava buscar especialistas e o que sentiu? Quem te apoiou? Quais eram seus medos?

Será que estava preparada para ouvir de profissionais, ou até mesmo da sua filha, que ela tem alguma patologia neurológica ou psiquiátrica? Será que aguento ouvir, ou admitir que minha filha tão desejada, perfeita e inteligente tem uma doença mental, uma neurodivergência? Será que é mais fácil acreditar que ela tem uma doença física do que uma mental? Será que chego a colocar minha filha em risco por preconceitos meus ou por medo de ela não ser aceita pela sociedade, ou não ser feliz? Será que me culpo pelas características dela?

Quantas vezes arrumamos desculpas para os atrasos no desenvolvimento de nossa filha e não buscamos o conhecimento? Ou, muito pior, quando confiamos em um profissional e este profissional fala que está tudo bem, enquanto nosso pior inimigo e o maior problema é justamente a ignorância?

Para qualquer atraso no desenvolvimento de nossas filhas, sempre há uma explicação, seja ela física, neurológica, psicológica, genética ou epigenética. Além do mais, qualquer atraso tem consequências e pode gerar traumas maiores. Nossa responsabilidade é estarmos atentas. Quanto mais nos negarmos a vermos o que está acontecendo, maior será o preço que nossas filhas vão pagar e, consequentemente, nós também.

Quantas vezes não acreditamos em nosso instinto natural, em nosso sexto sentido? Quantas vezes, por medo, fugimos?

Como seria desconfiarmos de profissionais da saúde quando nosso sexto sentido diz algo diferente deles? Será que eles são autoridade sobre as questões das nossas filhas, ou será que somos nós? Quem sabe mais sobre sua filha do que você, ou o pai dela?

Mesmo que alguns pais não consigam encarar o fato de ter uma filha atípica, é importante buscar um laudo. Aliás, compartilho aqui minha indignidade e desejo de nos unirmos para mudarmos nossa fala. Segundo o dicionário *Houaiss* (2009), atípico é aquele que se afasta do normal, do característico; anômalo, incomum, raro. Será que ao utilizarmos a fala "famílias, mães, pais ou crianças típicas ou atípicas" não estaríamos dizendo que essas pessoas são o problema? Que elas se afastam do normal, são incomuns e raras? Que nossa filha se resume a essa atipicidade? Não a estaríamos rotulando, encaixotando ou a reduzindo com essa fala? Minha filha é muito mais do que uma doença registrada em algum DSM.

Sinto muito, mas minha filha não é a doença. A doença é a doença e minha filha é minha filha. A atipicidade é a atipicidade, e minha filha é minha filha. Os sintomas são os sintomas, as comorbidades são as comorbidades, e minha filha é minha filha, com muitas outras histórias além das características citadas no DSM (Denborough, 2008). E essas características se manifestam, hoje, com maior ou menor intensidade dependendo de uma série de outros fatores externos e internos e elas mudam a todo instante; não são estáticas.

Ou seja, minha filha não se resume a essa atipicidade, ela é muito mais do que esse rótulo, doença ou comorbidade. É preciso entender como esses sintomas se apresentam e quais prejuízos ou ganhos eles trazem.

Sinta em seu coração, fale para si: "Minha filha é atípica". Depois diga: "Minha filha tem uma atipicidade". Em seguida: "Sou mãe atípica" e "Sou mãe de uma criança que tem uma atipicidade". Sente alguma diferença? Qual o peso de cada fala? Questionar, mudar, expressar, evoluir é nossa obrigação, caso queiramos um mundo melhor.

Atenção, mães, percam suas vergonhas! Está tudo bem não se sentirem bem o tempo todo. Você pode ficar com raiva e indignada: "Por que eu?", "Por que comigo?", "Minha filha ter alguma neuropatologia ou psicopatologia é mais sobre mim e/ou o pai dela, ou sobre ela?", "Será que é mais fácil pensar que não sou uma boa educadora a admitir que tenho uma filha com uma psicopatologia?", "Será que estou cuidando de quais valores meus quando tenho dificuldade em olhar para os sintomas de minha filha?", "Será que estou protegendo ou tentando cuidar de quem ou do quê?", "Caso eu enfrente esses medos, me afastarei de quais outros medos?" (Denborough, 2008). Cada uma dessas perguntas precisa ser respondida com muita honestidade, cuidado, respeito e amor e, de preferência, na presença de uma boa profissional.

Quanto ao diagnóstico, quais seus mistérios, mitos e verdades? Ele não serve para nos aprisionar, pelo contrário: ele chega para nos libertar, oferecer uma direção para seguir, uma base, e não servir de areia movediça. É para te fazer voar e não aterrissar. Com o psicodiagnóstico, é possível fortalecer características, entender comportamentos, aprimorar e lapidar o que não estava sendo visto ou que estava em déficit, e as forças podem ser enaltecidas, fortalecidas, evidenciadas, multiplicadas. Ele pode ser transformado em nosso melhor amigo.

Cada mãe tem sua história, cada pai, ausente ou presente, tem sua história e, antes de sermos pais, somos seres humanos com qualidades e defeitos, erros e acertos. Ao nascer uma criança, muitos sonhos, expectativas, vidas e idealizações vieram antes (Cerveny & Berthoud, 2010). Qual é sua história? Você desejou ficar grávida? Sonhava com sua criança, com a educação que daria? O legado que transmitiria?

Cada história é única, rica, forte e de aprendizados. Respeite-se e perdoe-se; somos seres humanos, damos nosso melhor, na situação, circunstância e maturidade daquela época e acontecimento, e está tudo bem; erramos no desejo de acertarmos. Agora, no presente, é preciso buscar a solução! Meu convite aqui é termos mais compaixão por nós mesmas, filhas e familiares; pelos diferentes e pelos iguais. Leve seu tempo. Permita-se passar pelo isolamento, deixar o mundo explodir e entre em seu coração, converse com você, seja sua melhor amiga e não sua pior inimiga.

Na época dos faraós, os mensageiros de notícias ruins eram mortos. Quantas vezes matamos pessoas que nos dizem o que não queremos ver sobre nossas filhas? Talvez alguém tenha tentado te alertar e você enxergou essa pessoa como um inimigo, como uma ofensa e não como um presente. Receba; é sobre sua filha, para o bem dela, não sobre você ser ou não uma boa mãe.

O importante é não a retraumatizarmos ou provocarmos mais comorbidades ao forçá-la a ser igual a todo mundo. Não podemos cortar suas asas para caberem dentro dos nossos padrões familiares, sociais, religiosos e/ou culturais, mas é preciso direcioná-la a ser independente e autônoma, mesmo que pareça dolorido. E que não tenhamos vergonha de contar ao mundo que nossa filha tem uma atipicidade e está tudo bem; cada um tem sua história.

Aceitar o destino de quem amamos pode ser muito difícil, ela é única e vai seguir seu próprio caminho, não necessariamente o nosso.

A religião nos fortalece e conforta. Quando se tem uma religião ou religiosidade, fica menos dolorido. Ao acreditar em algo maior, em um propósito, as dores passam a ter outro sentido. Entretanto, algumas pessoas podem negligenciar os sintomas por entenderem que eles são uma bênção ou um castigo. Como a religião ou sua religiosidade se apresenta para você? Você está a serviço da religião ou a religião está a seu serviço?

E a vida vai seguindo, com muitas surpresas e coisas que estão além do nosso controle.

Além da religião, de onde viemos, nossa família de origem influencia em como aceito as diferenças de minha filha. O que seus pais falavam ou como tratavam pessoas com doenças mentais? Vou te ajudar com algumas respostas: "Ah, antigamente não existiam essas doenças, agora virou moda", "Os médicos exageram", "Doença mental é falta do que fazer", "É rico que tem tempo para isso, pobre não", entre outras tantas (aliás, se você já ouviu outras dessas, me manda, acredito que dariam um livro).

Criadas com essa mentalidade, como podemos ter filhas com alguma doença mental, neurodivergência ou neuropatologia? A culpa é imensa e muitas famílias se separam por não aguentarem tanta pressão pessoal, familiar, social e financeira, pois o governo não disponibiliza sequer o suficiente.

E por falar em culpa, posso me sentir culpada por ter negligenciado os sintomas de minha filha, ou seja, me arrependo de algo que não fiz ou que deixei de fazer. A culpa fica no passado, ela paralisa, não há mais nada a se fazer. Porém, quando me responsabilizo, eu assumo as consequências dessa minha atitude ou da minha decisão, penso em uma solução e faço diferente. Os outros podem ser culpados pelos meus traumas, entretanto, sou responsável por transformá-los em algo bom para minha vida.

Você não tem culpa e nem é responsável se seu filho tem uma doença mental ou não, mas você é responsável pelas consequências de suas escolhas, de sua negligência.

É interessante como as doenças físicas são respeitadas, enquanto as doenças emocionais e mentais, não. Quanto mais nos conhecemos, mais nos perdoamos e crescemos, assim como entendemos e respeitamos mais nossos pais.

Outro tema relevante é sobre contar ou não aos irmãos e familiares sobre o resultado do psicodiagnóstico de sua filha. Sim, é importante que as primeiras a saberem sejam as irmãs, depois os familiares. Nesse momento, é muito valioso trabalhar tolerância, inclusão, respeito às diferenças, humildade, lealdades familiares e uma boa oportunidade para trabalharem os valores dessa família. Atente-se apenas para não sobrecarregarem, nem negligenciarem as outras filhas.

Nada é por acaso. Essa criança veio para você, por você e não por ela. Ela veio para você descobrir qual sua missão de vida, quem é você, quais seus valores. E talvez essa seja uma oportunidade de você ajudar outras pessoas, outras mães. Como você deseja ser lembrada? Quais histórias gostaria de ouvir sobre você?

E então, descobriu quem é a pessoa mais importante da sua vida? Sim, é você! Ninguém mais e apenas você poderá se responsabilizar pela sua vida. Quem ficaria orgulhoso de ouvir suas histórias? Então comece a escrevê-la, você é autora da sua vida. Eu acredito em você!

Referências

CERVENY, C. M. O.; BERTHOUD, C. M. E. *Visitando a família ao longo do ciclo vital*. São Paulo: Casa do Psicólogo, 2010.

DENBOROUGH, D. *Práticas narrativas coletivas*: trabalhando com indivíduos, grupos e comunidades que vivenciaram traumas. South Austrália: Graphic Print Group, 2008.

HOUAISS, A.; VILLAR, M. de S.; FRANCO, F. M. de M. *Dicionário Houaiss da língua portuguesa*. Rio de Janeiro: Editora Objetiva, 2009.

CAPÍTULO 14

Transformando desafios em direitos

A advocacia como aliada no autismo

Ser mãe atípica me fez enxergar o mundo sob uma nova perspectiva. Meu filho, com autismo nível 3, ensinou-me a lutar por inclusão, empatia e respeito, não só para ele, mas para tantas outras famílias que compartilham essa jornada. Acolho mães que, como eu, enfrentam desafios diários e busco, por meio do direito e da justiça, garantir que suas vozes sejam ouvidas e seus direitos respeitados.

Daniela Cabral Coelho

DANIELA CABRAL COELHO

Mãe, mulher feminista, advogada, consultora e sócia-fundadora do escritório Daniela Coelho Advocacia e Consultoria, onde se dedica à defesa dos direitos das mulheres. Sua formação acadêmica é multidisciplinar, incluindo graduação em Direito com honras *Summa Cum Laude* pelo IBMEC-RJ, graduação em Relações Internacionais pela UNESA, MBA Executivo pela COPPEAD-UFRJ e pós-graduada em Gênero e Direito pela EMERJ.

Contatos: danielacoelhoadv.com.br/
danielacoelhoadvocacia@gmail.com
Instagram: @advdanielacoelho
21 99891 1212

Minha jornada inicial no autismo foi sem conscientização, literalmente no escuro. Logo no primeiro ano de vida do meu filho, percebi que havia algo diferente. Davi foi meu primeiro filho, e eu nunca tinha ouvido falar em neurodivergência.

No segundo ano de vida, vieram frequentes "socos no estômago". Havia algo de muito diferente. As pessoas falavam com ele, e ele não esboçava nenhuma reação, não interagia, não olhava nos olhos, não falava, não socializava, tinha comportamentos disruptivos e antissociais. Cheguei ao diagnóstico quando Davi tinha dois anos e quatro meses.

A neurodiversidade e o mundo não verbal me trouxeram novas lentes, e ressignifiquei a minha vida pessoal e profissional.

Em meu escritório de advocacia, frequentemente sou abordada por dúvidas relacionadas aos direitos dos autistas, de suas mães, e de suas famílias e preparei com muito carinho um guia sobre direitos básicos dos autistas, de suas mães e famílias.

Espero poder ajudá-las nessa jornada.

Na educação

1. **Meu filho tem direito a estudar em uma escola regular, mesmo sendo autista, ou devo procurar uma escola especial?**

   Tem. A Lei Brasileira de Inclusão, a Lei Maria Berenice Piana, a Constituição Federal e outras legislações garantem o direito à educação inclusiva para todas as pessoas com deficiência, incluindo aquelas com TEA, em escolas regulares.

2. **A escola pode cobrar taxas adicionais para a contratação de um mediador ou acompanhante especializado?**

   Não. É proibido pela Lei n. 12.764/2012 e pelo Estatuto da Pessoa com Deficiência cobrar valores adicionais para garantir a inclusão de alunos com TEA.

3. **O que fazer se a escola se recusar a matricular meu filho com TEA?**

   Essa prática configura discriminação (crime) e pode ser denunciada ao Ministério Público, à Secretaria de Educação ou às Defensorias Públicas. É possível, também, buscar auxílio jurídico.

4. **Quais adaptações a escola é obrigada a oferecer para alunos com autismo?**

   A escola tem a obrigação legal de assegurar um ambiente inclusivo e acessível para estudantes com TEA e outras deficiências. Isso inclui a adaptação de materiais pedagógicos às necessidades do aluno, além da elaboração e implementação do Plano Educacional Individualizado (PEI). Além disso, a escola é obrigada a disponibilizar profissionais de apoio, como mediadores escolares, para acompanhar o aluno no ambiente educacional. Quando houver indicação médica, deve-se permitir a presença de acompanhantes terapêuticos na sala de aula. Os pedidos devem ser feitos diretamente à escola, que deve providenciar o profissional. Caso a escola se recuse, é possível buscar a Secretaria de Educação ou recorrer ao Judiciário.

Saúde

1. **O plano de saúde é obrigado a cobrir terapias como ABA, fonoaudiologia e terapia ocupacional?**

   Sim, a Agência Nacional de Saúde Suplementar (ANS) determina que os planos de saúde são obrigados a cobrir terapias prescritas por médico assistente. Essa obrigatoriedade inclui tratamentos como Análise do Comportamento Aplicada (ABA), fonoaudiologia, terapia ocupacional, psicoterapia, fisioterapia, dentre outras.

2. **Como proceder caso o plano de saúde negue a cobertura de terapias ou medicamentos necessários?**

   O usuário pode recorrer administrativamente à ANS ou judicialmente, com base no direito à saúde previsto na Constituição Federal.

3. **O SUS oferece tratamentos adequados para pessoas com TEA?**

   Sim, o Sistema Único de Saúde (SUS) oferece terapias multiprofissionais e serviços voltados para pessoas com TEA, principalmente por meio dos Centros de Atenção Psicossocial Infantil (CAPSi). Entretanto, o acesso pode variar significativamente entre as regiões do Brasil.

4. **É possível exigir o fornecimento de medicamentos à base de cannabis para tratar condições associadas ao autismo?**

   Sim. Embora o fornecimento de medicamentos à base de cannabis dependa de prescrição médica detalhada e devidamente justificada, muitas decisões judiciais têm garantido o acesso a esses tratamentos pelo Sistema Único de Saúde (SUS) ou pelos planos de saúde.

Assistência social e benefícios

1. **Meu filho tem direito ao Benefício de Prestação Continuada (BPC/LOAS)?**

   Sim, desde que atendam aos critérios de renda familiar *per capita* inferior a 1/4 do salário-mínimo e comprovem a deficiência.

2. **Se meu pedido de BPC for negado, como recorrer da decisão?**

   É possível recorrer administrativamente no INSS ou judicialmente.

3. **Quais são os critérios para obter isenção de impostos, como IPVA, para pessoas com TEA?**

   As isenções de impostos, como o IPVA, são garantidas para veículos adaptados ou utilizados exclusivamente para o transporte de pessoas com deficiência, incluindo aquelas com TEA. Esses benefícios têm como objetivo reduzir os custos de mobilidade para famílias que precisam atender às necessidades específicas de locomoção.

Trabalho e inclusão social

1. **Pessoas autistas têm direito à inclusão no mercado de trabalho?**

   Sim. Empresas com mais de 100 funcionários são obrigadas, conforme a Lei de Cotas (Lei n. 8.213/1991), a reservar um percentual de suas vagas para pessoas com deficiência, incluindo aquelas com transtorno do espectro autista (TEA).

2. **O que fazer se uma empresa se recusar a contratar uma pessoa com TEA alegando limitações?**

   A recusa de uma empresa em contratar uma pessoa com TEA, com base em suas limitações, pode ser caracterizada como discriminação, violando a Lei Brasileira de Inclusão e a Lei de Cotas. Em casos como esse, é possível denunciar a discriminação ao Ministério Público do Trabalho (MPT), que pode instaurar investigações e adotar medidas para assegurar o cumprimento da legislação. Uma alternativa é buscar a Justiça do Trabalho, com a qual a vítima pode pleitear reparação pelos danos causados e exigir a adoção de práticas inclusivas pela empresa.

3. **Quais incentivos fiscais as empresas recebem ao contratar pessoas com deficiência, incluindo TEA?**

   Ao contratar pessoas com deficiência, incluindo aquelas com TEA, as empresas não apenas cumprem a lei de cotas, mas também podem se beneficiar de incentivos fiscais e programas de apoio ao cumprimento de políticas inclusivas.

4. **Meu filho autista tem prioridade em atendimentos públicos e privados?**

   Sim. Pessoas com TEA têm direito à prioridade em filas, atendimentos médicos, serviços públicos e privados, conforme o Estatuto da Pessoa com Deficiência.

Crimes contra os autistas

1. **O que fazer em casos de discriminação contra meu filho por causa do autismo?**

   A criminalização da discriminação contra a pessoa com autismo é crime, assim como bullying contra autistas.

2. **Quais medidas legais podem ser tomadas para proteger pessoas com deficiência contra a violência patrimonial e a apropriação indébita?**

   Esse tipo de violência, que envolve o uso indevido, retenção ou subtração de bens, valores ou direitos da pessoa com deficiência, reflete a vulnerabilidade a que estão expostos, especialmente em contextos familiares. Além de registrar a ocorrência na delegacia, especialmente em casos de violação de direitos, como violência patrimonial, abandono ou discriminação contra pessoas com deficiência, é fundamental procurar o auxílio de um advogado ou defensor público.

3. Quais são as consequências legais para quem pratica o crime de abandono de incapaz, especialmente quando a vítima é uma pessoa com deficiência que depende de cuidados especiais?

O abandono de pessoas com deficiência não é incomum, especialmente após o processo de interdição. Em muitos casos, o curador acaba internando a pessoa em uma clínica ou abrigo e, lamentavelmente, deixa de visitá-la e de oferecer o cuidado contínuo que ela necessita e merece. Em razão desse fato, a Lei Brasileira de Inclusão definiu a criminalização do abandono.

Alimentos para autistas

1. Como calcular o valor da pensão alimentícia para crianças autistas, considerando as despesas com terapias e tratamentos específicos?

O cálculo deve incluir, além das despesas básicas (moradia, alimentação, educação e vestuário), os custos com terapias, medicamentos, mediadores escolares e outras necessidades específicas da criança. O valor é proporcional às possibilidades do responsável e às necessidades do beneficiário.

2. O que fazer se o responsável pelo pagamento da pensão alimentícia não incluir despesas relacionadas ao tratamento do TEA?

Nesse caso, é possível ingressar com uma ação de revisão ou execução de alimentos, solicitando a inclusão dessas despesas no valor da pensão ou cobrando os valores em atraso.

3. É possível solicitar aumento de pensão alimentícia devido ao aumento das necessidades terapêuticas da criança autista?

Sim. Caso haja aumento significativo das necessidades da criança, como novos tratamentos ou terapias, é possível requerer a revisão da pensão alimentícia por meio de ação judicial.

4. Os avós podem ser chamados a contribuir para o pagamento de alimentos destinados a crianças autistas, caso o genitor não tenha condições financeiras?

Sim. Conforme o Código Civil (art. 1.696), a obrigação alimentar pode ser estendida aos avós quando o genitor não possui condições financeiras para atender integralmente às necessidades do filho.

Planejamento patrimonial

1. **Como garantir a proteção patrimonial de uma pessoa com autismo para o futuro, considerando a possibilidade de curatela ou tutela?**

   É possível estabelecer uma curatela para proteger os direitos patrimoniais da pessoa autista. Essa medida judicial permite que um curador gerencie os bens e interesses do curatelado, sempre em benefício deste.

2. **É possível criar um testamento para assegurar que a herança de um filho autista seja administrada por uma pessoa de confiança?**

   Sim. Um testamento pode estipular quem será o responsável pela administração dos bens deixados para a pessoa autista, garantindo que o patrimônio seja gerido de forma segura e transparente.

3. **Quais são os instrumentos legais disponíveis para garantir a administração do patrimônio de uma pessoa com TEA, caso os pais venham a faltar?**

   Além do testamento, é possível instituir um fideicomisso ou um fundo patrimonial.

4. **Como incluir despesas futuras com terapias e tratamentos no planejamento sucessório para pessoas com TEA?**

   Pode-se estipular cláusulas no testamento ou em um fundo patrimonial, especificando que parte dos rendimentos será destinada exclusivamente ao pagamento de terapias e tratamentos necessários.

Direitos das mães atípicas

1. **As mães de crianças autistas têm direito a alimentos compensatórios no caso de divórcio, considerando a dedicação integral ao cuidado do filho?**

   Sim. Caso a mãe tenha deixado de trabalhar ou reduzido sua carga profissional para cuidar do filho autista, ela pode pleitear alimentos compensatórios, considerando o impacto financeiro da dedicação integral aos cuidados.

2. **Como o regime de guarda compartilhada é aplicado em casos de crianças autistas que demandam cuidados intensivos?**

   A guarda compartilhada é recomendada sempre que possível, mas deve ser ajustada às necessidades específicas da criança. Em muitos casos, a guarda pode ser predominantemente exercida por um dos pais, com o outro assumindo obrigações financeiras e colaborativas.

3. **O que fazer se o genitor não assume sua parte na responsabilidade pelo cuidado da criança após o divórcio?**

   É possível ingressar com uma ação judicial para exigir o cumprimento das responsabilidades do genitor, seja financeiramente, seja por meio de uma regulamentação mais clara da convivência.

4. **É possível incluir cláusulas específicas no acordo de divórcio para assegurar os cuidados adequados a uma criança com TEA?**

   Sim. O acordo pode incluir cláusulas sobre divisão de responsabilidades, financiamento de tratamentos e até ajustes na convivência, sempre priorizando o melhor interesse da criança.

Espero que tenha gostado deste capítulo, que foi preparado com muito cuidado e dedicação. Se você tem dúvidas, reflexões ou deseja compartilhar sua experiência, fico à disposição. Juntas, podemos continuar transformando desafios em conquistas e construindo uma sociedade mais justa e acolhedora para todas.

Referências

BRASIL. Constituição (1988). Constituição da República Federativa do Brasil. Brasília, DF: Senado Federal, 1988.

BRASIL. Lei n. 13.146, de 6 de julho de 2015. Institui a Lei Brasileira de Inclusão da Pessoa com Deficiência (Estatuto da Pessoa com Deficiência). *Lex*: Diário Oficial da União de 07 de julho de 2015, p. 2.

BRASIL. Lei n. 12.764, de 27 de dezembro de 2012. Institui a Política Nacional de Proteção dos Direitos da Pessoa com Transtorno do Espectro Autista. *Lex*: Diário Oficial da União de 28 de dezembro de 2012, p. 2.

BRASIL. Lei n. 8.213, de 24 de julho de 1991. Dispõe sobre os Planos de Benefícios da Previdência Social e dá outras providências. *Lex*: Diário Oficial da União de 25 de julho de 1991, p. 14809.

BRASIL. Lei n. 10.406, de 10 de janeiro de 2002. Institui o Código Civil. *Lex*: Diário Oficial da União de 11 de janeiro de 2002, p. 1.

CAPÍTULO 15

Conhecimento gera empatia

Neste capítulo, compartilho minha jornada como mãe atípica de dois filhos autistas, João e Calebe, e como o conhecimento transformou minha visão sobre o autismo e sobre mim mesma. Também compartilho a importância do brincar para o desenvolvimento. Espero que essa história inspire a busca por conhecimento e mostre que a empatia pode mudar vidas.

Daniele Santos

DANIELE SANTOS

Graduanda em Psicologia, sua vivência pessoal com o autismo despertou o desejo de levar conhecimento e empatia às pessoas, ajudando a transformar preconceitos em compreensão. Dedica-se a estudar e compartilhar informações sobre neurodiversidade, com o propósito de apoiar famílias e a sociedade a acolher as diferenças.

Contatos: daniele.blumenau@gmail.com
Instagram: @danielesantos.autismo
47 99129 6502

E, como vós quereis que os homens vos façam, da mesma maneira lhes fazei vós também.

Lucas 6:31

O que acontece quando olhamos para o outro e julgamos suas atitudes ou comportamentos sem realmente entendê-los? Muitas vezes, a dureza de nossas palavras ou ações não nasce da maldade, mas da falta de conhecimento. Empatia não é inata; ela precisa ser cultivada, e a base para isso é o entendimento. Este capítulo é uma jornada pessoal e reflexiva sobre como o conhecimento transformou minha relação com meus filhos e comigo mesma, ensinando-me a olhar com mais amor e acolhimento para as diferenças que tornam cada pessoa única.

Uma jornada de descobertas

Minha vida como mãe atípica começou com o diagnóstico do Calebe, aos três anos. Ele foi diagnosticado como autista nível 1 de suporte. Até então, minha percepção sobre o autismo era vaga e cheia de estereótipos. A notícia trouxe um turbilhão de sentimentos: medo, dúvidas, mas também alívio por finalmente compreender algumas dificuldades que ele enfrentava.

Com o tempo, mergulhei no universo do autismo. Cada nova informação me ajudava a entender os comportamentos e desafios do Calebe, e assim pude ajudá-lo de forma efetiva, visto que os métodos tradicionais de educar não funcionavam. Foi durante esse processo que outra peça fundamental da minha história ganhou foco: o João, meu filho mais velho. João foi diagnosticado com TDAH aos seis anos. Na época, suas dificuldades em manter a atenção, dificuldades na fala e na motricidade fina pareciam explicar plenamente o que ele vivia.

Por muitos anos, nós nos adaptamos à realidade do TDAH, mas ainda havia lacunas que eu não conseguia preencher. Quando o diagnóstico de autismo veio, aos 16 anos, foi como encontrar a última peça de um quebra-cabeça. Tudo começou a fazer sentido.

A culpa como professora

O intervalo entre os diagnósticos do Calebe e do João foi um período de aprendizado profundo, mas também de muita dor. Durante anos, eu acreditei que algumas dificuldades do João eram fruto de questões de personalidade ou até de falhas na minha forma de educar. Por não saber que ele era autista, muitas vezes agi de forma errada, em momentos em que ele precisava de acolhimento.

Essa culpa é algo que carrego comigo, mas não como um peso que me paralisa. Ela se tornou uma professora que me ensinou a buscar mais conhecimento e a me reconectar com meus filhos de maneira mais empática. Afinal, o autismo é uma condição que se manifesta de maneira única em cada pessoa, e isso ficou muito claro para mim. Apesar de meus dois filhos serem autistas, eles são completamente diferentes em suas características e desafios. Essa diversidade dentro do espectro autista é algo que precisamos entender para apoiar de forma efetiva.

Aprendi que o apoio da família é fundamental. Não basta levar os filhos às terapias; é essencial que os pais e familiares estejam envolvidos e tragam essas práticas para o dia a dia. São os pequenos gestos e adaptações em casa que fazem a diferença no desenvolvimento e na autonomia dos nossos filhos.

O conhecimento como propósito

A vida, no entanto, é surpreendente. Os diagnósticos do Calebe e do João trouxeram novos significados para minha existência. O desejo de entender mais profundamente os desafios dos meus filhos e de ajudar outras pessoas floresceu em mim como nunca. Foi quando decidi voltar para a graduação em psicologia, que sempre esteve em meu coração e, desta vez, com um propósito ainda maior: ser um instrumento de acolhimento e transformação.

Albert Bandura, em seus estudos sobre autoeficácia, afirmou: "A crença de que você pode realizar algo é fundamental para conseguir fazê-lo". Esse pensamento me acompanha em cada passo desta jornada. Enfrentar o retorno à faculdade não foi fácil, mas acreditar que eu poderia, mesmo após tantos anos, me deu a força necessária para seguir em frente.

Hoje, cursar psicologia não é apenas um sonho resgatado; é um compromisso com meus filhos, com outras famílias e comigo mesma. Ao longo dessa jornada, busco constantemente me capacitar participando de cursos, seminários e congressos sobre autismo. Cada aprendizado me ajuda a apoiar melhor os meus filhos e também a compartilhar informações com outras famílias. A troca de experiências é valiosa, pois nos mostra que não estamos sozinhos e que sempre há algo a aprender.

Respondendo ao preconceito com empatia

Ser mãe atípica também significa enfrentar comentários insensíveis e atitudes ríspidas de pessoas que desconhecem o autismo. No início, isso me machucava profundamente. Porém, aprendi a enxergar essas reações como oportunidades para educar e sensibilizar.

Como Jesus disse em um dos momentos mais significativos de sua vida: "Pai, perdoa-lhes, pois não sabem o que fazem" (Lucas 23:34). Essa frase me traz paz, pois me ajuda a entender que, na maioria das vezes, as pessoas simplesmente não compreendem aquilo que é diferente delas.

Transformando realidades

A jornada que vivi com o Calebe e o João é apenas um exemplo de como o conhecimento pode transformar vidas. Antes de compreender o autismo, eu era apenas uma mãe tentando fazer o melhor que podia com as ferramentas que tinha. Hoje, com o entendimento que adquiri, percebo que minha missão vai além da minha família.

Quero compartilhar minha história para que outras mães, pais e profissionais entendam que a empatia não nasce do acaso; ela precisa ser nutrida pelo saber. E quero contribuir para um mundo onde crianças como o João e o Calebe não apenas sejam aceitas, mas celebradas por suas singularidades.

Hoje, quando olho para o João e o Calebe, vejo não apenas meus filhos, mas meus maiores professores. Eles me ensinaram que o amor não é apenas um sentimento, mas uma prática diária de paciência, aprendizado e acolhimento.

Também reconheço que eu mesma cometi erros ao longo dessa jornada. Houve momentos em que, por desconhecimento, não consegui agir com a empatia que meus filhos precisavam. Mas aprendi que reconhecer o erro é o primeiro passo para mudar. Quando olhamos para nossas falhas com honestidade e disposição para aprender, abrimos um caminho para nos tornarmos pessoas melhores.

O aprendizado deve ser constante, sendo assim, uma trajetória que exige coragem e humildade. Ao admitir nossas limitações e buscar sabedoria, encontramos a força para fazer diferente, dia após dia.

Faça o seu melhor

Precisamos lembrar que fazer o nosso melhor nem sempre significa fazer tudo. É essencial praticar empatia e acolhimento com nós mesmos também, agindo dentro do que é possível, mas sempre com a intenção de melhorar a cada dia. E, mesmo no meio da correria, há algo que não pode ser deixado de lado: o brincar.

No contexto do autismo, o brincar é mais do que uma forma de lazer; é uma ferramenta essencial para o desenvolvimento. Ele permite que a criança explore o mundo ao seu redor, aprenda novas habilidades e fortaleça vínculos afetivos. Como descrevem Rogers, Dawson e Vismara (2016, p. 15), "o brincar cria oportunidades únicas de aprendizado e conexão, permitindo que a criança expresse suas necessidades e desejos de maneira segura e criativa".

O brincar também tem um papel central no desenvolvimento de crianças com autismo. Mayra Gaiato, em *Cérebro Singular* (2020, p. 125), explica que "o brincar contribui para a regulação emocional e para o desenvolvimento de habilidades sociais, essenciais para o aprendizado e para a integração da criança com o mundo".

Fazer o seu melhor significa entender suas prioridades e valorizar os momentos que realmente importam. Ter o conhecimento de que as brincadeiras com nossos filhos autistas vão muito além da diversão: elas são fundamentais e necessárias para o seu desenvolvimento, e também uma excelente oportunidade de desenvolver empatia na sua criança.

Referências

BÍBLIA. *Bíblia Sagrada*. Tradução de João Ferreira de Almeida. Barueri: Sociedade Bíblica do Brasil, 2011.

GAIATO, M. *Cérebro singular*: como o autismo afeta o cérebro e como ajudar a criança com autismo a se desenvolver de forma saudável. São Paulo: nVersos, 2020.

ROGERS, S. J.; DAWSON, G.; VISMARA, L. A. *Autismo*: compreender e agir em família – guia para pais e profissionais. Trad. Mariana Padovani. Porto Alegre: Artmed, 2016.

CAPÍTULO 16

Autocuidado

Um olhar atípico sobre maternidade

Mães atípicas enfrentam desafios únicos ao equilibrar cuidados com os filhos e praticar o autocuidado. Essencial para o bem-estar e a saúde emocional, o autocuidado beneficia mãe e filho(a). Com estratégias práticas e o método AME+: Autocuidado, Maternidade e Equilíbrio, é possível transformar a rotina, fortalecer vínculos e ensinar a importância de se priorizar sem negligenciar as necessidades dos filhos.

Diana Silva

DIANA SILVA

Mãe, educadora, terapeuta comportamental, analista de perfil comportamental, palestrante e mentora, com mais de dez anos de experiência no desenvolvimento de pessoas. Criadora do método AME+: Autocuidado, Maternidade e Equilíbrio, desenvolve estratégias práticas para transformar rotinas exaustivas em jornadas mais leves e acolhedoras. Tem como propósito empoderar mães na busca por autoconhecimento, aceitação, autocuidado e ação em busca de bem-estar e qualidade de vida.

Contatos: dianasilva.mentorias@gmail.com
Instagram: @_dianasilvas

Cui.dar
Tratar(-se) com esmero.

Esse poderia ser o início e o fim da nossa conversa. Apenas isso, ou melhor, tudo isso: "Tratar (-se) com esmero".

Reflitamos: em meio a uma rotina exaustiva, como uma mãe atípica pode cuidar de si sem negligenciar as necessidades do(a) filho(a)?

Ao falarmos sobre maternidade, frequentemente nos deparamos com a ideia de cuidar, zelar, proteger, amar, tratar com atenção, dedicação e entregar-se integralmente ao(s) nosso(s) filho(s) e filha(s).

É verdade, a maternidade é tudo isso. No entanto, o fato que muitas vezes passa despercebido está no "simples" ato de nos incluir nesse processo. O "-se", no conceito do verbo **cuidar**, lembra-nos que, para sermos plenamente capazes de cuidar de nossos filhos, também precisamos de atenção, zelo e amor.

Assim, o autocuidado, por vezes negligenciado na experiência do maternar, é essencial.

Vamos juntas entender como, de forma prática, o autocuidado fará parte da sua rotina e permitirá transformações para você e seu(sua) filho(a)?

Seja bem-vinda a um profundo processo de transformação a partir de um olhar atípico sobre maternidade.

Maternidade atípica: um espelho de forças e fragilidades

A maternidade é o momento em que nos deparamos com nossas fragilidades e forças em um contínuo processo de crescimento junto aos nossos filhos (Gutman, 2016).

Nessa perspectiva, refletindo sobre a maternidade em suas variadas formas, entendemos que se trata de uma experiência única que demanda conscientização e apoio.

A maternidade atípica vai além do desafio comum; envolve lidar com diagnósticos como transtorno do espectro autista (TEA), transtorno de déficit de atenção e hiperatividade (TDAH), deficiências ou outras condições de saúde específicas. E isso está associado a uma rotina que envolve preocupações ampliadas devido à busca diária por cuidados específicos e inclusão.

Isso se caracteriza como um ponto de atenção para mães, cônjuges, familiares e sociedade, pois está diretamente associado ao desenvolvimento, à saúde e ao bem-estar de crianças/adolescentes e, por conseguinte, de quem cuida deles. Trata-se de uma realidade que não pode ser negada, omitida, negligenciada, pois é uma responsabilidade social, coletiva.

Assim, ao falar sobre maternidade, reconheçamos a existência de múltiplas realidades e a necessidade de valorizar a individualidade e a saúde de cada mãe.

Nesse cenário, o autocuidado é essencial para que as mães não sucumbam ao esgotamento físico e emocional.

Sei que você ainda deve estar se perguntando: como uma mãe atípica pode praticar o autocuidado sem negligenciar as necessidades do(a) filho(a)?

Sigamos!

Autocuidado materno: uma necessidade para o desenvolvimento dos filhos

Nossos filhos são prioridade. Fato. E isso fortalece a necessidade, diante de uma rotina exaustiva, de estabelecer o autocuidado materno como um pilar imprescindível para o bem-estar, a saúde e o desenvolvimento das nossas crianças e adolescentes.

A maternidade, seguindo o que é historicamente perpetuado, coloca a mulher na posição de principal cuidadora. Com isso vem a sobrecarga de trabalho, por vezes, associada à abdicação da profissão e, por conseguinte, à dedicação exclusiva aos afazeres domésticos e aos cuidados com o(a) filho(a).

Há vários trabalhos que abordam os impactos nocivos que essa rotina, quando associada à maternidade atípica, provoca nas mulheres, desde altos níveis de estresse, ansiedade até a depressão.

No entanto, neste artigo, debrucemo-nos sob um olhar atípico, um olhar de cuidado, zelo, para você, mãe. Para tanto, consideremos que, ao cuidar de si, você não negligenciará o cuidado com seu filho nem estará vivenciando um privilégio. Entendamos que o autocuidado é essencial para a saúde física, mental e emocional de quem cuida.

Desse modo, praticar o autocuidado exige reconhecer que a saúde e o bem-estar das mães influenciam diretamente a qualidade da interação com seus filhos, promovendo um ambiente mais propício ao desenvolvimento deles, às relações com os cônjuges e familiares.

Ao cuidar de si, a mãe ensina aos filhos a importância de reconhecer e atender às próprias necessidades. Essa prática é fundamental para crianças neurodivergentes, que, muitas vezes, enfrentam desafios de autorregulação emocional.

Em consonância ao exposto, segundo a teoria do autocuidado defendida por Dorothea Orem, o ato de cuidar de si deve ser algo intencionalmente realizado e isso colabora para o bem-estar e saúde da pessoa. Portanto, estimular a conscientização sobre a importância do autocuidado é um passo fundamental para criar um futuro mais equilibrado e acolhedor para mães atípicas e suas famílias.

Nesse contexto, vale a pena repetir: em meio a uma rotina exaustiva, como uma mãe atípica pode cuidar de si sem negligenciar as necessidades do(a) filho(a)?

Continuemos!

Estratégias para praticar o autocuidado na maternidade atípica

O ritmo da maternidade atípica pode parecer incompatível com a prática do autocuidado. Posso afirmar uma coisa: não há fórmulas, há formas de incluí-lo na rotina.

Assim, criar uma rotina de autocuidado está ligado diretamente a pequenas mudanças que em curto prazo podem trazer grandes impactos. Vejamos algumas estratégias práticas:

1. Micromomentos de pausa

Refere-se a encontrar intervalos curtos para relaxar, desacelerar. Para que isso realmente aconteça, é preciso colocar em prática o autoconhecimento, ou seja, saber o que se caracteriza como relaxamento para você.

Para algumas das minhas mentoradas do método "AME+" (falarei sobre ele mais adiante), ouvir uma música, realizar uma meditação guiada, um banho mais demorado, uma caminhada de 10 minutos ou até mesmo 15 minutos de dança no seu próprio quarto (esse último devo confessar que faz parte da minha rotina) são exemplos de micromomentos.

Tal prática ajudará a reduzir significativamente os níveis de estresse e a recarregar as energias. Acredite!

2. Planejamento semanal

Estabeleça o que é essencial no dia a dia. Planejar atividades com antecedência ajuda a identificar janelas de tempo para autocuidado, mesmo que curtas.

Saliento que isso permitirá que você reconheça prioridades e ações necessárias, no entanto, é natural que ocorram intercorrências e, para tanto, exercitar a flexibilidade e a resiliência faz parte do processo.

3. Criar uma rede de apoio

Cultive relações com pessoas que compreendem a dinâmica da maternidade atípica. Criar conexões com outras mães, participar de grupos de apoio, sejam on-line ou presenciais, tem um poder transformador, trará conforto e novas perspectivas.

Consideremos, ainda, instituições educacionais e profissionais de saúde que podem ser aliados fundamentais na construção de uma rede de suporte eficaz.

Lembre-se: envolver familiares, amigos ou grupos de apoio em atividades diárias é fundamental.

Repita comigo: "Delegar tarefas não diminui a minha capacidade de ser mãe".

4. Autocuidado como prática coletiva

Envolva os filhos em atividades que também beneficiem você. Por exemplo, exercícios de alongamento ou respiração podem ser feitos em conjunto, criando momentos de conexão.

O importante é perceber o que faz sentido para sua realidade. A criação de momentos leves de conexão e cuidado mútuo potencializará a saúde e o bem-estar da família como um todo.

Acredito que agora podemos, juntas, afirmar que, mesmo diante de uma rotina exaustiva, uma mãe atípica pode, ou melhor, deve cuidar de si e isso não se caracteriza como um ato de negligência quanto às necessidades do seu/sua filho(a).

Essas estratégias fazem parte do método "AME+", criado por mim com o objetivo de potencializar a relação de mães com seus/suas filhos(as) e, por conseguinte, com seus cônjuges, familiares e amigos.

O método tem como pilares: o autoconhecimento, a aceitação, o autocuidado e a ação.

Confira mais detalhes e veja como ele pode fazer parte da sua vida.

Método "AME+: Autocuidado, Maternidade e Equilíbrio"

Para apoiar mães na jornada do autocuidado, desenvolvi o método "AME+: Autocuidado, Maternidade e Equilíbrio". Esse método oferece um guia prático e reflexivo para ajudar mães a cultivarem bem-estar e equilíbrio em suas rotinas.

O método é centrado nos quatro eixos a seguir:

1. **Autoconhecimento**: reconhecer e refletir sobre os próprios valores, limites e necessidades.
2. **Aceitação**: compreender as próprias emoções e a jornada da maternidade sem carregar o peso da autocrítica excessiva.
3. **Autocuidado**: estabelecer momentos de cuidado pessoal que impactem positivamente o próprio bem-estar físico e emocional.
4. **Ação**: planejar e implementar mudanças realistas na rotina diária.

1. Autoconhecimento: o primeiro passo para cuidar de si

O autoconhecimento é a base de todo o processo. Conhecer a si mesma significa identificar suas emoções, limites, forças e fragilidades. Entender quem você é e como reage às situações é essencial para evitar a sobrecarga.

Pergunte-se: "O que me faz bem? Quais são os momentos que me trazem alegria? O que me estressa ou me deixa esgotada?"

Dedicar um tempo para refletir sobre essas questões pode ser transformador. Você pode usar ferramentas como diários emocionais ou mesmo uma conversa guiada com um profissional de sua confiança.

É esse olhar que lhe permitirá resgatar a mulher que existe para além das responsabilidades maternas e integrar sua individualidade à maternidade.

2. Aceitação: foco na solução

A aceitação começa ao entender que não existe um modelo perfeito de maternidade. Cada jornada é única. Muitas mães carregam o peso de culpas e cobranças internas, acreditando que precisam ser super-heroínas. Aceitar significa soltar esse fardo, enfrentar a realidade e focar nas soluções dos problemas/desafios postos.

3. Autocuidado: uma prioridade para quem cuida

O autocuidado é a prática diária de colocar-se na sua lista de prioridades, entendendo que você só pode cuidar bem do seu/sua filho(a) quando também está cuidando de si. Cada gesto que reforça a sua conexão consigo é um ato de autocuidado.

Cultivar o autocuidado é também estabelecer limites. É pedir ajuda quando necessário, reconhecendo que você não precisa fazer tudo sozinha.

4. Ação: a transformação que gera equilíbrio

A ação é a etapa que une todas as anteriores. Após se conhecer, aceitar sua realidade e praticar o autocuidado, chega a hora de transformar essa nova perspectiva em mudanças concretas na rotina.

Criar uma rotina que funcione para você e para sua família é um ato de amor. Pequenas ações diárias podem gerar grandes impactos: planejar um momento para si durante o dia, delegar tarefas para o parceiro ou familiares, organizar uma agenda que respeite suas prioridades permitirá equilíbrio e bem-estar.

Lembre-se: a ação exige constância, mas também flexibilidade. Nem todos os dias serão perfeitos, e está tudo bem. O mais importante é dar o primeiro passo e seguir com intenção e amor, ajustando o caminho sempre que necessário. Se isso, inicialmente, exigir ajuda de um profissional, busque esse auxílio. Quando você age, transforma sua vida e impacta positivamente a sua família.

O autocuidado é um convite indispensável

Convido você a experimentar essa jornada e descobrir que cuidar de si mesma é, acima de tudo, um ato de amor pelos seus filhos.

Juntas, podemos criar um caminho mais leve e acolhedor para todas nós!

O método "AME+: Autocuidado, Maternidade e Equilíbrio" é um convite para que mães atípicas descubram o poder de olhar para si mesmas com zelo. Ao percorrer esse caminho, você não apenas melhora sua qualidade de vida, mas também fortalece os laços com aqueles que mais ama.

Afinal, cuidar de si é um ato de amor.

Que possamos transformar o autocuidado em uma prática habitual. Sigamos juntas!

Referências

GUTMAN, L. *A maternidade e o encontro com a própria sombra.* Rio de Janeiro: Best Seller, 2016.

MICHAELIS. *Dicionário brasileiro da Língua portuguesa.* Disponível em: https://michaelis.uol.com.br/moderno-portugues/busca/portugues-brasileiro/cuidar/. Acesso em: 18 dez. 2024.

OREM, D. *Teoria do autocuidado.* São Paulo: Artmed, 1999.

Mãe, mulher, veja o que preparei para você!

CAPÍTULO 17

Intervenção pedagógica com discentes autistas

O transtorno do espectro autista apresenta grande diversidade comportamental, impactando o desenvolvimento escolar de estudantes. Para garantir uma aprendizagem significativa, é essencial oferecer recursos didáticos variados e apoio profissional. No entanto, a falta de formação adequada dos docentes pode dificultar a inclusão desses alunos. Para solucionar essa questão, foi desenvolvido o "Guia para intervenção pedagógica com discentes autistas".

Edilma Rodrigues de Oliveira

EDILMA RODRIGUES DE OLIVEIRA

Mestre em Ciências da Saúde e do Meio Ambiente pelo UniFOA, graduada em Psicologia pela UNESA, em Pedagogia pelo UGB, especialista em Neuropsicologia pela FAMEESP, em Educação Especial com Ênfase em TGD e Altas Habilidades FSL, em Atendimento Educacional Especializado pela UNILINS, em Neuropsicopedagogia pelo CENSUPEG, em Psicopedagogia pela FIJ, em Educação Especial – deficiência mental pela UNIRIO. Atualmente, é professora da rede pública de ensino desde 1995 e atua com a Educação Infantil e o Ensino Fundamental. Exerce o cargo de Orientadora Educacional no Município de Volta Redonda, Rio de Janeiro, desde 2007. Atua como professora de Atendimento Educacional Especializado no Município de Resende. É Orientadora Educacional da Escola Municipal Especializada Professora Dayse Mansur da Costa Lima que atua com crianças e adolescentes autistas. Tem experiência e atua com atendimento clínico a crianças com autismo, deficiência intelectual e TDAH.

Contatos: psicopedagogaedilma@gmail.com
ORCID: 0000-0003-4632-9090
Facebook: edilma.oliveira2
Instagram: @edilmaoliveirapsic

O transtorno do espectro autista (TEA) é caracterizado por dificuldades na interação social e comportamentos repetitivos. A falta de dados precisos sobre a prevalência do TEA no Brasil dificulta o planejamento de ações eficazes.

No contexto escolar, professores desempenham um papel crucial na inclusão de alunos com TEA. No entanto, a falta de formação específica muitas vezes impede que ofereçam o apoio necessário. Desse modo, destaca-se a importância de uma avaliação precisa das habilidades dos alunos e de uma intervenção pedagógica individualizada, com base em evidências científicas.

Para suprir essa demanda, foi desenvolvido um produto educacional que visa oferecer aos professores ferramentas e conhecimentos para avaliar e intervir pedagogicamente com alunos com TEA. O produto educacional foi integrante da pesquisa desenvolvida no Programa de Mestrado Profissional em Ensino em Ciências da Saúde e do Meio Ambiente do UniFOA (MECSMA), denominada *Desenvolvimento de Habilidades de Estudantes Autistas: Proposta de Intervenção Docente*, orientada pela Professora Dra. Ivanete da Rosa Silva de Oliveira e a colaboradora Professora Dra. Maria Aparecida Rocha Gouvêa, tendo como objetivo oferecer apoio para avaliação e intervenção pedagógica a docentes que trabalham com pessoas com autismo. É importante ressaltar que o processo de inclusão de estudantes com TEA, na escola regular, deve considerar dois processos: avaliação das habilidades pré-acadêmicas e acadêmicas do estudante com TEA e intervenção pedagógica para estimulação e desenvolvimento de habilidades para a aprendizagem.

Habilidades pré-acadêmicas e acadêmicas do estudante com TEA

É relevante a entrevista inicial no processo de acompanhamento de crianças com TEA. Essa conversa serve como um momento indispensável para mapear as necessidades específicas do aluno, pois, através da entrevista, é possível identificar as habilidades e dificuldades do aluno, bem como os desafios enfrentados pela família no dia a dia. Também é importante por oferecer apoio emocional aos familiares, especialmente às mães, que muitas vezes se sentem sobrecarregadas com os cuidados do filho. Além disso, a entrevista promove igualmente uma construção de um plano de intervenção personalizado: ao conhecer a história e as particularidades de cada aluno, o profissional pode desenvolver estratégias pedagógicas mais eficazes.

A entrevista inicial permite que o profissional compreenda as dificuldades do aluno e da família, oferecendo um espaço seguro para que ambos expressem suas preocupações e expectativas. Com base nas informações coletadas, é possível elaborar um plano de intervenção individualizado, visando promover o desenvolvimento e a autonomia do aluno com TEA.

Os profissionais têm de conhecer as possibilidades de aprendizagem dos indivíduos com TEA, os fatores que podem favorecer a sua evolução e as demandas específicas do sujeito. Portanto, somente após entender a situação de cada sujeito o profissional vai poder colaborar com o processo de construção pessoal de cada um destes indivíduos (Blanco, 2004, p. 292).

O objetivo final é proporcionar um atendimento mais humanizado e eficaz, contribuindo para o desenvolvimento integral do aluno com TEA.

Diante de tanta demanda e reconfiguração, ressalta-se a importância de a entrevista ser realizada antes do início dos atendimentos, para avaliar as habilidades do discente, dando voz a quem cuida dele no dia a dia. Dessa forma, o professor terá dados sobre o desenvolvimento do discente para promover a intervenção pedagógica adequada.

Ilustração: Mariana Higino Balbino.

Após a entrevista, é necessário analisar os dados coletados e fazer os registros de habilidades específicas, como manipulação de objetos, linguagem, brincadeiras preferidas, motricidade e as preferências de objetos, todas indicadas pela família durante a entrevista. A entrevista semiestruturada com a família é o primeiro passo para a construção de um plano de intervenção individualizado e eficaz para o aluno com TEA. Ela permite que o profissional conheça melhor o aluno e sua família, estabeleça uma relação de confiança e planeje as próximas etapas do processo terapêutico.

Intervenção pedagógica para estimulação e desenvolvimento de habilidades para a aprendizagem

Neste guia, propõe-se o modelo TEACCH® (*Treatment and Education of Autistic and Related Communication Handicapped Children*), que tem como objetivo principal ajudar a pessoa com autismo a se desenvolver de maneira mais funcional e com autonomia no modelo estruturado.

O método TEACCH, criado na década de 1960, oferece um programa educacional individualizado para crianças com autismo. Baseado nos pontos fortes e fracos de cada criança, o TEACCH busca desenvolver habilidades e promover a autonomia, utilizando uma abordagem estruturada e personalizada (Fernandes, 2010).

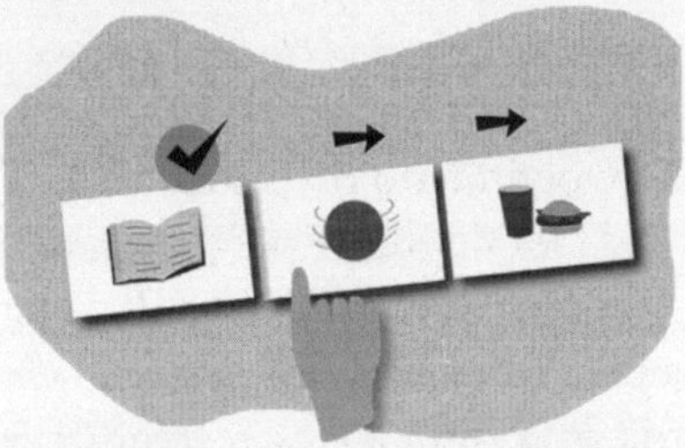

Ilustração: Mariana Higino Balbino.

Jogos estruturados são ferramentas pedagógicas importantes para pessoas com TEA. Eles ajudam a desenvolver habilidades, ajustar comportamentos, estimular a aprendizagem e promover a interação social. Ao oferecerem feedbacks positivos, os jogos contribuem para a autoestima e o bem-estar dos indivíduos com autismo.

Bandura (1965a, 1972) afirma que, quando se adquire novos comportamentos em decorrência da imitação de pautas de conduta a partir de modelos, falamos em modelação. Assim, entende-se por modelação o processo de aquisição de comportamentos a partir de modelos, seja este programado ou incidental. Também se nomeia como modelação a técnica de modificação de comportamento com o uso de modelos (Bandura, 1965; 1972).

Ilustração: Mariana Higino Balbino.

A modelagem promove a capacidade de aprender e reproduzir emoções, comportamentos, falas de ações, de forma a visualizarmos em nós mesmos os comportamentos dos outros.

Antes de iniciar a intervenção, precisamos nos atentar para alguns cuidados necessários para a aplicação dos jogos, como:

Ilustração: Mariana Higino Balbino.

- A direção do desenvolvimento do trabalho, sendo sempre necessário posicionar as atividades de frente para o aluno. As peças deverão ser manuseadas da esquerda para direita ou de cima para baixo, posição essa preparatória para construção do processo de alfabetização, já que lemos da esquerda para direita e escrevemos fazendo linhas de cima para baixo.
- A linguagem do docente deve ser sempre objetiva e clara, com uma orientação por vez. Evite muitos comandos ao mesmo tempo, como também falas desnecessárias ou sem função.
- Em relação ao ambiente, é preciso antecipar possíveis comportamentos indesejáveis, manter o ambiente sempre organizado e as atividades e materiais que serão utilizados próximos ao docente e discente.
- No tocante aos jogos, quando for pensar em brinquedos ou em montar jogos para o aluno, lembre-se de que existem diversas possibilidades de se trabalhar. Então, busque sempre observar nas imagens os contrastes, a distância/posição, as cores/formas, o sentido/direção e os detalhes.

- Todas as atividades devem ser divertidas e prazerosas. Explore ao máximo as possibilidades dos jogos que são sempre ricos em possibilidades de aprendizagem para seu aluno.
- Para uma aprendizagem sem erro, durante os jogos estruturados, faça a intervenção e correção por meio de uso correto da modelagem, pois, dessa forma, a atividade torna-se muito mais animadora e estimulante para o desenvolvimento do aluno.

A teoria de aprendizagem social de Bandura destaca que observamos e imitamos os outros para aprender, indo além do simples condicionamento. Essa teoria enfatiza a importância da observação, da modelagem e de fatores psicológicos como atenção e memória no processo de aprendizagem. Ou seja, o aprendizado não acontece só por experiências próprias, mas também ao observar e imitar os outros, segundo Bandura (Bandura, 2019; Abdullah, 2019; Bedoya Pastrana *et al.*, 2020; Melo-Dias & Silva, 2019).

Após observar o modelo e reter as informações, é o momento de verdadeiramente fazer o registro dos comportamentos observados. Praticar o comportamento aprendido acarreta melhoria e desenvolvimento da habilidade.

A tônica da visão de mundo behaviorista está nos comportamentos observáveis e mensuráveis do sujeito, nas respostas que ele dá aos estímulos externos. Está também naquilo que acontece após a emissão de respostas, ou seja, na consequência (Moreira, 1999, p. 14).

Enfim, para que o processo da aprendizagem observacional tenha sucesso, o discente deve estar motivado para imitar o comportamento modelado.

Nesse contexto, os jogos são utilizados como ferramentas pedagógicas que buscam promover não só o reconhecimento de formas, cores, letras e números, mas também estimular a percepção visual e coordenação visomotora, lateralidade, noção espacial, progressão esquerda para direita, atenção, concentração e manutenção de conduta adequada.

Intervenção e habilidades nos jogos

Os jogos estruturados são grandes aliados no ensino e na aprendizagem de habilidades essenciais e necessárias ao indivíduo, durante toda sua vida.

Apresentamos uma sugestão de sequência de jogos para desenvolver as habilidades pré-acadêmicas e verificar as habilidades acadêmicas do seu aluno. Ressalta-se que a sequência (Tabela 1) é sugestiva e deve ser seguida para intervir nas habilidades devido à sua estrutura de exigência. Evitando, assim, desgaste desnecessário, podendo elevar o nível de frustração e não alcançando os objetivos desejáveis para o bom desempenho de seu discente.

Sequência	Jogos estruturados	Realiza com autonomia (RA)	Realiza parcialmente com apoio e supervisão (RP)	Ainda não realiza (NR)
1	Transferência simples			
2	Enfiagem			
3	Sobrepor			
4	Transferência em dupla entrada			
5	Pareamento com objetos			
6	Pareamento simples			
7	Figura fundo			
8	Sequência lógica com 2 peças			
9	Sequência lógica com 3 ou mais peças			
10	Quebra-cabeça simples com 2 peças			
11	Quebra-cabeça com 3 ou mais peças			
12	Seriação			
13	Classificação			
14	Memória			
15	Espaço e tempo			
16	Associação de ideias			

Tabela 1: registro docente de atividades

Os jogos estruturados auxiliam e muito na regulação de comportamentos desejáveis e na manutenção de atenção e concentração. Eles reduzem a frustração e, consequentemente, comportamentos inapropriados. Visam não só à ampliação das habilidades, como à manutenção delas. Auxiliam na compreensão de regras, no desenvolvimento de habilidades comunicativas, motoras, atenção, memória e análise.

Deve-se salientar que é indispensável que o docente observe se o discente possui as habilidades necessárias para os jogos de modo sequencial, observando as habilidades desenvolvidas, para só depois transferir para o próximo jogo.

Considerações finais

O transtorno do espectro autista (TEA) é um transtorno do neurodesenvolvimento caracterizado por alterações no cérebro que afetam a linguagem, as habilidades motoras, a percepção, as emoções e as interações sociais. O DSM-5 define o TEA pela presença de prejuízos persistentes na interação social e padrões restritos e repetitivos de comportamentos, interesses ou atividades. Com o aumento da conscientização pública, houve também um aumento nos casos diagnosticados, melhorando com terapias multidisciplinares. A causa exata do TEA ainda é desconhecida, porém, acredita-se que fatores genéticos e ambientais possam estar envolvidos. O TEA não está relacionado à relação pais-filhos ou ao modo de educação.

No contexto escolar, professores desempenham papel importante no desenvolvimento de crianças com TEA, e seus conhecimentos podem ajudar na intervenção precoce e adequada. Um guia para docentes pode ser um apoio significativo para a capacitação e a inclusão desses alunos na escola regular. É fundamental que as escolas estabeleçam políticas de formação contínua para os professores e forneçam apoio emocional e estímulos tanto para docentes quanto para alunos. A abordagem participativa e a valorização das ideias da comunidade escolar são essenciais para a qualidade do processo educativo. Com estimulação adequada, alunos com TEA podem alcançar progresso significativo.

O aluno com TEA, se for adequadamente estimulado, pode alcançar progresso efetivo, porém, para que isso aconteça, é necessário que o professor saiba o que fazer para estimulá-lo.

Espera-se que o guia possibilite aos professores o apoio necessário à educação de alunos com TEA e forneça caminhos para a real inclusão desses discentes.

Referências

ABDULLAH, S. M. Social cognitive theory: a Bandura thought review published in 1982-2012. *Psikodimensia*, v. 18, n. 1, p. 85-100, 2019.

AMERICAN PSYCHIATRY ASSOCIATION (APA). *Diagnostic and Statistical Manual of Mental disorders – DSM-5*. 5. ed. Washington: American Psychiatric Association, 2013.

BANDURA, A. Applying theory for human betterment. *Perspectives on Psychological Science*, v. 14, n. 1, p. 12-15, 2019.

BANDURA, A. Modificação de comportamento através de procedimentos de modelação. *In*: KRASNER, L.; ULLMAN, L. P. (Ed.). *Pesquisas sobre modificação de comportamento*. São Paulo: Herder, 1972; Americana: 1965.

BEDOYA PASTRANA *et al*. Estrategias didácticas y competencias ambientales desde la teoría cognitivo social: un estudio de mapeo sistemático. *Revista Redipe*. n. 9, v. 12, p. 101-110, 2020. Disponível em: https://revista.redipe.org/index.php/1/article/view/1138. Acesso em: 10 abr. 2025.

BLANCO, R. Atenção a diversidade na sala de aula e as adaptações do currículo. *In*: COLL, C.; MARCHESI, A.; PALACIOS, J. *Desenvolvimento psicológico e educação*: transtornos de desenvolvimento e necessidades educativas especiais. 2. ed. Porto Alegre: Artmed, 2004. p. 290-308.

FERNANDES, S. *A adequabilidade do modelo teacch para a promoção do desenvolvimento da criança com autismo*. Porto: [ed.autor], 2010. 53 p.

MELO-DIAS, C.; SILVA, C. F. da. Teoria da aprendizagem social de Bandura na formação de habilidades de conversação. *Psicologia, Saúde & Doenças*, v. 20, n. 1, p. 101-113, 2019.

MOREIRA, M. A. *Teorias de aprendizagem*. São Paulo: Editora Pedagógica e Universitária, 1999.

OLIVEIRA, E. R. de. *Desenvolvimento de habilidades de estudantes autistas*: proposta de intervenção docente. 2023. Dissertação (Mestrado Profissional em Ensino em Ciências da Saúde e do Meio Ambiente) – UniFOA, Volta Redonda – RJ, 2023.

CAPÍTULO 18

| O desafio invisível

Adequação curricular na educação de estudantes com dupla excepcionalidade, autismo e altas habilidades/superdotação

A educação de alunos com dupla excepcionalidade (2e) – combinação de autismo e AH/SD – é desafiadora, pois o sistema educacional não identifica ou atende às suas necessidades. Apesar de suas capacidades extraordinárias, adequações curriculares e aceleração são essenciais para que alcancem o seu potencial. A 2e é um desafio que traz angústia para muitos pais, um assunto que carece de estudos aprofundados.

Elidiane Dias de Sá

ELIDIANE DIAS DE SÁ

Psicóloga graduada pela FUNORTE (2017), com pós-graduação em Terapia Cognitivo-Comportamental na Infância e Adolescência. Facilitadora do Programa Educação Emocional Positiva e Formação na Primeira Infância. Além de ser uma especialista apaixonada pelo desenvolvimento infantil, vive na prática com seu filho os desafios da dupla excepcionalidade, altas habilidades/superdotação e autismo.

Contatos: psielidiane@gmail.com.br
Instagram: @elidianediaspsi
Facebook: elidianediaspsi
Lidy Dias Psicóloga Infantil e Adolescente

Dupla excepcionalidade

A "dupla excepcionalidade" refere-se à coexistência de alto desempenho, talento, habilidades ou potencial em uma ou mais áreas, juntamente com uma desordem ou transtorno que apresenta desafios significativos. Esse conceito engloba indivíduos que possuem habilidades superiores, mas que, ao mesmo tempo, enfrentam dificuldades incompatíveis com essas capacidades. Em alguns casos, as habilidades podem mascarar a deficiência, enquanto, em outros, a deficiência pode ocultar o verdadeiro potencial do indivíduo.

Dificuldades enfrentadas pelos pais de superdotados com transtorno do espectro autista

Quando a família recebe um diagnóstico de dupla excepcionalidade, vem a dificuldade de encontrar uma proposta educacional adequada para seus filhos, pois as características da criança representam um desafio para familiares e escolas. As instituições educacionais, juntamente com muitos educadores, estão despreparadas para proporcionar uma experiência educacional apropriada. A ausência de apoio e orientação para os pais que buscam adaptações educacionais para seus filhos é um reflexo da falta de estudos aprofundados sobre o processo de identificação da dupla excepcionalidade. Essa lacuna dificulta tanto o reconhecimento quanto o desenvolvimento das potencialidades do indivíduo, prejudicando não apenas a criança, mas também a família, que necessita de suporte para lidar com os desafios e explorar as capacidades únicas presentes nesses casos.

A complexidade da dupla excepcionalidade

A dupla excepcionalidade pode ser mal interpretada e negligenciada devido às suas características contraditórias que podem confundir professores e gestores escolares. Em virtude da falta de identificação adequada, muitos estudantes acabam passando despercebidos pelo sistema escolar, tendo seu potencial ignorado ou reprimido e sofrendo impactos negativos, o que pode resultar em baixo rendimento acadêmico, cansaço, recusa escolar e sentimento de estafa.

Por um lado, estudantes autistas e com altas habilidades/superdotação podem exibir habilidades intelectuais impressionantes em áreas como matemática, ciências ou artes. Em contrapartida, podem apresentar dificuldades sociais, comportamentais ou de aprendizado, como baixo desempenho acadêmico, que mascaram suas competências, levando a serem menosprezados ou rotulados como "estudantes problemáticos" pelos profissionais escolares.

Esse perfil singular de força e desafio leva muitos professores a focar apenas nas limitações do estudante, desconsiderando suas habilidades, talentos e capacidades acadêmicas. Aqui, a importância da adequação curricular é crucial para proporcionar um ensino que se adapte às suas habilidades, valorizando tanto as áreas de alta habilidade quanto as de maior dificuldade.

Em práticas institucionais, é comum observar o mito de que os indivíduos com AH/SD não apresentam dificuldades educativas, emocionais e comportamentais, sendo vistos como gênios, principalmente quando acomete a dupla excepcionalidade AH/SD e autismo, ignorando os prejuízos do transtorno do espectro do autismo que são os déficits na comunicação social e interação social em múltiplos contextos, reciprocidade socioemocional, comportamentos comunicativos não verbais usados para a interação social e linguagem corporal, déficits para desenvolver, manter e compreender relacionamentos, padrões restritos e repetitivos de comportamento, interesses ou atividades e alterações do processamento sensorial.

Alunos com dupla excepcionalidade, por não se enquadrarem em nenhuma dessas duas excepcionalidades, acabam enfrentando grandes desafios, pois as altas habilidades/superdotação podem camuflar as características do autismo, ou o autismo pode camuflar as características da AH/SD.

Adequação curricular

A adequação curricular ultrapassa as simples alterações no conteúdo ou nas avaliações. Dentre eles, estão os programas de enriquecimento curricular, programas de aceleração, programas de treinamento e estratégias que envolvam as habilidades e a superação das deficiências. O objetivo é estabelecer um ambiente de aprendizado que valorize a singularidade do estudante, fornecendo apoio nas áreas em que ele encontra obstáculos e proporcionando o estímulo adequado nas áreas em que apresenta excelência, com um programa de educação que balanceie atividades que estimulem a superdotação e intervenções para suas limitações.

Elementos fundamentais para a adequação curricular

- **Flexibilidade no ritmo e no conteúdo**: modificar o ritmo de ensino para que o estudante não seja forçado a permanecer em um nível que não o desafia ou a lidar com matérias que não atendem às suas demandas.
- **Recursos exclusivos**: aplicação de recursos pedagógicos personalizados que promovam maior envolvimento do estudante com 2e e o aproveitamento de suas habilidades e talentos em suas áreas de interesse.
- **Assistência especializada**: acompanhamento realizado por uma equipe multidisciplinar, com psicólogos, pedagogos e especialistas em educação especial, para orientar e acompanhar o desenvolvimento acadêmico e emocional do estudante.

Para que o estudante com dupla excepcionalidade possa aprender e manter-se engajado e motivado no ambiente escolar, as adequações curriculares são essenciais.

A aceleração como resposta ao potencial não reconhecido

Quando o ensino não corresponde à capacidade de aprendizagem do aluno e as adaptações curriculares não são adequadas para satisfazer a necessidade de aprendizagem do estudante com dupla excepcionalidade, a aceleração escolar pode ser a melhor escolha para que esse aluno não chegue à recusa escolar. Esse processo possibilita que o estudante avance em suas áreas específicas ou até mesmo em todo o programa de estudos, assim ele se sentirá desafiado e motivado pelos estudos.

Contudo, a aceleração muitas vezes encontra resistência de educadores, que se preocupam com a "maturidade emocional" ou com o rendimento acadêmico irregular do estudante.

Essas inquietações, apesar de válidas, frequentemente não espelham o real potencial do estudante com dupla excepcionalidade. Em vez de apenas analisar seu comportamento ou notas, é crucial avaliar seu comportamento e desempenho. Quando não houver nenhum tipo de aceleração, mais cedo ou mais tarde a conta chega para a criança/adolescente, no comportamento, na saúde mental ou física. A aceleração é necessária tanto em série quanto em ritmo; ela não é feita em virtude do conhecimento adquirido e sim da capacidade do estudante.

Quando a aceleração é a escolha mais assertiva?

- Quando o estudante demonstra domínio avançado em determinados áreas do currículo.
- Quando o material didático convencional não proporciona estímulo suficiente e o estudante exibe recusa escolar, desinteresse ou fadiga.
- Quando a avaliação individual indica que o aluno detém competências cognitivas e criativas que não estão sendo devidamente utilizadas no ritmo do ensino tradicional.

Mitos e verdades sobre a resistência à aceleração

Frequentemente, a resistência à aceleração é fundamentada em mitos sobre o que significa estar "apto" para progredir na educação. Os educadores costumam pensar que um estudante só pode ser acelerado se obtiver notas elevadas em todas as matérias e demonstrar maturidade emocional adequada para a série seguinte, porém, a idade cognitiva não corresponderá à maturidade emocional desses alunos devido aos prejuízos advindos da sua condição. Contudo, para estudantes com dupla excepcionalidade, pode ser imprescindível acelerar, mesmo quando esses critérios convencionais não são completamente atendidos. Os educadores querem perceber as habilidades, não considerando as dificuldades que também estarão presentes.

Desmistificando o conceito de maturidade emocional

A falta de maturidade emocional, social ou comportamental, frequentemente observada em muitos estudantes com TEA, não deve ser equivocadamente interpretada como fracasso escolar. Esse fenômeno ocorre porque o progresso cognitivo desses estudantes pode avançar rapidamente, enquanto a maturidade emocional e social não consegue acompanhar no mesmo ritmo, resultando em uma dessincronia no desenvolvimento. Em vez disso, esses estudantes frequentemente se favorecem de um ambiente de ensino mais desafiador, onde seu potencial intelectual é valorizado e estimulado. O suporte emocional pode e deve ser proporcionado em paralelo à aceleração do estudo. A escola não pode negar a aceleração devido à maturidade emocional. Essa avaliação é feita pelo psicólogo, pois a aceleração resolve inúmeras questões emocionais e de habilidades sociais. O que mais afeta o emocional do estudante é a repetição e as atividades de fixação do conteúdo, a falta de atendimento adequado.

Nem sempre as notas contam toda a história

O rendimento escolar, especialmente em estudantes com dupla excepcionalidade, muitas vezes não reflete suas reais capacidades. Quando o foco está exclusivamente nas áreas de dificuldade, como linguagem ou ciências humanas, há o risco de negligenciar habilidades significativas em outros campos, como matemática, arte ou outras áreas de talento. Esse enfoque limitado pode fazer com que o verdadeiro potencial do estudante passe despercebido, prejudicando seu desenvolvimento integral e oportunidades futuras. Quando não é percebido e reconhecido pelo sistema de ensino, o aluno passa a ter a recusa escolar e seu rendimento escolar cai. Rever um conteúdo já aprendido é desanimador e cansativo para esse aluno. Portanto, a aceleração em matérias específicas pode ser uma estratégia que favorece o estudante sem prejudicar seu progresso nas áreas de maior dificuldade.

Conclusão: aceleração e adequação curricular como ferramentas para a inclusão

O "desafio invisível" da dupla excepcionalidade requer soluções que vão além do ensino tradicional. A adaptação curricular e a aceleração são ferramentas eficientes, capazes de alterar o percurso educacional de alunos com altas habilidades/superdotação e transtorno do espectro autista, permitindo seu desenvolvimento tanto no contexto acadêmico quanto pessoal. A Lei n. 9.394/1996. no art. 59, estabelece que os sistemas educacionais devem garantir aos estudantes currículo, métodos, recursos e estrutura adequados para satisfazer suas demandas.

Ao oferecer um currículo personalizado e uma oportunidade de avanço em áreas de interesse, não estamos apenas valorizando as características únicas desses estudantes, mas também promovendo uma educação mais inclusiva.

Referências

ASSOCIAÇÃO AMERICANA DE PSIQUIATRIA. *Manual diagnóstico e estatístico de transtornos mentais*: DSM-5-TR. Tradução de Daniel Vieira *et al.* 5. ed. Porto Alegre: Artmed, 2023.

BRASIL. *Lei n. 9.394, de 20 de dezembro de 1996*. Estabelece as diretrizes e bases da educação nacional. Artigo 59. Disponível em: https://www.jusbrasil.com.br/topicos/11686882/artigo-59-da-lei-n-9394-de-20-de-dezembro-de-1996. Acesso em: 8 jan. 2025.

ROSANA, R. J.; NAKANO, T. de C. A dupla excepcionalidade: relação entre altas habilidades/superdotação com a síndrome de Asperger, transtorno de déficit de atenção e hiperatividade e transtorno de aprendizagem. *Revista Psicopedagogia*, v. 32, n. 99, p. 346-360, 2015.

VILARINHO-REZENDE, D.; FLEITH, D. de S.; ALENCAR, E. M. L. S. Desafios no diagnóstico de dupla excepcionalidade: um estudo de caso. *Revista de Psicologia*, v. 34, n. 1, 2016. Disponível em: http://dx.doi.org/10.18800/psico.201601.003. Acesso em: 8 jan. 2025.

CAPÍTULO 19

Orientação parental no autismo

Formação e apoio para famílias e cuidadores

Neste capítulo, exploraremos a dinâmica das famílias após o diagnóstico de autismo. Abordaremos os ajustes que os pais precisam fazer em sua rotina de trabalho, as horas dedicadas à criança em terapias e consultas, a ajuda na vida escolar e o enfrentamento dos olhares e julgamentos.

Fabricia Silva

FABRICIA SILVA

Pedagoga, psicomotricista, psicopedagoga e especialista em Intervenção ABA aplicada ao transtorno do espectro autista (TEA). Mais de 15 anos de experiência como professora de educação infantil, terapeuta em clínica multidisciplinar especializada em ABA e orientadora parental das famílias de crianças autistas. Coautora do livro *Psicomotricidade: da gestação à melhor idade*.

Contatos: www.fabipsicomotricista.com.br
fabriciasilva.op@gmail.com
Facebook: fabriciasilva
Instagram: @fabricia.orientandofamilias

Como a família se encontra após o diagnóstico

Quando um diagnóstico chega à família, toda a dinâmica familiar é profundamente transformada. A rotina passa a incluir horas dedicadas a sessões de terapia e consultas médicas. Em casa, o foco volta-se intensamente para o desenvolvimento da criança, enquanto as preocupações se concentram nos atrasos observados. Surge também uma pressa silenciosa: a pressa de ver a criança falar, se comunicar, seguir comandos e conquistar autonomia em suas atividades diárias.

Essas mudanças muitas vezes vêm acompanhadas de um turbilhão de emoções: dúvidas, medo do desconhecido e até sentimentos de inadequação. É natural que pais e familiares se questionem se estão fazendo o suficiente ou se estão no caminho certo.

As famílias frequentemente relatam que não têm com quem compartilhar suas dificuldades. Quando tentam abrir seus corações para outras pessoas, muitas vezes não encontram compreensão, pois quem as ouve não vivencia a mesma situação. Respostas como "Meu(minha) filho(a) não tem esse comportamento" só aumentam a frustração e o sentimento de isolamento.

Diante dessas turbulências, vêm algumas perguntas, como "Esse comportamento é do meu filho ou do autismo?", "Como devo agir quando ele apresenta uma crise?", "Como eu sei que é crise ou birra?". As perguntas não têm fim e o sentimento de não saber conduzir o voo aumenta a cada dificuldade. A questão é que ter filhos não vem com um manual, principalmente quando são atípicos. Cada criança é única, e isso significa que cada uma tem suas preferências, incômodos, desejos, entre outros; então não há um jeito certo de fazer, o caminho é você conhecer sua criança.

Por onde começa a caminhada das mães e pais?

A caminhada começa com perguntas e incertezas. Nesse momento, surge uma avalanche de informações desencontradas, mas a jornada evolui à medida que os pais aprendem, se fortalecem e desenvolvem uma relação ainda mais profunda e única com seus filhos. Conhecimento é poder! Quanto mais você se informar sobre o autismo, mais preparado estará para ajudar não apenas seu filho, mas também outras famílias que, assim como você, podem um dia precisar de orientação e apoio. É como já dizia Cora Coralina: "Feliz é aquele que transfere o que sabe e aprende o que ensina".

Em meio ao ruído de processar o diagnóstico e tentar compreender o que está acontecendo, vem a urgência de agir! Mas não se desespere. Não tente entender tudo sobre autismo de uma vez. Como sempre digo nas orientações parentais, o trabalho é de formiguinha: um passo de cada vez, um pouco a cada dia, sem desistir. É nesse ritmo constante que, ao longo da caminhada, vemos a evolução no desenvolvimento da sua criança. Leituras, cursos, palestras e orientação parental são fundamentais nesse momento de sua trajetória. Por ser um trabalho minucioso e constante, é natural que a fadiga surja em algum instante. Por isso, é essencial contar com uma rede de apoio e ter com quem conversar para dividir os desafios.

De agora em diante, é fundamental ter duas coisas em mente: embora o autismo não tenha cura, o diagnóstico não é uma sentença. Ele é, na verdade, o ponto de partida para compreender melhor sua criança e encontrar formas de ajudá-la a se desenvolver.

É importante abordar a neuroplasticidade, que é a capacidade do cérebro de se reorganizar e criar novas conexões. O cérebro é formado por células chamadas neurônios, que se comunicam entre si por meio de sinapses, transmitindo informações e formando vias de aprendizado. Essas conexões são essenciais para o desenvolvimento das crianças, possibilitando que aprendam a andar, falar, se socializar, se adaptar e resolver problemas. Os estudos indicam que a primeira infância (0-7 anos) é o período em que o cérebro apresenta sua maior intensidade e responsividade na formação de vias de aprendizagem, influenciadas significativamente pelos fatores ambientais. Após essa fase, o aprendizado continua sendo possível, mas ocorre de forma mais lenta.

O papel da formação, orientação parental, na jornada

Antes de discutir o papel da formação na orientação parental, é importante refletir sobre como as famílias se manifestam nesse processo. Quero compartilhar relatos e expressões comuns que frequentemente se repetem entre as diversas famílias que acompanhei ao longo do tempo. O primeiro relato traz à tona a dificuldade causada pela falta de uma rede de apoio. Essa ausência torna ainda mais desafiadora a conciliação entre as tarefas de casa, o trabalho, as idas às terapias, as consultas médicas e escolares. A descoberta é uma constante, assim como o sentimento de invisibilidade que recai sobre a mãe – digo mãe, porque quase 90% dos familiares que participam da orientação parental são elas. Misturado a esse sentimento de invisibilidade está o peso de um questionamento constante. O pensamento "Por que comigo?" é recorrente e leva muitas mães a revisitar a maternidade, que, de alguma forma, não correspondeu às expectativas ou ao ideal que haviam imaginado. Entre amor profundo e revolta silenciosa, elas enfrentam um turbilhão emocional, tentando encontrar equilíbrio em meio aos desafios diários.

Outro ponto é a ansiedade das famílias diante do desenvolvimento das crianças autistas. A questão da fala, em particular, muitas vezes se torna um ponto de grande aflição, uma vez que a comunicação verbal é vista como a principal forma de estabelecer conexões e compreender as necessidades e os sentimentos da criança. Muitas famílias expressam o desejo profundo de ouvir diretamente de seus filhos como foi o dia na escola, o que ressalta o quanto essa interação verbal é valorizada e esperada.

É importante que os pais compreendam que o desenvolvimento da linguagem pode seguir um ritmo próprio e que a criança comunica suas necessidades também por meio de gestos, expressões faciais, ou até mesmo comportamentos não verbais.

Muitas famílias também se sentem julgadas por pais e pessoas próximas, enfrentam comparações entre os comportamentos de seus filhos e os de outras crianças. Comentários como "Ah, você precisa ser mais firme" são comuns e acabam intensificando a pressão emocional sobre os pais, que já lidam com desafios complexos no dia a dia. Essas situações podem gerar o sentimento de culpa e inadequação, tornando ainda mais essencial o apoio e a empatia no convívio familiar. Em algumas situações, os pais acabam evitando sair com a criança, sentindo-se inseguros diante da possibilidade de ela apresentar comportamentos desorganizados em ambientes públicos. O receio de enfrentar olhares de reprovação ou julgamentos alheios muitas vezes supera o desejo de proporcionar experiências externas, limitando ainda mais a convivência social da família e o próprio desenvolvimento da criança.

Com base nas importantes informações apresentadas, é possível destacar que o papel da orientação parental no autismo é, primeiramente, acolher os familiares. Além disso, busca oferecer embasamento teórico para que possam compreender os comportamentos da criança e desenvolver estratégias para lidar com os desafios do dia a dia.

A formação e orientação parental é central na jornada de pais e mães de crianças autistas. Esse espaço oferece conhecimento, apoio emocional e ferramentas práticas para lidar com os desafios diários e potencializar o desenvolvimento da criança. Assim, familiares e cuidadores entendem que a orientação parental existe para compartilharem experiências, dúvidas e receberem direcionamentos personalizados, ajudando a se sentirem mais seguros e preparados. Esse processo não é apenas sobre compreender a criança, mas também sobre fortalecer os cuidadores, promovendo um equilíbrio entre os desafios da rotina e do autocuidado. Familiares e cuidadores bem informados e acolhidos tornam-se agentes fundamentais na evolução e no bem-estar da criança.

Fazer parte do processo de orientação parental oferece às famílias um ambiente de apoio contínuo e atento ao desenvolvimento da criança. Esse acompanhamento contribui para reduzir a frustração e fortalecer a confiança dos pais no progresso global de seu filho. Dessa forma, os pais passam a valorizar cada avanço, mesmo quando ele não é imediatamente respondido, como no caso da fala.

Referências

CASTRO, T. *Simplificando o autismo*: para pais, familiares e profissionais. São Paulo: Literare Books International, 2023.

LIMA, W. C. *Autismo*: não espere, aja logo! Depoimento de um pai sobre os sinais de autismo. São Paulo: M. Books, 2012.

RAYES, C. *Orientação familiar*: teoria e prática – Vol. 3. São Paulo: Literare Books International, 2024.

SILVA, A. B. B.; GADIA, C.; COSTA, A.; FRANCO, M. H. *Mundo singular*: entenda o autismo. Rio de Janeiro: Fontanar, 2012.

CAPÍTULO 20

Autismo de alta funcionalidade

Desafios e perspectivas na sociedade atual

O capítulo explora os desafios enfrentados por indivíduos com autismo de alta funcionalidade que apresentam habilidades cognitivas acima da média e lutam com a comunicação, interpretação de normas sociais e interação social. A inclusão no ambiente de trabalho e na educação é primordial, exigindo adaptações que atendam às suas necessidades. O estigma social e a desinformação são barreiras capazes de serem superadas e, além disso, a tecnologia pode oferecer ferramentas valiosas para facilitar a comunicação e a socialização, demonstrando ser possível construir uma sociedade mais inclusiva e acolhedora para todos.

Fernanda Dias Almeida

FERNANDA DIAS ALMEIDA

Graduada em Medicina pela Universidade Federal do Rio Grande; residência médica em Pediatria pela Universidade Federal do Rio Grande; residência médica em Neurologia pela Fundação Faculdade Federal de Ciências Médicas de Porto Alegre; R4 em Neurologia Pediátrica pela Faculdade Federal de Ciências Médicas de Porto Alegre; título de especialista em Neurologia pela Academia Brasileira de Neurologia; Neurologista no Hospital Universitário Dr. Miguel Riet Corrêa Jr. e no Hospital Santa Casa do Rio Grande; Mestre e Doutora em Ciências da Saúde pela Universidade Federal do Rio Grande; professora adjunta da disciplina de Clínica Médica I/Neurologia da Faculdade de Medicina do Rio Grande; docente titular da disciplina de Propedêutica da Universidade Católica de Pelotas; coordenadora do projeto de extensão "Autismo: conhecer para entender", em conjunto com a médica especialista Luciana Baldino Lages; pós-graduação em Transtorno do Espectro Autista pela Certificação Thiago Castro; membro titular da Academia Brasileira de Neurologia (ABN).

Contatos: dra.fernanda.al@gmail.com
Instagram: @dra.fernanda.almeida
@clinicaofantasticomundoazul
53 99157 7944 – Clínica O Fantástico Mundo Azul

Antes do diagnóstico, sempre fui uma menina estudiosa e criativa, nunca tive atrasos cognitivos. No meu tempo de escola e de faculdade, tive prejuízos por entender as coisas de maneira concreta, como dificuldades de associar a palavra "cadeira" com "disciplina". Apresentava dificuldade em me comunicar e expressar o que sentia, sabia que tinha um tempo para aprender diferente, sentia medo e insegurança, precisava compreender detalhes, então passava as férias estudando sozinha para sentir segurança. Adoecia emocionalmente na escola, passava de um mês a dois estudando presencial, um mês em casa isolada e fazia minhas atividades sozinha. Não aceitava reprovar e nunca reprovei! Por não ter suporte e nem ser compreendida, parei de estudar no quinto ano letivo e também por ter um senso de justiça muito forte, juntamente com padrão rígido, retornei meus estudos somente na fase adulta. Os conflitos familiares, sociais e emocionais seguiram, causaram-me muitos danos até saber do autismo.

P. R. M., neuropsicóloga, autista de alta funcionalidade (texto publicado autorizado pela paciente)

Introdução

O autismo de alta funcionalidade é uma condição que afeta a maneira como uma pessoa percebe o mundo e interage socialmente. Os sintomas e as manifestações podem variar amplamente, porém os autistas de alta funcionalidade muitas vezes têm um interesse intenso em tópicos específicos, sendo muito detalhistas e, em alguns casos, apresentando habilidades excepcionais em áreas como matemática, arte ou ciência.

Embora esses indivíduos possam ter habilidades cognitivas e linguísticas geralmente acima da média, eles enfrentam desafios únicos que podem impactar sua vida diária, suas relações e sua integração na sociedade.

Compreendendo o autismo de alta funcionalidade

O autismo de alta funcionalidade é uma condição do espectro autista que se caracteriza por desafios em áreas como comunicação social e comportamentos restritivos ou repetitivos. Esses indivíduos podem ter inteligência média ou acima da média, mas muitas vezes lutam para se adaptar a ambientes sociais. O diagnóstico de autismo, que muitas vezes ocorre na infância, pode ser complicado por uma série de fatores, incluindo o estigma e a falta de conhecimento sobre o espectro autista em algumas comunidades. Isso significa que muitos adultos diagnosticados podem não ter recebido o apoio necessário durante seu desenvolvimento, levando a problemas de saúde mental, como ansiedade e depressão.

Pesquisas mostram que a compreensão do autismo de alta funcionalidade pode ser ampliada por meio da educação e do treinamento em ambientes escolares e de trabalho. É essencial que educadores e empregadores estejam cientes das nuances do autismo e das diferentes maneiras pelas quais ele pode se manifestar. A informação correta pode ajudar a criar um ambiente mais inclusivo e compreensivo, onde as pessoas com autismo de alta funcionalidade possam prosperar e contribuir de maneira significativa.

Desafios na comunicação e interação social

A comunicação é uma das áreas mais afetadas pelo autismo. Indivíduos com autismo de alta funcionalidade podem ter dificuldades em compreender normas sociais que muitas vezes são subentendidas em interações cotidianas. Por exemplo, a leitura de expressões faciais e a interpretação de linguagem corporal são habilidades que muitas pessoas desenvolvem naturalmente, mas que podem ser desafiadoras para aqueles no espectro autista. Em situações sociais, isso pode levar a conflitos e, muitas vezes, ao isolamento.

Além disso, a dificuldade em iniciar e manter conversas é outra barreira significativa. Muitas vezes, essas pessoas podem ter dificuldade em iniciar interações sociais ou podem monopolizar conversas sem perceber, concentrando-se em tópicos de interesse específico. Isso pode resultar em interações que são percebidas como inadequadas ou desconfortáveis pelos outros. A expressão de emoções também pode ser uma área problemática. A incapacidade de expressar sentimentos de maneira apropriada pode levar a desavenças, fazendo com que esses indivíduos se sintam desconectados ou incompreendidos.

Outro aspecto importante é a compreensão de humor e sarcasmo. Para muitas pessoas no espectro autista, a utilização da linguagem figurada e do humor pode ser desafiadora, resultando em situações embaraçosas que podem aumentar a ansiedade e o estresse. Comportamentos estereotipados e repetitivos podem interferir na capacidade de se envolver em interações sociais típicas, tornando essas interações ainda mais difíceis. A resistência a mudanças de rotina é uma característica comum que pode gerar estresse, afetando ainda mais o processo comunicativo.

Essas situações podem levar a sentimentos de solidão e isolamento. É fundamental que os profissionais de saúde mental e educadores abordem essas questões de maneira sensível e informativa, utilizando estratégias que ajudem os indivíduos a desenvolver habilidades sociais e melhorar sua comunicação.

Inclusão no ambiente de trabalho

A inclusão de pessoas com autismo de alta funcionalidade no mercado de trabalho é crucial, mas frequentemente negligenciada. Muitos ambientes de escritório são sobrecarregados sensorialmente, o que pode ser opressivo para indivíduos autistas. Soluções simples, como áreas de trabalho tranquilas ou o uso de fones de ouvido, podem fazer uma grande diferença.

Entrevistas e processos de seleção também representam barreiras significativas. Os métodos tradicionais de entrevista podem ser desafiadores para indivíduos com autismo, que podem não se sentir à vontade em situações de alta pressão. Adaptar esses processos para permitir que os candidatos demonstrem suas habilidades de maneiras que não envolvam interações sociais intensas pode ajudar na inclusão. Isso pode abarcar a utilização de entrevistas em formato escrito ou a realização de entrevistas em ambientes mais confortáveis para o candidato.

O treinamento de funcionários é vital para a inclusão de pessoas com autismo no local de trabalho. É essencial que as empresas ofereçam treinamento sobre neurodiversidade para toda a equipe, promovendo um ambiente acolhedor e compreensivo. Isso não apenas beneficia os funcionários autistas, mas também melhora a dinâmica de equipe e a comunicação entre todos os membros.

A educação como ferramenta de inclusão

É no sistema educacional que muitas das primeiras interações sociais ocorrem. A personalização das abordagens educacionais é fundamental para atender às necessidades de alunos com autismo de alta funcionalidade. Os

Planos de Ensino Individualizados (PEIs) são uma ferramenta essencial nesse processo, permitindo que as escolas criem programas adaptados às necessidades específicas de cada aluno. Isso pode incluir suporte adicional em áreas como comunicação, habilidades sociais e gerenciamento de estresse.

A formação de professores também é uma parte crucial da inclusão educacional. Os educadores devem ser treinados para reconhecer os desafios enfrentados por alunos com autismo e implementar métodos de ensino que sejam inclusivos e sensíveis. Isso pode incluir a utilização de estratégias visuais, atividades práticas e o uso de tecnologia assistiva que contem com recursos, equipamentos, dispositivos, serviços e metodologias que facilitem a aprendizagem.

Criar ambientes acolhedores nas escolas é igualmente importante. Escolas que promovem a empatia e a compreensão entre todos os alunos ajudam a criar um ambiente seguro para aqueles com autismo. A promoção de atividades que incentivem a colaboração e a interação social pode ajudar os alunos a se sentirem mais confortáveis e integrados, além de auxiliar na promoção da autonomia, independência e qualidade de vida.

Estigmas e mal-entendidos

Os estigmas em relação ao autismo muitas vezes surgem da falta de compreensão. As pessoas que não estão familiarizadas com o autismo podem ter percepções equivocadas sobre o que significa ser autista, o que pode levar a discriminação e exclusão. Para combater isso, é essencial implementar campanhas de conscientização que promovam a educação sobre o autismo nas escolas, comunidades e ambientes de trabalho. O objetivo é desmistificar a condição e promover uma visão mais precisa e inclusiva.

Compartilhar testemunhos pessoais de indivíduos autistas pode ser uma maneira poderosa de humanizar a experiência e promover empatia. Essas histórias podem ajudar as pessoas a entender melhor as realidades e os desafios enfrentados por aqueles no espectro autista, encorajando a aceitação e a inclusão.

A colaboração com organizações de apoio que defendem os direitos das pessoas com autismo é outra maneira de amplificar a mensagem de inclusão e aceitação. Trabalhar em conjunto com essas organizações pode ajudar a promover eventos comunitários, workshops e campanhas de conscientização, fortalecendo a rede de apoio disponível para indivíduos autistas e suas famílias.

Apoio familiar e comunitário

O apoio à família é essencial, pois os desafios enfrentados por indivíduos com autismo também afetam seus familiares. É primordial que os membros da família tenham acesso a recursos e informações que os ajudem a entender melhor o autismo e a maneira como podem apoiar seus entes queridos. Grupos de apoio para pais e cuidadores podem proporcionar um espaço seguro para compartilhar experiências, trocar recursos e obter apoio emocional.

Oferecer workshops e materiais informativos pode ajudar as famílias a entender melhor o autismo e como apoiar seus entes queridos. Além disso, eventos comunitários que promovem a inclusão e a aceitação podem ajudar a construir uma comunidade mais solidária. Essas iniciativas não apenas beneficiam indivíduos autistas, mas também fortalecem os laços comunitários e promovem um ambiente mais acolhedor para todos.

Tecnologia e autismo

A tecnologia pode ser uma ferramenta poderosa para ajudar pessoas com autismo de alta funcionalidade. O desenvolvimento de aplicativos de comunicação que facilitam a troca de informações é um exemplo de como a tecnologia pode ser utilizada para superar barreiras de comunicação. Esses aplicativos podem ser especialmente úteis para aqueles que têm dificuldades verbais, permitindo que se expressem de maneira mais eficaz.

Os jogos e plataformas de aprendizagem também podem ser recursos valiosos. A utilização de jogos educativos pode ajudar a desenvolver habilidades sociais de maneira divertida e envolvente, promovendo a interação e a colaboração. Além disso, as redes sociais podem proporcionar um espaço seguro para interações sociais, permitindo que indivíduos autistas se conectem com outros que compartilham experiências semelhantes.

Com a crescente disponibilidade de tecnologia assistiva e recursos on-line, é importante que as famílias e educadores estejam cientes das opções disponíveis e como elas podem ser utilizadas para apoiar o desenvolvimento e o bem-estar dos indivíduos com autismo de alta funcionalidade.

Caminhos para o futuro

À medida que a sociedade avança, é indispensável que continuemos a trabalhar para melhorar a inclusão e o apoio a pessoas com autismo de alta funcionalidade. Isso inclui ações estrategicamente definidas e orientadas que busquem promover mudanças em políticas públicas que garantam acesso equitativo à educação, saúde e emprego. Uma abordagem abrangente deve ser adotada, reconhecendo a importância da inclusão em todos os aspectos da vida.

Investir em programas de formação para profissionais de saúde, educadores e empregadores sobre a neurodiversidade pode promover práticas mais inclusivas. A educação contínua é vital para garantir que todos tenham uma compreensão adequada do autismo e das necessidades específicas das pessoas no espectro. Além disso, incentivar pesquisas sobre as experiências e necessidades de indivíduos com autismo é essencial para informar políticas e práticas.

À medida que buscamos um futuro mais inclusivo, é fundamental que as vozes das pessoas autistas sejam ouvidas e valorizadas. A inclusão verdadeira só será alcançada quando todos, independentemente de suas diferenças, forem reconhecidos e respeitados. Trabalhando juntos, podemos criar um ambiente onde todas as pessoas, incluindo aquelas com autismo de alta funcionalidade, possam prosperar e contribuir para a sociedade de maneira significativa.

Conclusão

Os desafios enfrentados por pessoas com autismo de alta funcionalidade são complexos e heterogêneos. No entanto, com o apoio correto, entendimento e ações eficientes, tornamos possível criar uma sociedade que não apenas aceite, mas também valorize a diversidade que cada indivíduo traz. À medida que continuamos a explorar e discutir essas questões, podemos trabalhar juntos para garantir que todos tenham a oportunidade de evoluir e progredir. O futuro pode ser próspero se todos se unirem, criando um ambiente cada vez mais inclusivo e acolhedor.

Dentro de um padrão rígido, a consciência do diagnóstico e de seus prejuízos dá asas a um processo de libertação, envolvendo o autoconhecimento e o recomeço de um trilhar leve nesta dimensão ainda singular para os autistas de alta funcionalidade.

> *Após o diagnóstico, através de terapias e estudos científicos, consegui perceber meus padrões repetitivos de comportamento, aprendi diariamente a lidar com minhas emoções e percebi prejuízos vividos. Enfrento os meus medos com consciência, monto estratégias para melhorar meu comportamento, aceito-me, trabalho em meu tempo e interajo melhor com minha família. Confesso que meu amor pelos que convivem comigo sempre esteve aqui, mas eu não sabia expressar meus sentimentos, não por incapacidade, mas sim pelos padrões rígidos de comportamento que me acompanhavam.*

Atualmente consigo existir, falar o que me incomoda ou não. Identifico quando estou em sobrecarga e me respeito por isso, não precisando mais "adoecer" ou "vestir máscaras sociais" para sobreviver. Estou ainda aprendendo a ser mais recíproca, a entender as necessidades dos outros, pois antes vivia em shutdown *e* lockdown *com medo do que os outros pensariam, medo do julgamento. Aprendi a ser melhor para mim e para os que estão ao meu lado. Hoje tenho esperança...*

P. R. M., neuropsicóloga, autista de alta funcionalidade (texto publicado autorizado pela paciente)

Referências

AMERICAN PSYCHIATRIC ASSOCIATION. *Diagnostic and statistical manual of mental disorders*. 5. ed. Arlington, VA: Author, 2013.

ATTWOOD, T. *The complete guide to Asperger's syndrome*. London: Jessica Kingsley Publishers, 2007.

BAKER, K. The impact of autism on the family: implications for intervention. *Journal of Family Therapy*, v. 33, n. 2, p. 188-205, 2011. Disponível em: doi: 10.1111/j.1467-6427.2011.00532. Acesso em: 10 abr. 2025.

HAPPÉ, F.; FRITH, U. The weak coherence account: detail-focused cognitive style in autism spectrum disorders. *Journal of Autism and Developmental Disorders*, v. 36, n. 1, p. 5-25, 2006. Disponível em: doi: 10.1007/s10803-005-0040-3. Acesso em: 10 abr. 2025.

KANNER, L. Autistic disturbances of affective contact. *Nervous Child*, v. 2, p. 217-250, 1943.

LAI, M. C.; LOMBARDO, M. V.; BARON-COHEN, S. Autism. *The Lancet*, v. 383, n. 9920, p. 896-910, 2014. Acesso em: doi: 10.1016/S0140-6736(13)61539-1. Acesso em: 10 abr. 2025.

MANDY, W.; SKUSE, D. Research review: the etiology of autism – genetic and environmental factors. *Journal of Child Psychology and Psychiatry*, v. 49, n. 11, p. 1242-1254, 2008. Disponível em: doi: 10.1111/j.1469-7610.2008.02072. Acesso em: 10 abr. 2025. Acesso em: 10 abr. 2025.

SCHAAF, R. C.; LANE, A. E. Sensory processing disorder: a review of the literature. *Pediatric Clinics of North America*, v. 62, n. 3, p. 651-669, 2015. Disponível em: doi: 10.1016/j.pcl.2015.01.006.

CAPÍTULO 21

Fonoaudiologia e autismo infantil

Quando o olhar vai além da comunicação

A fonoaudiologia é crucial no desenvolvimento de crianças com autismo, especialmente na primeira infância, quando a neuroplasticidade favorece grandes avanços. Este capítulo destaca como a intervenção precoce melhora habilidades comunicativas, sociais e cognitivas, promovendo a integração da criança no ambiente familiar e social, com o apoio do fonoaudiólogo e da família, contribuindo para uma sociedade mais inclusiva e empática.

Flávia Chimelo

FLÁVIA CHIMELO

Fonoaudióloga graduada pela Universidade Estadual Paulista (UNESP), Especialista em Saúde Coletiva pela Pontifícia Universidade Católica (PUC), Mestra, doutoranda em Distúrbios da Comunicação Humana pela Faculdade de Medicina da Universidade de São Paulo (USP) e idealizadora da PIPPO Clínica Infantil. Com mais de 12 anos de experiência, atua na prática clínica e em pesquisas científicas, com foco em audição em crianças com autismo. É autora de artigos publicados em periódicos de alto impacto. Atende crianças com dificuldades de linguagem, fala e aprendizagem, utilizando abordagens terapêuticas personalizadas. Em seu perfil no Instagram, @fono.flaviachimelo, compartilha conteúdos sobre desenvolvimento infantil e práticas fonoaudiológicas para pais, professores e terapeutas. Alia conhecimento acadêmico, prática clínica e dedicação ao desenvolvimento das crianças, mantendo-se em constante atualização e aperfeiçoamento por meio de cursos na área de Fonoaudiologia.

Contatos: www.clinicapippo.com.br
flaviatchimelo@gmail.com
Currículo: http://lattes.cnpq.br/2934001239709520
Instagram: @fono.flaviachimelo
@clinicapippo
14 99641 2052

Quando pensamos no desenvolvimento de uma criança, a comunicação é um dos pilares mais importantes para sua interação com o mundo ao seu redor. No caso do transtorno do espectro autista (TEA), as dificuldades de comunicação podem se manifestar de diversas formas, afetando tanto a expressão quanto a compreensão verbal e não verbal. Essas dificuldades impactam não apenas a criança, mas também seus pais e familiares, que muitas vezes se veem sem saber como apoiá-la da melhor maneira possível. Para lidar com essas dificuldades, é necessário adotar um olhar mais profundo, mais humano, que vá além das limitações aparentes e busque entender as reais necessidades da criança.

A fonoaudiologia tem um papel crucial nesse processo, atuando de maneira precoce e estratégica para ajudar a criança a desenvolver habilidades essenciais para se comunicar de forma eficaz e se inserir socialmente. Desde o início, a intervenção fonoaudiológica pode fazer uma grande diferença, oferecendo recursos e técnicas que respeitam o ritmo individual da criança e promovem avanços na compreensão e expressão. Ao adotar um olhar atento e sensível, o fonoaudiólogo consegue entender as particularidades de cada criança e personalizar as intervenções de forma eficaz.

Este capítulo tem como objetivo mostrar como a fonoaudiologia pode ser uma aliada essencial no desenvolvimento de crianças com autismo. Abordaremos as principais dificuldades de comunicação enfrentadas por essas crianças e como podemos trabalhar para superá-las. Com base na neuroplasticidade, que é a capacidade do cérebro de se reorganizar e formar novas conexões, podemos auxiliar o desenvolvimento das habilidades de comunicação, mesmo nos primeiros anos de vida. Vamos explorar como a fonoaudiologia pode contribuir para o desenvolvimento não apenas da fala, mas também da compreensão de linguagem, do uso social da comunicação e, por fim, da autonomia da criança nas interações do dia a dia. Ao longo deste capítulo, serão apresentadas práticas, exemplos e estratégias que integram o trabalho terapêutico no cotidiano das famílias, permitindo que todos celebrem cada pequena conquista.

A fonoaudiologia e o autismo na primeira infância

Importância da intervenção precoce

A fonoaudiologia desempenha papel fundamental no desenvolvimento de crianças com autismo, especialmente na primeira infância, uma fase crucial de desenvolvimento. Esse período é caracterizado pela neuroplasticidade, a capacidade do cérebro de se reorganizar e adaptar às experiências e estímulos do ambiente. A neuroplasticidade oferece grandes possibilidades de superação de desafios, como a comunicação e a interação social, quando há o apoio adequado. Para isso, é essencial adotar um olhar mais aberto, que permita identificar as singularidades da criança.

Quando uma criança autista recebe a intervenção precoce, ela é exposta a novos ambientes e interações, permitindo que o cérebro forme novas conexões e aprenda novos padrões de comportamento e habilidades. A neuroplasticidade age como facilitadora desse processo, estimulando o desenvolvimento de habilidades comunicativas, permitindo que a criança se comunique de forma mais eficaz. A terapia fonoaudiológica atua para "cultivar" essas novas conexões, estimulando a criança a falar, compreender palavras e expressar suas necessidades.

Como ajudar no desenvolvimento da comunicação

O fonoaudiólogo é o profissional especializado em ajudar crianças com autismo a desenvolverem suas habilidades de comunicação. Ele atua em diversas áreas, como o desenvolvimento da fala, a compreensão e o uso adequado da linguagem nas interações sociais. Em crianças com TEA, a comunicação vai além da fala e inclui saber como e quando se expressar, fazer escolhas, pedir ajuda ou expressar emoções. Dessa forma, a atuação fonoaudiológica abrange todas as formas de comunicação usadas no cotidiano da criança.

O trabalho do fonoaudiólogo visa proporcionar ferramentas para que a criança consiga interagir de forma mais natural e independente, tanto no ambiente familiar quanto social. A intervenção fonoaudiológica focada na comunicação funcional tem mostrado resultados eficazes na melhoria das habilidades sociais, linguísticas e cognitivas da criança, promovendo uma maior integração nas atividades cotidianas. Com a participação ativa dos pais, que devem integrar as estratégias terapêuticas na rotina, a criança pode consolidar o que aprendeu na terapia e aplicá-lo em contextos reais e significativos.

Desafios na comunicação e na linguagem no autismo

O autismo é caracterizado por atrasos significativos nas interações sociais e na comunicação, impactando o desenvolvimento de habilidades linguísticas essenciais. O diagnóstico do TEA envolve dificuldades em áreas como a comunicação verbal e não verbal, além de padrões restritos e repetitivos de comportamento. No contexto da avaliação e intervenção fonoaudiológica, é essencial considerar que cada criança com autismo apresenta um perfil único, com diferentes manifestações e desafios nas áreas de comunicação e linguagem.

Por isso, os tratamentos devem ser adaptados às necessidades individuais da criança, com foco na melhoria das habilidades de interação social e comunicação funcional. A fonoaudiologia utiliza recursos específicos, como o ensino de habilidades sociais (por exemplo, saber esperar a vez para falar) e o desenvolvimento da linguagem funcional, permitindo que a criança se expresse adequadamente nas situações cotidianas. Estudos indicam que a intervenção precoce, especialmente quando combinada com o envolvimento da família, pode promover avanços significativos no desenvolvimento da linguagem e na redução de comportamentos desafiadores.

Como funciona a intervenção

A intervenção fonoaudiológica é prática e personalizada. Por meio de brincadeiras, jogos e atividades de imitação, o fonoaudiólogo auxilia a criança a se expressar de forma mais clara e eficaz. O objetivo é facilitar a interação da criança com o mundo, aprimorando sua capacidade de se comunicar e entender os outros. Com a intervenção precoce, a fonoaudiologia ajuda a criança a desenvolver habilidades essenciais para uma vida mais independente e integrada socialmente.

Conscientização e inclusão: um chamado ao coração

A fonoaudiologia desempenha um papel fundamental no desenvolvimento de crianças com autismo, mas seu impacto vai muito além das terapias que ensinam palavras e gestos. Ela é uma ponte que conecta as crianças com o mundo, proporcionando a elas as ferramentas necessárias para se expressarem, se fazerem ouvir e se inserirem socialmente. E, ao fazer isso, também conecta os corações das famílias e das pessoas ao redor. Cada palavra, cada pequeno progresso é uma vitória, mas, para que essas vitórias se multipliquem, é preciso que haja mais do que tratamento especializado. É preciso conscientização, compreensão e empatia.

A luta pela conscientização do autismo não é apenas dos profissionais ou dos familiares. Ela é de todos nós. A sociedade como um todo deve estar disposta a olhar para as crianças autistas com o desejo de aprender e acolher. A mudança começa no olhar. Começa em perceber que, por trás de cada diagnóstico, há uma pessoa com sonhos, com medos, com talentos, e essa pessoa merece ser ouvida e compreendida.

Imagine, por um momento, um mundo onde a compreensão e a empatia caminhassem lado a lado. Um lugar onde, ao ver uma criança autista, as pessoas não sentissem desconforto ou julgassem, mas se aproximassem com respeito, buscando entendê-la. Infelizmente, essa não é a realidade para muitas famílias. Lembro-me de uma conversa com uma mãe que me disse, com a voz embargada, que a maior dor de ver seu filho isolado não era o sofrimento dele, mas o sofrimento dela, ao perceber que o mundo parecia fechado para ele. Ela não queria pena. Ela queria apenas compreensão. Queria que as pessoas vissem o filho dela não como um "problema", mas como uma criança com sonhos, com desejos e inúmeras possibilidades. Ela só queria que ele tivesse as mesmas chances de brilhar que qualquer outra criança.

E é isso que a conscientização deve ter: um olhar! Precisamos dar às crianças o direito de ser quem são, sem medo de julgamento, sem barreiras invisíveis. Quando conseguimos enxergar as crianças com autismo como o que elas realmente são, começamos a construir um mundo mais justo, inclusivo e, acima de tudo, mais humano. Este é um chamado para todos nós. Para que possamos ser parte da mudança, para que possamos olhar com mais compaixão e agir com mais empatia. Porque, no final, cada gesto de aceitação, cada pequeno passo de compreensão, é um grande passo para um mundo mais inclusivo.

Às vezes, as crianças não precisam de mais explicações, mas de mais empatia. Não precisamos entender tudo o que elas dizem ou fazem, mas precisamos ouvi-las de uma maneira que elas se sintam vistas e compreendidas. Quando olhamos para as crianças com autismo com o coração aberto, reconhecemos nelas algo muito mais profundo do que um diagnóstico: reconhecemos a sua essência humana.

Quando conseguimos ver a criança autista como ela realmente é, como um ser humano com sonhos, medos, desejos e um grande potencial, estamos ajudando a criar um mundo onde todos têm as mesmas oportunidades de brilhar. E, quando cada um de nós faz a sua parte, o que parecia um obstáculo se transforma em uma oportunidade para crescimento, aprendizado e inclusão. Então, o que estamos esperando para dar esse passo, juntos?

Somos todos responsáveis por construir pontes, não muros. E as pontes começam com a nossa capacidade de enxergar o outro. Pontes que conectam, unem e promovem a inclusão e o respeito. É nessa capacidade de olhar o outro de forma mais profunda, mais humana e mais aberta onde tudo começa.

Referências

AMERICAN PSYCHIATRIC ASSOCIATION (APA). *Diagnostic and statistical manual of mental disorders*. 5. ed. Arlington, VA: American Psychiatric Publishing, 2013.

ARAUJO, A. C.; LOTUFO NETO, F. A nova classificação Americana para os Transtornos Mentais: o DSM-5. *Rev. bras. ter. comport.* cogn., São Paulo, v. 16, n. 1, p. 67-82, abr. 2014. Disponível em: http://pepsic.bvsalud.org/scielo.php?script=sci_arttext&pid=S1517-55452014000100007&lng=pt&nrm=iso. Acesso em: 11 fev. 2025.

CAPÍTULO 22

As duas facetas da dupla excepcionalidade

Decifrando a dualidade

Em um capítulo que questiona todos os nossos paradigmas, mergulhamos na dualidade da dupla excepcionalidade. Enfatizamos a importância de compreender que a dupla excepcionalidade consiste em dois diagnósticos que coexistem em um cérebro neurodivergente, o qual vem com habilidades acima da média e que traz prejuízos significativos que podem mascará-las.

Flavia Díaz Garcés

FLAVIA DÍAZ GARCÉS

Médica, TEA AH/SD, mãe atípica, poliglota, atuante nos transtornos do neurodesenvolvimento, especializada em Pediatria e com pós-graduação em Psiquiatria Infantil. Capacitada em Psicofarmacologia da Infância e Adolescência. Mestre em Gestão em Saúde e Auditoria Médica, subespecializada em Auditoria de Alta Complexidade baseada na evidência científica. Pesquisadora científica e autora publicada em revistas *Q2 Scopus*. Parte da formação TND e CTC Certificação em Transtorno do Espectro do Autismo. Apaixonada pelo conhecimento e pela complexidade da mente humana.

Contatos: https://linktr.ee/dra.flaviadiaz
dra.flaviadiaz1@gmail.com
Instagram: @dra.flaviadiaz

Nós vamos tão longe quanto nossos olhos veem.

Jeon, Sang-Hiok.

Pode ser que você não me conheça, mas eu conheço você. Você é um estudioso na área das neurodivergências, trabalha com pacientes neurodivergentes, é neurodivergente ou está à procura do seu diagnóstico. Seja qual for a opção, este capítulo é dedicado a você.

Equívocos em relação a pessoas neurodivergentes são comuns: eles vêm do preconceito, do capacitismo e do desconhecimento. Dessa vez, vou apresentar minhas observações em relação à neurodivergência "mais popular": o transtorno do espectro autista (TEA). Nesta *jornada atípica*, sendo médica atuante em transtornos do neurodesenvolvimento e mulher autista, deparei-me com duas correntes de pensamento. Na primeira, percebi que pessoas não educadas na matéria caracterizam os indivíduos dentro do espectro como sujeitos com alterações na interação social e deficiência intelectual, sendo que uma grande porcentagem desses indivíduos apresenta o QI dentro da média e outra porcentagem pode apresentar um QI acima da média, ou manifestar dupla excepcionalidade (2e). Finalmente, o outro grupo de pessoas crê que pessoas que apresentam uma 2e não convivem com os prejuízos do transtorno.

Mas o que é a dupla excepcionalidade? Vamos começar por apresentar um conceito básico do que é a inteligência e o que são as altas habilidades e superdotação (AH/SD).

A inteligência é uma variável neurobiológica que tem tido muitas definições diferentes ao longo do tempo, já que é um conceito amplo e restrito ao mesmo tempo. Amplo por incluir muitas habilidades (tipos de inteligência), e restrito por geralmente associar-se ao âmbito acadêmico e à resolução de problemas. No final de 1800, os cientistas começaram a perguntar-se se a inteligência era herdada, começaram a conceitualizá-la e metrificá-la. Criou-se a teoria da idade mental, categorizou-se o QI, desenvolveu-se a psicometria, detalharam-se as estruturas da mente, delimitaram-se as múltiplas inteligências (Gardner, 1983) e, finalmente, surgiu um marco importante: *a teoria dos 3 anéis de Renzulli.*

Antes dos anos 1960, tínhamos um conceito impreciso, no qual o nível de inteligência medido de forma tradicional (QI) era sinônimo de AH/SD, e a única polêmica era quanto ao escore da linha de corte. Nesse período, o Joseph Renzulli[1] apareceu na cena. Foi no início de 1970 quando se gerou o conceito dos 3 anéis e o modelo triádico de enriquecimento [Figura 1]. Renzulli tenta simplificar de uma forma orgânica o conceito de AH/SD como:

1. Habilidades acima da média (consistentemente e metricamente acima).
2. Criatividade para resolver situações ou problemas de forma inovadora.
3. Motivação para iniciar, manter o foco e concluir tarefas (Renzulli, 1978, 1986).

Uma forma de compreender o modelo é pensar que a capacidade acima da média é uma condição necessária, mas não é suficiente se o indivíduo não tem alta motivação para utilizá-la e expressá-la de forma criativa ou inusual (Gubbins, 1982).

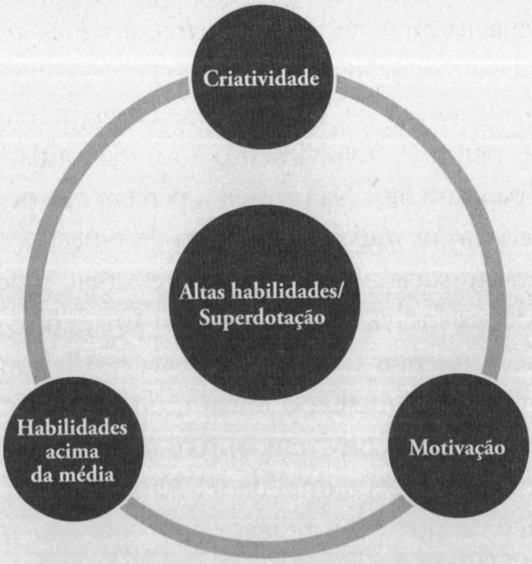

Figura 1: Teoria dos 3 anéis de Renzulli.
(Gráfico do modelo triádico©).
Fonte: elaborada pela autora com base em Renzulli (1978).

1 Joseph Renzulli. Psicólogo educacional. Estado-unidense. Diretor do Center for Gifted Education and Talent Development e do Renzulli Center for Creativity, Gifted Education, and Talent Development.

Com esses conceitos em mente, podemos contextualizar o que seria um indivíduo com dupla excepcionalidade. A 2e caracteriza sujeitos com alto potencial cognitivo em uma ou diversas áreas, mas que apresentam uma deficiência neuropsiquiátrica ou uma neurodivergência, comumente sabidas como transtornos neuro divergentes (Lebeau, 2022). Há uma associação conhecida e estudada há anos entre habilidades cognitivas excepcionais ou superiores e doenças neuropsiquiátricas (Gardner *et al.*, 2020), mas ela tem sido investigada de forma exploratória e não sistemática. Entretanto, estudos indicam uma prevalência na população entre 5 e 20% (Peters, 2021). As combinações mais advertidas (Arizaga *et al.*, 2016) são AH/SD e:

1. Transtorno específico de aprendizagem.
2. Transtorno do espectro do autismo.
3. Transtorno de déficit de atenção e hiperatividade (TDAH).

Nesse caso, nós nos centralizaremos ao redor do TEA. Nos indivíduos com 2e, o diagnóstico do TEA geralmente é tardio devido ao mascaramento (*masking*) desenvolvido pelas AH ou pela deficiência. As necessidades são diferentes em indivíduos com AH/SD sem TEA, indivíduos com 2e e indivíduos que só apresentam o transtorno (Lebeau, 2022). É assim que podemos questionar:

As AH funcionam como uma vantagem para lidar com o TEA?

Para responder a essa pergunta, trago um estudo sobre dupla excepcionalidade realizado por Neihart em 2008. Nesse estudo, os indivíduos foram classificados em três grupos, cada um com as seguintes particularidades:

1. O prejuízo social e as características comportamentais do TEA são tão intensos que mascaram as AH.
2. As AH são tão importantes e intensas que mascaram o TEA, indivíduos vistos como excêntricos ou com manias estranhas.
3. As AH inicialmente superam o TEA, mas conforme o tempo passa e as demandas sociais aumentam, as características do TEA começam a se manifestar.

As alterações neurobiológicas do TEA poderiam ser benéficas para o desenvolvimento das AH e, ao mesmo tempo, apresentar desvantagens ou se tornaram patológicas, uma vez que certos marcos são surpassados (Sharkey *et al.*, 2023). Justamente nessas afirmações, surgem hipóteses:

As AH/SD predispõem um risco ou causalidade para o desenvolvimento do TEA, e vice-versa?

Infelizmente, não temos explanações plausíveis da coocorrência. Uma explicação possível seria que mudanças na neurobiologia estão associadas nas duas condições, porém, com uma relação invertida (Sharkey, 2023); é por isso que pessoas com 2e estão nesse ponto de inflexão: serem extremamente capazes, mas estarem extremamente sobrecarregados de sintomas neuropsiquiátricos ao mesmo tempo (Andreasen & Canter, 1974). Contudo, compartilho a reflexão:

O deslocamento para cima ou para abaixo, na maioria das vezes, traz prejuízos funcionais. Então, não seria melhor ser "mediano"?

Atualmente, não existe nenhum protocolo que avalie todos os tipos de SD, motivo pelo qual a avaliação de indivíduos superdotados tem que identificar cognição, aspectos sociais, checklists comportamentais, aspecto emocional, avaliação médica, psicometria, avaliação neuropsicológica com testes padronizados e não padronizados, entre outros.

Indivíduos superdotados que não exibem nenhum transtorno podem ser caracterizados como TEA ou 2e, já que apresentam características semelhantes. Uma vez que essas características são analisadas de forma mais detalhada, a hipótese pode ser afastada ou confirmada. Essas características podem levar a um diagnóstico errôneo se não são avaliadas multidisciplinarmente e por profissionais capacitados no assunto. Uma avaliação com pouca substância pode deixar o indivíduo sem identificação da SD e nem da deficiência, já que nenhuma das condições foi distinguível. É por isso que os profissionais têm que ponderar algumas características que, em ocasiões, se contrapõem a critérios diagnósticos devido à comorbidade ou ao mascaramento.

Continuando, apresento alguns exemplos de viés comuns:

- O profissional pode identificar prejuízos sociais em indivíduos SD já que possuem uma menor tolerância às limitações globais de pessoas "comuns" (Camargos, 2013).
- Retração social, já que não encontra pares intelectuais.
- Caracterizados como inflexíveis, mas chegam a flexibilizar suas opiniões quando há bons contra-argumentos (são "convencidos" após um bom debate com argumentos robustos).

- Interesse por tópicos específicos e hiperfoco, decorrentes de uma grande curiosidade e do desejo de aprender novos conceitos. Diferentemente do que ocorre no TEA, essas atividades são prazerosas, não causam prejuízos e não têm função de autorregulação.

Ser identificado como alguém com dupla excepcionalidade frequentemente leva as pessoas ao redor a focarem no potencial do indivíduo, mas, por vezes, acabam ultrapassando os limites impostos pelo transtorno.

Alguns aspectos cognitivos, emocionais, sociais e comportamentais apresentados pelos indivíduos com 2e serão descritos a seguir. Curiosamente, muitas dessas características são similares às descritas no insueto Síndrome de Asperger[2] ou autismo de alto funcionamento (*high-functioning autism*). Só para contextualizar, o SA era conhecido por ser uma forma "branda" do autismo e por não apresentar déficit intelectual. Em sequência, detalharei algumas dificuldades que apresentam os indivíduos com 2e Adaptado do GADC© (Amend *et al.*, 2009):

- Memória detalhada para fatos relacionados ao seu assunto de interesse.
- Dificuldade em reconhecer rostos e recordar nomes.
- Distração por pensamentos e dificuldade de voltar à tarefa inicial (uma pessoa com SD sem deficiência volta rapidamente e sem redirecionamento).
- Uso avançado de palavras em conjunto com baixa compreensão destas.
- Comunicação em termos literais e com menor abstração.
- Estilo verbal pouco convidativo.
- Não envolvimento dos outros nos seus interesses.
- Repetição de informação.
- Linguagem ostentativa e fala contínua.
- Falta de compreensão de ironia, sarcasmo ou humor.
- Dificuldade para iniciar e estabelecer diálogos.
- Comunicação de sua ansiedade e angústia por meio de ações.
- Dificuldade em estabelecer e manter amizades.
- Falta de reconhecimento de que é diferente dos seus pares.
- Desconhecimento de convenções sociais.
- Afeto restrito.

2 A Síndrome de Asperger (CID-10 F84.5) foi substituída pelo transtorno do espectro autista na última edição do DSM 5.

- Habilidades de autoajuda de aquisição tardia.
- Não identificação ou pouco reconhecimento das emoções dos outros.
- Interpretação errônea de situações e dicas sociais.
- Falta de empatia por alguém em necessidade.
- Resistência a mudanças.
- Necessidade de rotina e regras.
- Estereotipias.
- Coordenação motora comprometida.
- Falta de apreço por de atividades ou esportes coletivos.

Gosto de utilizar um símil quando ilustro a 2e, o que facilita a compreensão das ilhas de competência.[3]

> Os indivíduos com 2e representam uma gota de azeite circundada por água: as AH estão cercadas pelas inabilidades que compõem o transtorno.

A gota de azeite refere-se às competências exibidas pelos indivíduos, mas é uma pequena parte dentro de um copo cheio de dificuldades. E é exatamente nessa asseveração que quero enfatizar os prejuízos de pessoas com 2e para que, finalmente, as pessoas possam entender que ser superdotado e portador de deficiência é precisamente isto: ter duas condições, cada uma com seus critérios diagnósticos e coexistindo.

É de suma importância conhecer as duas facetas desses indivíduos para que possamos auxiliá-los a lidar com a complexidade dessa dualidade e acabar com o conceito errado de que eles não sofrem com os prejuízos do transtorno, nem precisam de suporte.

Referências

AMEND, E. R.; SCHULER, P.; BEAVER-GAVIN, K.; BEIGHTS, R. A unique challenge: sorting out the differences between giftedness and Asperger's disorder. *Gifted Child Today*, v. 32, n. 4, p. 57-63, 2009.

ANDREASEN, N. J. C. *et al.* The creative writer: psychiatric symptoms and family history. *Comprehensive Psychiatry*, 1974.

3 Campo de aprendizagem delimitado pelo interesse específico.

ARIZAGA, M. P. G.; CONEJEROS-SOLAR, M. L.; RODRIGUEZ, K. S.; SOLIS, S. S. Doble excepcionalidad: análisis exploratorio de experiencias y autoimagen en estudiantes chilenos. *Revista de Psicología*, v. 34, n. 1, p. 5-37, 2016.

CAMARGOS, W. *et al. Síndrome de Asperger e outros transtornos do espectro do autismo de alto funcionamento*: da avaliação ao tratamento. Belo Horizonte: Artesã, 2013.

GARDNER, H. *Frames of mind*: the theory of multiple intelligences. Needham Heights: Allyn & Bacon, 1983.

GARDNER, R. M. *et al.* The association of paternal IQ with autism spectrum disorders and its comorbidities: a population-based cohort study. *Journal of the American Academy of Child and Adolescent Psychiatry*, 2020.

GUBBINS, J. *Revolving door identification model*: characteristics of talent pool students. 1982. Tese (Doutorado) – University of Connecticut, Storrs, 1982.

LEBEAU, K. S. B. Developmental milestones as early indicators of twice-exceptionality. *Neurobiology of Learning and Memory*, v. 194, 2022.

NEIHART, M. Identifying and providing services to twice-exceptional children. *In*: BRONSON, M. C. (Ed.). *Harvard book of giftedness in children*: psycho-educational theory, research and best practices. New York: Springer, 2008.

RENZULLI, J. S. The three ring conception of giftedness: a developmental model for creative productivity. *In*: STERNBERG, R. J.; DAVIDSON, J. E. (Ed.). *Conceptions of giftedness*. New York: Cambridge University Press, 1986. p. 53-92.

RENZULLI, J. S. What makes giftedness? Re-examining a definition. *Phi Delta Kappan*, v. 60, p. 180-184, 261, 1978.

ROAMA-ALVES, R. J.; DIAS, T. Dupla excepcionalidade: principais conceitos e associações. *In*: PETERS, D. *Autismo, superdotação e dupla excepcionalidade*. p. 210, 2021.

SHARKEY, R. J.; NOBLE-JONES, T. The neurobiology of autism spectrum disorder as it relates to twice-exceptionality. *The Neurobiology of Learning and Memory*, v. 200, 2023.

CAPÍTULO 23

Neurociência e autismo

A dificuldade no diagnóstico do autismo é um desafio. Abrange desde a falta de informação até a complexidade do próprio espectro. A neurociência é uma ferramenta útil para explicar suas características, como dificuldades na comunicação, socialização e linguagem; comportamentos restritivos e alterações do processamento sensorial. É fundamental que pais, profissionais de saúde e a sociedade em geral estejam informados sobre o TEA e seus sinais de alerta, para o diagnóstico precoce, o acesso às intervenções adequadas e melhora da qualidade de vida das pessoas com autismo.

Flavia Vicentini

FLAVIA VICENTINI

Psiquiatra da infância e adolescência especializada em transtornos do neurodesenvolvimento. Graduada em Medicina pela Universidade do Oeste Paulista (Unoeste), em 2015. Residência médica em Psiquiatria pelo Hospital Regional de Presidente Prudente, concluída em 2021. Residência médica em Psiquiatria da Infância e Adolescência pelo Hospital de Clínicas da Unicamp, concluída em 2022. Título de especialista em Psiquiatria conferido pela Associação Brasileira de Psiquiatria (ABP). Professora de pós-graduação *lato sensu*. Palestrante. Membro da ABP. Em suas redes sociais, compartilha abordagens sobre transtorno do espectro autista e saúde mental infantojuvenil.

Contatos: draflaviavicentini.com.br
draflaviavicentini@gmail.com
Instagram: @draflaviavicentini
18 98165 3130

Desvendando muitos mistérios, a neurociência examina a organização e o funcionamento do sistema nervoso humano. Tornando acessível o conhecimento desde cientistas até a população geral. Com maiores detalhes dessas estruturas e funções, desde como ocorre a comunicação química para organizar o sistema nervoso central (SNC) até a manifestação do complexo comportamento humano. E muito vem a contribuir para interpretação dos sistemas cerebrais para melhor compreensão das bases biológicas, biomarcadores, intervenções e diagnóstico do transtorno do espectro autista (TEA), um transtorno do neurodesenvolvimento que afeta a comunicação, o comportamento e a interação social.

Sensorial

O lobo parietal tem implicações importantes nas características do espectro autista, desempenha um papel crucial em diversas funções cognitivas e sensoriais. O sistema somatossensorial, localizado no giro pós-central do lobo parietal, nos permite apreciar experiências tanto agradáveis como desagradáveis, e habilitar que o corpo sinta dor, frio, pressão e ainda reconhecer a parte estimulada. O sistema somatossensorial é um termo amplo de uma categoria de todas as sensações que não são apenas aquelas popularmente conhecidas: visão, tato, audição, paladar e olfato.

Também possui habilidades como a capacidade de reconhecer objetos, a chamada gnosia tátil. Por exemplo, se um objeto tocar nosso dedo, você pode aferir com precisão o local do corpo e o objeto, se foi alfinete pontiagudo não haverá como se confundir com um martelo. Quando apalpamos uma chave no bolso, nós não sentimos a sua lista de características, como forma específica, tamanho, bordas, superfície lisa ou dura, o peso. Em vez disso, nós simplesmente confirmamos com nossos dedos que se trata de uma "chave" e não de uma "caneta". Isso ocorre por existir no córtex parietal posterior uma fusão dessas sensações para formar uma imagem mental completa daquele objeto. Alterações em área parietal posterior podem causar distúrbios neurológicos, como agnosia, a incapacidade de reconhecer objetos. O córtex parietal posterior parece ser essencial para percepção e interpretação das relações espaciais. Noção exata do corpo, o aprendizado de tarefas que envolvam a coordenação do corpo no espaço. Envolve uma complexa integração de informações com outros sistemas sensoriais, principalmente com o sistema visual.

As alterações sensoriais podem ter um impacto significativo na vida das pessoas com autismo, implicando no seu comportamento, aprendizado, interações sociais e bem-estar emocional. Algumas pessoas podem apresentar crises sensoriais, que são reações intensas e aversivas aos estímulos sensoriais. Essas alterações podem se manifestar de diversas formas, mais comumente conhecidas como hipersensibilidade e hipossensibilidade.

Linguagem

A linguagem representa um sistema para comunicação e tem enorme impacto em nossas vidas. Nos permite transmitir ideias, sentimentos, informações e conhecimentos de forma eficaz. Serve como uma ferramenta essencial para a interação social e a construção de relacionamentos. Mais do que apenas sons, a linguagem é um sistema pelo qual sons, símbolos e gestos são utilizados para comunicação. A linguagem chega ao nosso cérebro por meio do sistema visual e auditivo, produzimos a fala e a escrita com o nosso sistema motor. Algumas alterações podem implicar prejuízos em diversas etapas do processo de linguagem, como na fala, na compreensão e na designação de objetos, essas áreas são processadas de forma anatomicamente distintas no encéfalo humano, portanto os diagnósticos são distintos.

A fala é uma habilidade primária, adquirida naturalmente, de forma audível por meio da comunicação dos seres humanos. A fala se desenvolve naturalmente em crianças expostas a um ambiente, as quais aprenderão a compreender a linguagem falada e a falar. O cérebro humano está programado para adquirir a linguagem falada por meio da imitação e da interação social. Crianças aprendem a falar sem instrução formal, absorvendo os padrões e sons da linguagem ao seu redor. Já a leitura e a escrita, por outro lado, exigem anos de treinamento formal, envolvem decodificar símbolos (letras) e associá-los a sons e significados, envolvem processos cognitivos ligados à memória, atenção e raciocínio.

A fala humana envolve uma notável coordenação de mais de 100 músculos que vão desde aqueles que controlam músculos respiratórios até os da boca e laringe, orquestrado pelo córtex motor que coordena os movimentos musculares. Quando o ar dos pulmões passa pela laringe nas pregas vocais, elas vibram, produzindo o som básico da voz, a frequência dessas vibrações determina o tom da voz. A língua, os lábios, o palato mole e outras estruturas da boca atuam moldando o som da voz, criando ressonância e produzindo os fonemas que compõem a fala.

É fascinante observar como o cérebro humano se adapta e aprende a linguagem em um período relativamente curto. A aquisição da linguagem envolve uma intrínseca interação entre áreas do cérebro, incluindo o lobo parietal, e especialmente as áreas de Broca (área motora da linguagem) e Wernicke (área da compreensão da linguagem) e estruturas subcorticais, como hipocampo (responsável pela memória).

O cérebro das crianças é altamente plástico, o que significa que é extremamente adaptável e capaz de formar novas conexões neurais. Essa neuroplasticidade é crucial para a aquisição da linguagem, pois permite que o cérebro se adapte aos padrões e sons da língua materna. Os primeiros sons que os bebês produzem são chamados de gorgolejos, que são sons vocálicos simples. Por volta dos seis meses, os bebês começam a balbuciar, produzindo combinações de consoantes e vogais, como "bababa" e "dadada". Aos 18 meses, as crianças geralmente compreendem um vocabulário de cerca de 150 palavras e podem falar cerca de 50 palavras. Entre um e dois anos de idade, a fala das crianças começa a adquirir as características da língua materna, incluindo tom, ritmo e sotaque. Aos três anos, a maioria das crianças pode produzir frases completas e possui um vocabulário de cerca de 1.000 palavras. A interação social, como conversar e brincar com adultos e outras crianças, desempenha papel crucial na aquisição da linguagem. A genética também desempenha um papel na aquisição da linguagem, embora o ambiente seja um fator mais determinante.

Raiva e agressividade

Somos capazes de distinguir diferentes formas de agressividade em seres humanos, desde a legítima defesa até atos extremos, como o assassinato. A raiva é uma emoção básica e natural e pode ser desencadeada por diversos fatores como frustrações, mágoas, dor ou estresse. A agressividade é um comportamento, uma ação que pode ser motivada pela raiva, e envolve intenção de causar dano a outra pessoa ou a si mesmo. A agressividade é multifacetada e não é um produto de apenas um sistema encefálico isolado. Um fator que influencia a agressividade, por exemplo, é o nível de hormônios androgênicos, como uso de esteroides e anabolizantes.

No passado, foram realizados diversos experimentos em animais para tentar compreender os mecanismos cerebrais da agressividade. Técnicas como a lobotomia frontal, que consistia na remoção ou desconexão de parte do lobo frontal do cérebro, foram utilizadas em humanos com o objetivo de reduzir comportamentos agressivos. Essas técnicas entraram em desuso, pois resultavam em efeitos colaterais graves, como alterações do comportamento e déficits cognitivos. Atualmente, o tratamento farmacológico é uma das abordagens mais comuns para lidar com a agressividade. Medicamentos como neurolépticos, antidepressivos e estabilizadores de humor podem ser prescritos para controlar impulsos agressivos e regular o humor. É importante ressaltar que o tratamento farmacológico deve ser individualizado e supervisionado por um profissional médico.

A serotonina é um neurotransmissor que desempenha um papel fundamental na regulação do humor, do comportamento e das emoções. Núcleos da rafe, que são grupos de neurônios localizados no tronco encefálico, produzem serotonina. Esses núcleos projetam-se para diversas áreas do cérebro, incluindo o sistema límbico, que é responsável pelas emoções, e o hipotálamo e a amígdala cerebral, que desempenham papéis importantes na resposta à raiva e à agressividade. A hipótese da deficiência serotoninérgica sugere que níveis baixos de serotonina podem estar associados a um aumento da agressividade e da impulsividade. Existem 14 subtipos de receptores de serotonina, e os subtipos 5-HT1A e 5-HT1B têm sido particularmente implicados na modulação da agressividade. Fatores ambientais e sociais, como o estresse e a exposição à violência, podem influenciar a expressão da agressividade, mesmo em indivíduos sem alterações neuroquímicas de serotonina. A combinação de tratamento farmacológico e terapia pode ser um caminho seguro e eficaz em muitos casos para redução da agressividade.

Cerebelo

Controle dos movimentos e equilíbrio são as funções mais conhecidas do cerebelo. Ele desempenha um papel crucial na coordenação de movimentos voluntários, no equilíbrio e na postura. Mas ele também participa da regulação do comportamento social e da linguagem pela coordenação de músculos necessários para a fala. Pessoas com TEA podem ter dificuldades em integrar informações de diferentes fontes, o cerebelo, particularmente a área VII-a do vermis cerebelar, desempenha um papel crucial na integração de informações sensoriais, motoras e cognitivas. Disfunções nessas áreas do cerebelo podem levar a dificuldades na coordenação e integração de informações, o que pode contribuir para os desafios de percepção e comportamento observados no TEA. Uma disfunção cerebelar pode dificultar a capacidade de uma pessoa com TEA de interpretar e responder adequadamente aos estímulos do ambiente. Isso pode levar a comportamentos considerados "inadequados" ou "incompreensíveis" para outras pessoas. Um exemplo claro é a percepção da brincadeira, e a capacidade de interpretar as intenções e os comportamentos dos outros durante uma brincadeira em grupo depende da integração dessas informações. Não sendo necessário explicar, ela observa e compreende o comportamento dos demais. Se o cerebelo não captar e integrar de forma regular, a pessoa com TEA pode ter dificuldades em compreender as dinâmicas sociais da brincadeira, levando a comportamentos repetitivos ou isolados, como a fixação em um detalhe, como a roda do carrinho.

Neurônio-espelho

A descoberta dos neurônios-espelho por Giacomo Rizzolatti e colaboradores na década de 1990 revolucionou a neurociência, oferecendo novas perspectivas sobre como o cérebro processa ações e emoções. Um experimento com macacos percebeu que alguns neurônios corticais motores disparam quando o macaco simplesmente observa o outro macaco ou até mesmo o ser humano, como alcançar, agarrar, movimentar, independentemente de ter realizado o ato ou ter só observado.

Referências

ABRAIRA, V. E.; GINTY, D. D. The sensory neurons of touch. *Neuron*, v. 79, n. 4, p. 618-639, 2013.

AMERICAN PSYCHIATRIC ASSOCIATION. *Diagnostic and statistical manual of mental disorders*, Fifth Edition (DSM-5). Arlington, VA: American Psychiatric Association, 2013.

BEAR, M. F. CONNORS, B. W.; PARADISO, M. A. *Neurociências*: desvendando o sistema nervoso. 4. ed. Porto Alegre: Artmed, 2017.

DUKE, A. A. *et al.* Revisiting the serotonin-aggression relation in humans: a meta-analysis. *Psychological bulletin*, v. 139, n. 5, p. 1148-1172, 2013.

GLICKSTEIN, M.; DORON, K. Cerebellum: connections and functions. *Cerebellum*, v. 7, n. 4, p. 589-594, 2008.

MEYER, J. S.; QUENZER, L. F. *Psychopharmacology*: drugs, the brain and behavior. Sunderland: Sinauer, 2004.

RIZZOLATTI G.; SINIGAGLIA C. *Mirrors in the brain*: how our minds share actions and emotion. Trad. Frances Anderson. New York: Oxford University Press, 2008.

CAPÍTULO 24

A importância da psicopedagogia baseada na Análise do Comportamento Aplicada (ABA)

A atuação deste profissional, o psicopedagogo, que intervém com base na Análise do Comportamento Aplicada (ABA), é servir de mediador e, assim, atenuar e extinguir os problemas inerentes da defasagem de aprendizagem enquanto melhora a qualidade de vida atual e futura por meio de intervenções com embasamento científico de maneira integral no desenvolvimento cognitivo e comportamental.

Gisele Albuquerque

GISELE ALBUQUERQUE

CEO da Clínica Singular Gisele Albuquerque Desenvolvimento Cognitivo e Comportamental, analista ABA, especialista em desenvolvimento infantil, psicopedagoga clínica e institucional, neuropsicopedagoga, psicomotricista, arteterapeuta, pedagoga, professora universitária em cursos de pós-graduação em Psicopedagogia, Neuropsicopedagogia e ABA; escritora, supervisora, mentora, discente em Fonoaudiologia, líder do comitê de educação e inclusão, Grupo Mulheres do Brasil.

Contatos: gialbuquerquepsicopedagoga@gmail.com
Instagram: @gialbuquerquepsicopedagoga
17 98829 2715

Atualmente, encontramos um elevado número de crianças diagnosticadas com transtorno do espectro autista (TEA). Pesquisas apontam que uma em cada 36 crianças de 8 anos são autistas nos Estados Unidos, o que se refere a 2,8% daquela população. O dado divulgado em 23 de março de 2023 vem da principal referência mundial a respeito da prevalência de autismo, o Centro de Controle e Prevenção de Doenças (CDC), do governo dos EUA. No Brasil, é possível que o número seja semelhante, já que nenhuma evidência indica que a prevalência seja diferente em qualquer outro país, segundo Alysson Muotri. Tendo mais de 213,3 milhões de habitantes brasileiros, de acordo com a projeção do Instituto Brasileiro de Geografia e Estatística (IBGE) para 2021, um em cada 36 habitantes equivale a 5,295 milhões. Considerando a projeção para hoje – 215,9 milhões –, basta dividir esse total por 36 e o resultado indica que o número de autistas projetado pode chegar a 5,997 milhões no Brasil.

A informação apresentada ressalta a extrema importância de compreender melhor o processo de aprendizagem de indivíduos dentro do espectro autista. Atualmente, muitas dessas pessoas ingressam em instituições de ensino onde frequentemente encontram profissionais despreparados, cuja formação acadêmica é superficial e que carecem de capacitação específica oferecida pelas instituições de ensino. Esse despreparo, combinado com o crescente número de alunos no espectro em cada sala de aula, agrava os desafios educacionais, especialmente considerando que cada indivíduo possui particularidades únicas. A singularidade de cada aluno exige materiais, abordagens e práticas inclusivas que promovam a equidade, algo que ainda está distante da realidade em muitas instituições. Diante desse cenário, torna-se essencial destacar o papel do psicopedagogo, um profissional capacitado para atuar com base na ciência Análise do Comportamento Aplicada (ABA), contribuindo significativamente para uma educação mais inclusiva e eficaz para esses alunos.

Mas o que é a psicopedagogia?

O que é psicopedagogia?

A psicopedagogia é uma área da saúde e educação que estuda, pesquisa, avalia e acompanha os processos de aprendizagem, identificando e intervindo em possíveis dificuldades.

Com qual faixa etária o psicopedagogo pode atuar e onde?

Com todas as idades, desde a primeiríssima infância até idosos, realizamos avaliações e intervenções de crianças, idosos, clínicas, hospitais, empresas, centros comunitários e escolas (Psicopedagogo Institucional).

Qual é a importância da psicopedagogia?

A psicopedagogia é essencial para identificar as dificuldades individuais dos pacientes/alunos, avaliando, levantando hipóteses e **colaborando no possível diagnóstico com informações norteadoras para tomadas de decisão dos médicos, sempre com base nos critérios diagnósticos segundo DSM-5 – TR e, obviamente, sua experiência clínica, fomentada por evidências científicas**. Ela intervém no desenvolvimento de estratégias personalizadas para que aconteça o desenvolvimento efetivo na área que se encontra em déficit ou excesso, seja ele cognitivo e comportamental.

O que é ABA?

ABA é uma sigla que se refere à expressão em inglês *Applied Behavior Analysis*. Traduzindo para o português, significa Análise do Comportamento Aplicada. Quando falamos em análise do comportamento, estamos falando sobre uma **ciência** que estuda o comportamento. A Análise do Comportamento Aplicada é uma área da ciência que tem como objetivo estudar e melhorar o comportamento humano socialmente relevante. Focar em comportamentos socialmente relevantes significa ensinar habilidades para que as pessoas sejam capazes de acessar necessidades, desejos, atividades e ambientes que promovam o seu bem-estar, se tornem independentes e capazes de participar de grupos sociais importantes.

Como é uma intervenção ABA?

O segredo do sucesso de uma intervenção ABA é a individualidade do ensino. Para uma boa avaliação e intervenção é necessário o uso de protocolos e se especializar no desenvolvimento humano. A Análise do Comportamento Aplicada (ABA) tem sido bastante utilizada na intervenção de crianças diagnosticadas com autismo, por seus bons resultados. É considerada a ciência com mais evidências para o tratamento e ensino de pessoas com TEA.

Psicopedagogia baseada em ABA

Quais conhecimentos é preciso ter?

Imagem: Natoushe | iStockphoto.

Há quatro dimensões do desenvolvimento infantil que são importantes e precisam ser observadas:

DESENVOLVIMENTO FÍSICO	DESENVOLVIMENTO COGNITIVO
DESENVOLVIMENTO SOCIAL	DESENVOLVIMENTO EMOCIONAL

O psicopedagogo que fundamenta a sua intervenção na ABA deve realizar uma avaliação dos comportamentos-alvo e que possuam relevância social para fazer parte do planejamento de ensino individualizado e, assim, focar nos objetivos, nas estratégias de ensino.

É de extrema importância a comunicação entre família, escola e outros terapeutas (caso houver), para que este plano se torne realmente efetivo e todos os envolvidos possam intervir com o mesmo objetivo. Vale ressaltar a importância do alinhamento interdisciplinar, buscando sempre respaldo nas sete dimensões da ABA que garantem as evidências científicas dos dados.

A seguir, são apresentadas as sete dimensões da ABA, segundo a obra *Some current dimensions of Applied Behavior Analysis,* de Donald M. Baer, Montrose M. Wolf e Todd R. Risley:

- **Aplicada**: seleciona os comportamentos socialmente relevantes, buscando melhorar a qualidade de vida da pessoa e dos indivíduos presentes em seu entorno.
- **Comportamental**: o comportamento é o objeto de estudo, sendo passível de observação e mensuração.

- **Analítica**: a mudança no comportamento é resultado de uma intervenção. Para isso, o profissional precisa avaliar se existe controle experimental e descobrir se foi a intervenção que mudou o comportamento.
- **Tecnológica**: os procedimentos e técnicas devem ser descritos de forma clara para que o profissional consiga implementar a intervenção.
- **Conceitual**: a mudança comportamental carece de procedimentos derivados dos princípios da ABA, o que promove o desenvolvimento de novos procedimentos para a área.
- **Efetiva**: produz o resultado desejado e melhora o comportamento.
- **Produz generalização**: o comportamento sofre generalização, sendo emitido em outros contextos fora do ambiente de aprendizado que mudou o comportamento.

Por fim, para determinar se uma habilidade precisa ser inicialmente implantada ou não, o clínico deve estabelecer objetivos de curto, médio e longo prazo, e estes devem seguir uma série de etapas até atingir a complexidade do comportamento final.

Para a análise do comportamento

Pensar, sentir, raciocinar é comportamento. São ações que nos permitem atuações científicas muito relevantes, levando à intervenção de qualidade e resultados incríveis.

Atenção. **Juntos**, todos!

O psicopedagogo baseado na Análise do Comportamento Aplicada:

- Avalia.
- Intervém.
- Registra dados, acompanha, orienta pais (treino/vídeo) e escola, e se alinha com outros terapeutas.
- Cuida do paciente/aluno e de sua família (**humanização**).
- Deve ter ética, compromisso, responsabilidade e ciência para uma intervenção eficaz. Se não houver registros, não é ABA.

Atenção: **somos singulares**.

Parceria com a escola

- O psicopedagogo realiza reuniões com os professores para entender as dificuldades, os problemas de aprendizado e comportamentais apresentados dentro da sala de aula, instruindo, então, como os professores podem contribuir e facilitar para que o aprendizado e manejo comportamental do aluno autista aconteça de maneira integral.

- O profissional também fica responsável por averiguar se a criança com TEA está sendo incluída na escola, se suas necessidades estão sendo atendidas, se o ambiente escolar é o ideal, se os professores são capacitados e também se o material didático é eficiente para que os indivíduos se desenvolvam de maneira integral, de acordo com a individualidade do aluno autista.
- Ele auxiliará na elaboração do plano de intervenção, com o objetivo de eliminar os conflitos ou problemas de aprendizagens apresentados. Esse trabalho deve ser realizado em conjunto com a instituição de ensino e os pais dos alunos (obs.: o PDI/ PEI clínico não é o mesmo escolar).
- A psicopedagogia busca fazer com que todos tenham equidade para o desenvolver integral!
- **Enquanto a igualdade busca tratar todos da mesma forma, independentemente da sua necessidade, a equidade trata as pessoas de formas diferentes, levando em consideração aquilo que elas precisam.**

Fonte: Alerta Rondônia.

Elaboração do PDI clínico, que auxilia no escolar

- Plano de intervenção.

Os objetivos escolhidos devem ser considerados.

- Características e perfil da criança.
- Resultados da avaliação.
- Prioridades da família.
- Pré-requisitos.

Planejamento da intervenção

Modelo de serviço:

- Intervenção abrangente (várias áreas do desenvolvimento – crianças pequenas, objetivos em diferentes áreas).
- Intervenção focada (adolescentes, objetivos em uma área do desenvolvimento, como habilidades sociais – Nível 1 de suporte).

Ensino incidental (o terapeuta deve ser criativo e criar motivações):

- Estratégia de ensino na qual ocorre a interação entre o adulto e o aprendiz, no contexto natural.
- A criança inicia a interação e, diante de uma iniciativa, o adulto apresenta uma oportunidade de ensino.

Ensino naturalístico:

- Estratégias para favorecer a motivação (itens de interesse, ambiente natural, onde o aluno gosta de estar, interagir e engajar).
- Estabelecimento de relações funcionais (entre comportamento e consequências que são naturais).
- Variáveis para facilitar a generalização.

Planejamento da intervenção segundo documento Casp – *The Council of Autism*

- O tratamento pode variar em termos de intensidade e duração, complexidade e alcance dos objetivos de tratamento fornecidos diretamente.
- É preciso considerar a intensidade de comportamentos-alvos e a resposta do paciente ao tratamento para delinear o modelo mais apropriado.

A psicopedagogia é uma área de atuação que lida com questões referentes ao processo de aprendizagem e surgiu da junção de conceitos entre a psicologia e a pedagogia, atuando no diagnóstico, prevenção e tratamento de dificuldades relacionadas ao aprender. Aprendemos com aqueles a quem concedemos nossa confiança e o direito de nos ensinar. O psicopedagogo deve perceber o indivíduo como um todo: orgânico, corporal e intelectual para, assim, conseguir intervir (Fernández, 1991).

Referências

BAER, D. M.; WOLF, M. M.; RISLEY, T. R. Some current dimensions of applied behavior analysis. *Journal of Applied Behavior Analysis*, v. 1, n. 1, p. 91-97, 1968.

FERNÁNDEZ, A. *Inteligência aprisionada*: abordagem psicopedagógica clínica da criança e sua família. Porto Alegre: Artmed, 1991.

MIGUEL, C. F. O conceito de operação estabelecedora na análise do comportamento. *Psicologia: Teoria e Pesquisa*, v. 16, n. 3, 2001.

NEMITZ, M. D. O fracasso escolar como objeto em disputa: memória e conhecimento. *In*: NEMITZ, M. D. Um estudo sobre o ciclo da vida do periódico Psicopedagogia – *Revista da Associação Brasileira de Psicopedagogia* (1982-2006). São Paulo, 2009. p. 32-58.

CAPÍTULO 25

A poda neural no autismo regresso

Uma breve explicação da influência da poda neural ou apoptose celular na paralização e/ou regressão dos marcos do desenvolvimento em crianças com autismo. A perda ou o retrocesso de habilidades que já possuía é o que chamamos de autismo regresso.

Gledson Cavalcante

GLEDSON CAVALCANTE

Palestrante, médico formado na Universidade Federal do Vale do São Francisco (Univasf), com residência em Pediatria e pós-graduação em Neuropediatria na Universidade Federal do Rio Grande do Norte (UFRN). Pós-graduado em Neuropediatria com experiência em Transtorno do Neurodesenvolvimento e professor do curso de medicina da Facene em Mossoró – RN.

Contatos: gledson.cavalcante1@icloud.com
Instagram: @drgledsoncavalcante
84 99956 3058

De acordo com a American Psychiatric Association, o transtorno do espectro autista (TEA) é uma desordem do neurodesenvolvimento que leva a inabilidades no campo da interação e comunicação social, associadas a um padrão de comportamento e/ou interesses e/ou atividades restritos e repetitivos, elencados no DSM-5-TR.

Nos últimos anos, já atendi mais de mil casos de autismo e/ou suspeita de autismo em crianças, tanto no ambiente do Sistema Único de Saúde, quanto no meu consultório particular. Com frequência, tenho escutado alguns relatos que estão se tornando cada vez mais comuns:

"— O meu filho falava até um ano e oito meses, mas parou de falar!".

"— Olha aqui esse vídeo do aniversário de um ano em que ele está sorrindo e batendo palmas. Mas, agora com um ano e meio, não faz mais isso!".

Em 1956, Eisenberg e Kanner fizeram um relato importante:

> Novos casos examinados incluem crianças que se desenvolveram normalmente nos primeiros 18 a 20 meses de vida. Nesse momento passaram a apresentar um retraimento severo do afeto, manifestado pela perda da função da linguagem, falha em progredir socialmente e perda gradual do interesse em atividades normais. Esses últimos casos não podiam ser diferenciados de crianças com o desligamento presente no período neonatal (p. 558).

A perda repentina, total ou parcial, das habilidades que já possuía no âmbito da cognição, comunicação, linguagem ou social é o que chamamos de Autismo Regresso. De acordo com Barger *et al.* (2013), a porcentagem de crianças que apresentam esse quadro é de 32,1%, embora outros estudos apresentem uma prevalência mais ampla que varia entre 20-40%. Eles ainda relatam que a média de idade do aparecimento foi 1,78 anos

(21,35 meses) e a variação compreendida entre 15-30 meses. Lainhart *et al.* (2002) sugeriram que esse autismo regressivo seja uma variante neurobiológica, com fatores genéticos e ambientais que não se manifestam claramente. Esse acontecimento é explicado, em partes, por um mecanismo chamado **poda neural** ou **apoptose neural** e acontece de maneira mais marcante em dois momentos na vida, que são: a) entre o primeiro e terceiro anos; b) no início da adolescência, por volta de quinze anos.

Antes de falarmos sobre o que seja a poda neural, eu gostaria de comentar um pouco sobre como o nosso cérebro é formado. Basicamente, ele é constituído por neurônios e células da glia. Enquanto as células da glia atuam em diversas frentes de trabalho (proteção, fixação, nutrição etc.), os neurônios e seus prolongamentos, chamados axônios e dendritos, são responsáveis pela formação dos chamados circuitos cerebrais, envolvidos nas nossas memórias, emoções, sentimentos e outras tantas funções. Aqui, vale ressaltar que o cérebro começa a ser formado na terceira semana de gestação e, no momento do nascimento, já temos em média 86 bilhões e cada um deles podendo fazer de 10 mil a 100 mil conexões (dependendo da região cerebral). Essas ligações entre um neurônio e outro é o que chamamos sinapses.

Após o nascimento, temos um aumento dos prolongamentos dos neurônios, assim como o aumento no número de conexões sinápticas, fazendo com que sejam formadas mais vias de comunicação (circuitos neurais). De fato, esses eventos já começam a ocorrer no último trimestre da gestação e se intensificam após o nascimento, tendo total relação com os estímulos ambientais aos quais a criança é submetida. Todo esse processo de formação de conexões/circuitos pode ser definido com o que chamamos de plasticidade neural. Ou seja, é a capacidade do nosso cérebro responder e/ou adaptar-se conforme os estímulos ambientais oferecidos, sendo mais proeminente na primeira infância até a adolescência.

Em linhas gerais, esse período é chamado de período crítico dos circuitos cerebrais. Por isso, é de suma importância a relação com os estímulos adequados em toda a vida, principalmente nos anos iniciais até a juventude. Afinal, esse cérebro em formação servirá como uma base para a arquitetura cerebral de toda a nossa vida.

Fazendo uma analogia simples: é como nascer com bilhões de linhas telefônicas na nossa cabeça e cada linha pudesse ligar ao mesmo tempo para 100 mil outras linhas e, com o tempo e estímulos ambientais adequados, esse número de ligações só aumentasse. Essas ligações de uma linha para outra chamam-se sinapses. Lembrando que, no nascimento, temos em média 300 gramas de cérebro e, no fim do primeiro ano de vida, 1 quilo.

É notório que no nascimento já temos mais neurônios (linhas telefônicas de acordo com a analogia feita anteriormente) do que é necessário.

Com isso em mente, podemos falar então sobre Poda Neural. Para isso, eu gostaria de fazer uma simples analogia: imagino que você já tenha presenciado uma poda de uma árvore, certo? Então, qual seria o objetivo de uma poda de árvore? Já parou para pensar a respeito? De praxe, nós precisamos cortar (podar) os galhos de uma árvore para que ela possa crescer de modo mais ordenado e, assim, ficar mais forte. De fato, o nosso cérebro possui um mecanismo muito similar. Esse é chamado **poda neural ou morte celular programada (apoptose neural)**. No nosso caso, a poda é uma limpeza programada das sinapses ineficientes. Ela acontece durante toda a vida, mas de forma mais intensa entre um e três anos e no início da adolescência. Essa "faxina" é executada por uma célula da glia especializada para atuar na segurança do tecido nervoso chamada micróglia.

No processo natural, as sinapses inoperantes são podadas pela micróglia e as operantes são conservadas. Com isso, há um melhoramento constante do nosso Sistema Nervoso Central, garantido pela otimização dos circuitos neurais. Entretanto, os estudos comprovam que a neuroinflamação no cérebro das crianças com TEA inativa e/ou diminui a função do principal ator dessa "faxina" que é a micróglia e, com isso, a poda sináptica torna-se ineficiente. Desse modo, ela acaba por alterar os circuitos neurais e, consequentemente, os processamentos da motricidade, da linguagem, da cognição, da sensibilidade etc.

Portanto, o autismo regresso é um tema bastante complexo e que envolve fatores genéticos e ambientais associados. Embora já tenhamos algumas evidências científicas sobre ele, os estudos vigentes não têm uma uniformidade para caracterizar como se processaria a regressão em cada área afetada. Contudo, mesmo com essa falta de padronização dos estudos, é possível notar que se trata de um acontecimento cada vez mais comum e precisamos, por meio da ciência, intensificar estudos que possam responder tais lacunas de conhecimentos. Só assim poderemos direcionar um plano terapêutico individualizado.

Referências

AMERICAN PSYCHIATRIC ASSOCIATION. *DSM-5-TR*: manual diagnóstico e estatístico de transtornos mentais. Trad. D. Vieira. 1. rev. Porto Alegre: Artmed, 2023.

BARGER, B. D.; CAMPBELL, J. M.; McDONOUGH, J. D. Prevalence and onset of regression within autism spectrum disorders: a meta-analytic review. *Journal of Autism and Developmental Disorders*, v. 43, n. 4, p. 817-828, abr. 2013.

EISENBERG, L.; KANNER, L. Early infantile autism, 1943-1955. *American Journal of Orthopsychiatry*, v. 26, n. 3, p. 556-566, 1956.

LAINHART, J. E. *et al.* Autism, regression, and the broader autism phenotype. *American Journal of Medical Genetics*, v. 113, n. 3, p. 231-237, 1 dez. 2002.

LENT, R. *et al.* How many neurons do you have? Some dogmas of quantitative neuroscience under revision. *European Journal of Neuroscience*, v. 35, n. 1, p. 1-9, 2011.

CAPÍTULO 26

Há alguém por trás do autismo

Este capítulo é um relato de experiências de antes e depois de receber o diagnóstico tardio para TEA em nossa família. Passamos a compreender a importância dessa descoberta, não esquecendo que há alguém por trás do autismo. Espero que se encontre nesta leitura, percebendo que a jornada pela conscientização do autismo deve ser trilhada com olhar atento, rede de apoio, amor e aceitação.

Graziela Soares Souza Ransan

GRAZIELA SOARES SOUZA RANSAN

Sou viamonense e moro em Porto Alegre há mais ou menos 20 anos. Pedagoga em Instituição de Acolhimento há 11 anos. Apaixonada pela Educação e pelos estudos. Especialista em Neuropsicopedagogia Clínica (2024), facilitadora em círculos de justiça restaurativa e de construção de paz (2017), especialista em Educação Especial (2016). Orientadora do Programa Nacional de Alfabetização na Idade Certa (2015). Supervisora escolar por dois anos (2011). Supervisora do Programa Acelera Brasil por um ano (2010). Formação para gestores escolares (2008). Vice-diretora escolar por dois anos (2007/2008). Especialização em Psicopedagogia Institucional (2007). Formação em Multiplicadora da Paz nas Escolas (2006). Licenciada em Pedagogia – Supervisão Escolar, Magistério das matérias pedagógicas e Anos Iniciais (2005), Curso Normal em nível médio (2001). Professora na rede Estadual de Ensino (2003 a 2014).

Contatos: grazi.ransan@gmail.com
Instagram: @grazieducaemrede

Já paraste para pensar o que te faz ir em busca de saber o porquê de sentir-se estranho ou sentir que alguém que você ama é diferente?

Tens encontrado alguma estratégia ou abordagem que tenha ajudado a ti e tua família a conviver com o espectro do autismo?

Consegues perceber o quanto as terapias de fato ajudam no progresso para uma qualidade de vida?

Reconheces a importância de ir em busca do diagnóstico? Se sim ou se não, vem comigo nessa jornada surpreendente na qual não temos respostas, é muito desafiadora, mas é cheia de amor e resiliência.

Como mãe de primeira viagem, costumava observar de forma mais atenta o meu primeiro filho; talvez por querer dar o melhor de mim e ser a melhor mãe que ele poderia ter, descobrindo suas reais necessidades e querendo suprir a todas. Tudo pela felicidade de um filho! Observava um bebê muito atento, que nos imitava, correspondia às nossas expressões, demonstrava uma coordenação motora fina surpreendente com menos de dois anos de idade; sua primeira palavra foi "água", mas tudo bem, pois até os dois anos sua fala era melhor que a minha, com os plurais e sujeitos em seus devidos lugares. Mas também aos dois anos, chegou a fase da birra e de forma muito intensa. Sempre se acalmou com o colo do papai e só dormia assim, em seu colo e como os cangurus fazem. Mamãe cantava, rezava, conversava e nada o fazia entender que era o melhor horário para ir para a cama; mas com o papai tudo ficava melhor. Talvez eu passasse minha angústia e ansiedade. Um bebê que passava o dia na escola infantil para que os pais trabalhassem e, ao chegar em casa, sempre ganhava a atenção por meio de brincadeiras e momentos oportunizados, pois demonstrava irritabilidade e pedia por essa atenção (afinal, passavam o dia longe um do outro). O primeiro pisar na grama e areia da praia foram diferentes, não queria, chorou, mas pensávamos que era algo comum, afinal, era novidade.

Nosso bebê foi crescendo e se mostrando tímido, interagindo menos com os demais bebês e se mostrava irritado ou choroso quando estava insatisfeito com algo. Aos três anos, chegou o maninho e tudo foi fluindo naturalmente e com entendimento de uma atenção bem dividida. Desde bem pequeno, demonstrava muita criatividade. Aos quatro anos, chegava em casa reproduzindo as artes que sua professora propunha nas aulas, demonstrando habilidades manuais e de noção espacial acima do esperado para sua idade. Os materiais estavam sempre à disposição e a mamãe supervisionava. Passamos a organizar a rotina com pequenos murais feitos por nós para que pudéssemos fazer algumas atividades por noite, afinal, não havia tempo para tantas coisas legais que ele desejava fazer e a ansiedade surgia. Mas algo não estava bem, pois aos seis anos a "birra" ainda estava presente, e decidimos procurar uma psicóloga. O fato de a terapia ter iniciado aos seis anos foi importante, pois acontecia ali o momento de reconhecimento individual de seus sentimentos e como lidar com eles. Como pais, também passamos a entender os sentimentos de cada um, reconhecendo a importância de nomeá-los. A rigidez comportamental foi ficando cada vez mais acentuada e causando dificuldades na rotina de todos, principalmente a dificuldade em ter motivação para realizar as tarefas para casa. Os chamados "temas de casa" não faziam sentido para ele, pois já havia "aprendido tudo" em aula. Chorava muito ao errar a escrita de algo, apagando insistentemente, buscando por perfeição. As amizades eram as mesmas de sempre, levava uns cinco meses para vincular-se à professora. Não gostava de mudar a rotina, alterar o lugar em sala de aula, o barulho lhe causava muita dor de cabeça, mudar seus pertences de lugar causava irritação, sair para a escola sem ajustar o zíper da lancheira no lugar certo o travava, dentre outras questões.

Aos 10 anos de idade, as desregulações aumentaram visivelmente e foi então que se buscou uma avaliação psicológica para entender o que estava ocorrendo, a fim de ajudá-lo a melhorar a sua qualidade de vida e da família. Foi então que veio o diagnóstico de transtorno do espectro do autismo nível 1 de suporte e altas habilidades.

Enquanto profissional da área da educação, sempre fiz a defesa de que o diagnóstico de uma pessoa não mudaria a forma como eu a trataria, ou seja, trabalharia com o meu melhor para oferecer tudo o que fosse necessário para que um aluno meu pudesse aprender. E ainda acredito nisso, pois independentemente de um diagnóstico, é preciso enxergar a pessoa que há por trás dele com suas habilidades e potencialidades. Todos podemos aprender e é fundamental termos conhecimento sobre o desenvolvimento humano para saber o que esperar de cada faixa etária. Hoje, contudo, para além desse olhar, posso dizer que sim, o diagnóstico é fundamental. A forma como ofertamos o nosso melhor precisa ser da maneira mais adequada a cada tipo de necessidade. Além disso, para o ser humano que recebe um diagnóstico, a sensação de libertação das pressões familiares e a sensação de pertencimento, respeito por si mesmo são muito grandes e fundamentais.

Ao longo do tempo, percebe-se o porquê de diversos comportamentos e com isso se constroem estratégias para lidar melhor com cada situação; os pais com relação ao desenvolvimento integral de seu filho, e as pessoas que buscam o diagnóstico passam a se descobrir e reconhecer suas potencialidades e seus limites também. **É fundamental enxergar a pessoa que há por trás do espectro e estar atento à individualidade de cada um, afinal, estamos falando sobre a diversidade humana e isso exige respeito a qualquer pessoa.**

Percebe-se que em inúmeras situações erramos com as pessoas que fazem parte do espectro do autismo, em especial nos momentos de crise, pois ficamos ansiosos por resolver a situação-problema de forma rápida e assertiva sem compreender o contexto, as causas reais e o porquê de certas reações. Por exemplo, uma criança pode entrar em crise em um momento estressor para ela, como ter de fazer aquela tarefa da escola na qual não vê sentido, e apresentar um comportamento inadequado de forma intensa que podemos julgar ser exagerado; porém, por trás da reação há algum sentimento reprimido em relação a algo que aconteceu dias anteriores sobre o qual não foi possível ter uma conversa, deixando de expressar o que estava sentindo. Diante disso, para regular-se, a criança pode entrar em seu guarda-roupa e, sem entender, você como pai ou mãe, exige que ele saia de lá. A criança chora ainda mais e sente-se pior do que já estava. Isso acontece porque, para uma pessoa que faz parte do espectro, faltam ferramentas neurológicas para lidar com os desafios. Por que trago esse relato? Para reconhecermos a importância da busca por essa jornada de conscientização do autismo, pois só será possível compreender o espectro, respeitar a forma de pensar das pessoas que estão no espectro, suas sensações em relação ao mundo à medida que entendemos que a intensidade de cada momento vivido por eles não é a mesma intensidade com a qual você vive e sente sua vida.

Sabe-se que em torno de 81% das causas do autismo está na hereditariedade, ou seja, pode ser pela combinação de fatores genéticos e estar associado aos pais da criança. Algo muito interessante que ocorre com algumas famílias é, depois de receber o diagnóstico de seu filho, passar a observar em si questões que antes eram vistas como: "Ah, ele puxou a mim!". Então, muitas das questões passam despercebidas sem relação com o espectro, porque justamente mais pessoas na família apresentam as mesmas características e comportamentos sem saber a justificativa e passam uma vida inteira com obstáculos emocionais, de relacionamento, na escola, no trabalho e em sofrimento.

Nessa busca pela compreensão de fatores estressores vivenciados por nossos filhos, passamos a fazer parte desta jornada de busca por compreender também as diferentes causas para nossos sofrimentos internos, e acabamos descobrindo muito sobre nós mesmos e nossas próprias experiências. É como se estivéssemos todos navegando juntos, aprendendo e crescendo ao longo do caminho.

Foi nessa jornada pela busca de sentido sobre tudo que permeia nossas vidas como pais atípicos que também fui em busca do meu eu e me descobri mergulhada nesse mar em plena tempestade. Porém, aos poucos, as águas ficaram mais tranquilas quando pude perceber o porquê de minhas ações e reações diante de muitos momentos de minha vida, ou seja, também faço parte do espectro do autismo. Hoje, há estudos que tratam sobre o mascaramento do autismo feminino e o quanto ele é de difícil diagnóstico justamente por este motivo.

O maior sentido dessa busca foi poder ser quem realmente sou, me respeitar em minhas limitações, sem mascarar cada vez mais e reafirmar que **há alguém por trás do autismo**. Algo muito interessante é que hoje, quando os sentimentos tomam conta de mim em uma situação estressora ou de muitos estímulos sensoriais, tenho a consciência do que está ocorrendo e, muitas vezes, consigo buscar estratégias que amenizam as dificuldades ou intercorrências durante as situações, como utilizar um abafador, sair da sala com muitas pessoas, deixar de participar de uma reunião de família se não me sinto bem para tal situação etc.

Desde que nosso menino e eu tivemos o diagnóstico de que fazemos parte do espectro do autismo, conseguimos compreender melhor nossas ações e reações; nossas limitações; o quanto o amor e o acolhimento transformam os dias difíceis em dias de esperança e acalanto. Conseguimos compreender que o nível de suporte pode perfeitamente progredir com as terapias corretas e regredir se as deixarmos de lado. O mais importante diante dessa realidade é jamais esquecer que por trás do diagnóstico existe uma pessoa que precisa ser acolhida, amada e respeitada na sua forma de pensar e sentir esse mundo, e todos aprenderemos juntos a sermos mais humanos e verdadeiramente inclusivos.

Referências

CASTRO, T. ; JESUS, L. de O. de. *Espectro autista feminino*: invisibilidade, diagnóstico e perspectiva. São Paulo: Literare Books International, 2024.

KERCHES, D. (coord.). *Autismo ao longo da vida*. São Paulo: Literare Books International, 2022.

PRIZANT, B. M.; MEYER, T. F. *Humano à sua maneira*: um novo olhar sobre o autismo. Trad. Marcelo Brandão. São Paulo: Edipro, 2023.

CAPÍTULO 27

Adolescentes no espectro autista

Desafios na transição para a vida adulta

A adolescência é um período de profundas transformações, acompanhada de desafios únicos para jovens autistas na transição para a vida adulta. Este capítulo mergulha nessa complexa jornada, explorando as barreiras e as oportunidades que marcam essa fase crucial, e as estratégias que promovem a autonomia, a inclusão e um futuro pleno, respeitando as individualidades e potencialidades de cada jovem.

José Ramirez

JOSÉ RAMIREZ

Médico Pediatra, Mestre no Transtorno do Espectro Autista (ISEP-Espanha), pós-graduando em Transtorno do Espectro Autista (CBI of Miami), capacitado em Autismo pela Certificação Thiago Castro (CTC) e certificação em Transtornos do Neurodesenvolvimento (TND). Atuante em transtornos do neurodesenvolvimento infantil, com foco no diagnóstico e seguimento de crianças e adolescentes autistas e suas comorbidades.

Contatos: drjoseramirez.consulta@gmail.com
Instagram: @drjose.ramirez
92 98417 0008

Imagine uma árvore em crescimento, com raízes profundamente ligadas ao solo, sustentada pelo cuidado constante de quem a cultiva. Mas, à medida que cresce, seus galhos se estendem buscando a luz do sol e enfrentando os ventos por conta própria. Assim é a transição para a vida adulta para jovens no espectro autista: uma jornada marcada pela passagem de uma dependência profunda na infância para a construção de uma vida mais autônoma, em que a tomada de decisões, gerenciamento de responsabilidades, rotinas e habilidades adquiridas se tornam alicerces para o futuro.

Puberdade e a nova realidade

Segundo a Organização Mundial da Saúde (OMS), a adolescência abrange o período dos 10 aos 19 anos e representa uma das fases mais complexas do desenvolvimento humano, caracterizada como uma etapa de transição entre a infância e a vida adulta com mudanças intensas e simultâneas nos âmbitos físico, emocional, social e cognitivo que podem ser vivenciadas de maneira particularmente desafiadora em adolescentes autistas devido às características únicas de seu desenvolvimento neurológico e comportamental.

No centro desse processo está a puberdade, um momento de profundas mudanças hormonais e físicas marcadas pelo crescimento acelerado e o desenvolvimento de características sexuais secundárias. São transformações que afetam diretamente a percepção que o adolescente tem de si mesmo e, para muitos jovens, essas mudanças físicas podem ser motivo de ansiedade e desconforto, muitas vezes exacerbados pela hipersensibilidade sensorial, dificultando ainda mais a aceitação do próprio corpo.

As flutuações nos níveis de hormônios desempenham um papel significativo não apenas no corpo, mas também no estado emocional, gerando mudanças bruscas de humor e aumentando a irritabilidade. Esses efeitos são frequentemente agravados pela dificuldade que muitos enfrentam para compreender e expressar sentimentos, o que pode levar a episódios de frustração e comportamentos desafiadores.

Simultaneamente, o cérebro atravessa uma fase de reorganização intensa: a poda neuronal, um processo natural em que conexões sinápticas pouco utilizadas são eliminadas enquanto as mais ativas são fortalecidas, o que é essencial para aumentar a eficiência das funções cerebrais, como memória, raciocínio lógico e regulação emocional. Outro aspecto importante é o desenvolvimento desigual entre o córtex pré-frontal, responsável por funções como planejamento, controle de impulsos e tomada de decisões, que ainda está em maturação; e o sistema límbico, que governa as emoções e a busca por recompensas, torna-se altamente ativo. No entanto, em adolescentes autistas, esse processo pode não ocorrer da mesma maneira ou no mesmo ritmo, contribuindo para dificuldades adicionais em áreas como flexibilidade cognitiva e funções executivas.

Essa fase também é marcada por uma mudança drástica na dinâmica social, na busca por identidade, influência dos pares e a pressão social para se encaixar, somada à necessidade de desenvolver autonomia. Isso pode ser esmagador para adolescentes autistas, pela complexidade das interações sociais que frequentemente são caracterizadas por dificuldades em interpretar sinais sociais e adaptar-se às expectativas não explícitas, levando a sentimentos de exclusão, reforçando a ansiedade e dificultando o desenvolvimento de habilidades interpessoais.

Desafios da escola ao trabalho

Entre as áreas mais sensíveis estão a educação, o desenvolvimento de habilidades práticas, a busca por independência e a inserção no mercado de trabalho. Enfrentar esses desafios requer estratégias que considerem as necessidades individuais de cada adolescente, proporcionando-lhes ferramentas para alcançar autonomia e integração social de maneira eficaz.

Na **área educacional**, as barreiras enfrentadas muitas vezes se relacionam com a falta de adaptações em um sistema tradicionalmente padronizado que, junto à sobrecarga sensorial causada por ruídos, iluminação inadequada ou turmas superlotadas, pode dificultar o aprendizado e aumentar os níveis de ansiedade. Além disso, as interações sociais, parte fundamental da vivência escolar, frequentemente exigem habilidades implícitas, como interpretar expressões faciais e normas sociais não ditas, que podem ser desafiadoras. Para enfrentar essas dificuldades, é indispensável a capacitação de professores sobre as características do TEA e a implementação de Planos Educacionais Individualizados (PEIs). Esses planos permitem adaptar currículos e metodologias de ensino às necessidades específicas do aluno, promovendo um ambiente de aprendizado mais inclusivo, com extensão ao desenvolvimento de habilidades práticas e sociais que preparem o adolescente para a vida adulta.

O desenvolvimento de **habilidades de vida prática** é outro pilar essencial, e muitos adolescentes enfrentam dificuldades em tarefas cotidianas, como cozinhar, manter um espaço limpo ou usar transporte público, devido a desafios relacionados à flexibilidade cognitiva e à generalização de habilidades aprendidas. Ensinar essas competências de maneira estruturada, utilizando métodos visuais e prática supervisionada, é crucial para garantir que o jovem se sinta confiante em desempenhar essas atividades de forma independente. O suporte de tecnologias assistivas, como aplicativos de organização e lembretes eletrônicos, pode facilitar a realização de tarefas complexas e promover a autonomia.

A **busca por independência** torna-se um objetivo central, contudo, precisa ser construída gradualmente, com um equilíbrio entre suporte e liberdade, incentivando o jovem a tomar decisões simples no cotidiano, como planejar uma refeição ou organizar sua rotina. Trata-se de um passo inicial importante e, à medida que ele ganha confiança, é possível aumentar a complexidade das responsabilidades, sempre respeitando seu ritmo de aprendizado. O ensino de habilidades de resolução de problemas é fundamental para lidar com situações inesperadas, e uma forma de abordar é dividir o processo em etapas claras, como identificar o problema, listar opções e avaliar consequências.

Outro desafio é a inserção no **mercado de trabalho**. Apesar de muitos possuírem talentos e habilidades únicas, as barreiras relacionadas à interação social, adaptação sensorial e falta de oportunidades inclusivas frequentemente dificultam sua integração ao mundo profissional. Para superar esses obstáculos, programas de estágio adaptados e parcerias entre escolas e empresas podem oferecer experiências supervisionadas que familiarizem os jovens com o ambiente de trabalho. Além disso, é crucial sensibilizar empregadores sobre as características do autismo, incentivando a implementação de práticas como a adaptação de espaços e a promoção de processos seletivos mais acessíveis, o que contribui para uma cultura organizacional mais inclusiva e inovadora.

Sexualidade: um caminho de descobertas

A sexualidade é uma dimensão fundamental do desenvolvimento humano que ganha destaque na adolescência, com a emergência de desejos e pulsões sexuais e a necessidade de compreensão das mudanças corporais e emocionais. Além disso, as questões relacionadas à identidade e à orientação sexual emergem com maior intensidade, vivenciadas de maneira confusa, desafiadora e, muitas vezes, angustiante, por enfrentar dificuldades em compreender normas sociais e limites relacionados à sexualidade. Esse contexto pode levar a comportamentos inadequados, como toques não consensuais, comentários inapropriados ou exploração da própria sexualidade em momentos e locais impróprios.

Há estudos recentes, como os de George *et al.* (2021) e de DeWinter *et al.* (2017), destacando que indivíduos autistas tendem a apresentar uma diversidade maior em identidades e orientações sexuais quando comparados à população neurotípica, com maior prevalência de bissexualidade, assexualidade e identidades de gênero não binárias. Isso gera reflexão sobre a importância de abordagens inclusivas e adaptadas no suporte aos adolescentes para desenvolver relações saudáveis e explorar sua sexualidade de maneira adequada por meio de uma **educação sexual adaptada**, que contemple:

- **Informações claras e diretas**: apresentando conteúdos de forma objetiva, utilizando materiais visuais, como gráficos, para explicar temas como anatomia, consentimento, comportamento apropriado e abordar conceitos como identidade de gênero e orientação sexual.
- **Enfoque em normas sociais**: ensinando o que é considerado comportamento adequado em diferentes contextos, ajudando a entender limites e evitar situações embaraçosas.
- **Discussões sobre consentimento**: reforçando a importância do consentimento em qualquer interação física ou emocional, de forma que compreenda tanto seus direitos quanto os direitos dos outros.
- **Orientação sobre privacidade**: ensinar conceitos de espaço pessoal, privacidade e locais adequados para explorar sua sexualidade, e respeitar os limites alheios.
- **Suporte profissional**: contar com o suporte de terapeutas ocupacionais ou psicólogos especializados pode ser valioso para desenvolver essas habilidades.

Impacto das comorbidades

Estudos recentes apontam que entre 70% a 80% dos indivíduos com TEA apresentam pelo menos uma comorbidade, e cerca de 40% têm duas ou mais condições coexistentes, o que complica o diagnóstico, o manejo clínico e o planejamento de intervenções. Essas condições associadas podem mascarar ou exacerbar os sintomas do autismo, dificultando a identificação precoce e precisa. Entre as comorbidades mais comuns estão: transtornos de ansiedade (entre 40% e 50%); depressão (entre 20 e 30%, especialmente prevalente em adolescentes e adultos com maior capacidade cognitiva); transtorno de déficit de atenção e hiperatividade (TDAH) (coexiste em 28% a 50% dos casos); epilepsia (afeta entre 5% e 38%, com maior prevalência em casos com deficiência intelectual); transtornos do sono, como insônia e despertares noturnos (observados em 80% dos casos, e têm impacto significativo na cognição, regulação emocional e comportamento); transtornos gastrointestinais, como constipação e dor abdominal (relatados em até 50%, contribuindo para irritabilidade e problemas comportamentais) e deficiência intelectual (entre 30% e 40%).

Suporte e planejamento

A transição para a vida adulta é um processo multidimensional que envolve novos desafios e responsabilidades, como as atividades acadêmicas, a preparação e o ingresso no mercado de trabalho, o desenvolvimento de habilidades de vida independente, a participação ativa na comunidade, a emancipação da família e coordenação de serviços especializados, que precisa ser estruturada e personalizada, considerando as necessidades únicas de cada indivíduo, promovendo a detecção precoce de necessidades, o fortalecimento de habilidades e o incentivo à vida independente para assegurar uma transição harmoniosa.

Para que essa jornada seja bem-sucedida, é essencial proporcionar apoio contínuo e individualizado, entendendo que cada jovem autista é único e pode enfrentar a transição de maneira diferente. O papel dos cuidadores e profissionais é identificar essas diferenças e adaptar o suporte às necessidades específicas.

A transição para a vida adulta não deve ser vista apenas como uma etapa cheia de obstáculos, mas como uma oportunidade para o crescimento pessoal e para o fortalecimento da autonomia. Com o suporte adequado e políticas inclusivas, os jovens no espectro autista podem encontrar caminhos para se integrar plenamente à sociedade, desempenhar papéis ativos na comunidade e construir vidas independentes e significativas. Esse processo requer um compromisso conjunto de famílias, instituições e governos, mas os benefícios vão muito além da individualidade, contribuindo para a construção de uma sociedade mais inclusiva e equitativa para todos.

Referências

BLAKEMORE, S. J. *Inventing ourselves*: the secret life of the teenage brain. New York: PublicAffairs, 2018.

COHEN, S. *et al.* The relationship between sleep and behavior in autism spectrum disorder: a meta-analytic review. *Autism & Developmental Language Impairments*, v. 6, p. 1-11, 2021.

DEWINTER, J. *et al.* Sexuality and autism: a review of literature. *Research in Autism Spectrum Disorders*, v. 35, p. 12-25, 2017.

GEORGE, R. *et al.* Sexual and gender diversity in autism spectrum disorders. *Journal of Autism and Developmental Disorders*, v. 51, n. 4, p. 1018-1034, 2021.

HOSSAIN, M. M. *et al.* Prevalence of comorbid psychiatric disorders among people with autism spectrum disorder: an umbrella review of systematic reviews and meta-analyses. *Asian Journal of Psychiatry*, v. 51, p. 102048, 2020.

LAI, M. C. *et al.* Prevalence of co-occurring mental health diagnoses in the autism population: a systematic review and meta-analysis. *The Lancet Psychiatry*, v. 6, p. 819-829, 2019.

MASI, A. *et al.* Impact of co-occurring conditions on autism diagnosis and intervention strategies. *Neuroscience & Biobehavioral Reviews*, v. 83, p. 1-10, 2017.

ORGANIZAÇÃO PAN-AMERICANA DA SAÚDE. *Saúde mental dos adolescentes*. 2020. Disponível em: https://www.paho.org/pt/topicos/saude-mental-dos-adolescentes. Acesso em: 13 fev. 2025.

SCOTT, M. *et al.* Employment and autism spectrum disorder: challenges and best practices. *Journal of Autism and Developmental Disorders*, v. 49, n. 8, p. 3137-3155, 2019.

CAPÍTULO 28

Pais atípicos

O luto do diagnóstico de autismo

O diagnóstico de autismo em um filho representa uma perda simbólica para os pais. Este texto explora o processo de luto que muitas famílias vivenciam ao receber essa notícia, incluindo negação, culpa, ansiedade e frustração. A aceitação é um processo gradual e individual. A jornada de cada família é única, e o apoio de profissionais e da comunidade é essencial para que os pais possam construir um futuro mais promissor para seus filhos.

Joyce Gouveia

JOYCE GOUVEIA

Mestranda em Psicologia pela Uninq. Psicóloga graduada pela UVA (2020), pós-graduada em Neuropsicologia pela Faculeste (2024), pós-graduanda em Neuropsicologia e Reabilitação Cognitiva pela CBI of Miami (2024-2025). Formação em Aplicadora ABA pela RB Psicologia, capacitação ABA aplicada ao TEA pela SER Psicólogo Academy, curso de avaliação bariátrica pela Udemy e curso de Perita Judicial pelo Jurisperito. Trabalha na clínica social JunTOs.

Contatos: www.psicologajoycegouveia.com.br
juntosinterdisciplinar@gmail.com
psicoljoyce@gmail.com
Instagram: @psi_joyce_
21 97882 6327

Você sabe que não existe luto apenas quando se perde uma pessoa? O luto é frequentemente associado à perda de um ente querido, mas suas manifestações vão muito além desse escopo. Para muitos pais, o diagnóstico de transtorno do espectro autista (TEA) em seus filhos representa uma perda simbólica que desencadeia um processo complexo de adaptações emocionais e sociais. Desde o momento em que um filho é concebido, os pais sonham com um futuro ideal, repleto de expectativas e planos. Quando essas idealizações são confrontadas com a realidade de uma condição atípica, o impacto emocional é profundo.

Neste capítulo, exploraremos o luto que permeia a parentalidade atípica, com foco nas experiências dos pais que enfrentam a revelação de um diagnóstico que altera suas vidas. O TEA transcende a mera definição médica, revelando-se como um universo singular de experiências e desafios. Através da lente da psicologia, entenderemos as dinâmicas emocionais e psicológicas que surgem nesse processo.

A descoberta do diagnóstico de TEA exige dos pais uma reavaliação de suas expectativas e sonhos. É crucial desenvolver intervenções psicossociais que acolham e entendam essas experiências, promovendo um espaço seguro para o luto e a reinvenção dos sonhos.

Por isso, pense na parentalidade atípica, associada a muitos significados, muitos conflitos internos, necessidade de adaptação, de ressurgimento de planos, mas, principalmente, da despedida de sonhos.

Você já ouviu falar sobre parentalidade atípica? Já ouviu falar sobre famílias com filhos neurodivergentes? A neurodiversidade, que engloba uma ampla gama de condições como autismo, TDAH, dislexia e outras, traz consigo particularidades que exigem adaptações e cuidados específicos. A parentalidade atípica vem acompanhada de uma jornada única e desafiadora, mas também repleta de amor, aprendizado e crescimento. É um termo que se refere a todas as formas de família que não se encaixam no modelo tradicional. Hoje, o luto está cada vez mais presente nessas famílias, mas vamos nos focar sobre as famílias com crianças autistas.

O luto do diagnóstico

A jornada muitas vezes começa com um diagnóstico que pode gerar uma série de emoções, desde a negação até a busca por informações. A aceitação da neurodiversidade é um processo fundamental para o bem-estar de toda a família.

O diagnóstico de autismo em uma criança marca um momento crucial na vida familiar, desencadeando transformações profundas na dinâmica parental. Os pais, inicialmente, podem experimentar a negação, a primeira fase do luto segundo Kübler-Ross. A negação pode manifestar-se na recusa em aceitar que seu filho possui características atípicas, levando a um questionamento profundo sobre suas próprias escolhas e circunstâncias.

Além da negação, muitos pais enfrentam a culpa. É comum que se perguntem se poderiam ter feito algo diferente durante a gestação ou os primeiros anos de vida do filho. Essa culpa, combinada com o preconceito e o isolamento social, intensifica o processo de luto. Os pais frequentemente se veem lutando contra a incompreensão de familiares e amigos, o que pode aumentar ainda mais seu sentimento de solidão.

O impacto emocional do diagnóstico não se restringe apenas aos pais; ele reverbera por toda a família. Irmãos podem sentir-se negligenciados, enquanto os próprios pais se veem em uma luta constante por aceitação e apoio. Essa dinâmica familiar exige uma adaptação contínua e um ressignificado dos sonhos e expectativas que antes pareciam garantidos.

É necessário adaptar-se constantemente quando se descobre um filho atípico. Há a necessidade de aceitação em limitações momentâneas, entendimento de que alguns sonhos e metas que foram pensadas para aquela criança deverão ser adiados ou replanejados, e entender que as expectativas de futuro mudam.

Impactos emocionais e psicológicos

As vivências emocionais dos pais de crianças com TEA incluem não apenas o luto, mas também uma gama de sentimentos como ansiedade, frustração e impotência. O impacto do autismo na vida cotidiana pode ser devastador. A psicanálise e a psicologia fornecem uma rica bagagem teórica para entender essas experiências, permitindo que possamos explorar as relações interpessoais e os processos inconscientes que permeiam a dinâmica familiar.

Os comportamentos da criança com TEA podem ser vistos como uma forma de defesa psíquica. Muitas vezes, esses comportamentos repetitivos e interesses restritos são tentativas de organizar um mundo interno caótico, criando um espaço previsível e seguro. Para os pais, essa realidade pode provocar uma angústia profunda, na medida em que eles se preocupam com o futuro de seus filhos e com a sua capacidade de se integrar socialmente.

A teoria psicanalítica sugere que o autismo pode ser interpretado como um reflexo de conflitos inconscientes, especialmente na relação com a figura materna. As dificuldades de comunicação e interação social apresentadas pelas crianças podem ser uma manifestação de um conflito interno entre o desejo de conexão e o medo da rejeição. Isso leva muitos pais a se sentirem incapazes de ajudar seus filhos, aumentando sua angústia e sensação de impotência.

Desafios da parentalidade atípica

A rotina familiar precisa ser adaptada para atender às necessidades específicas da criança neurodivergente. Isso pode envolver mudanças na educação, na alimentação, no lazer e na organização do ambiente.

A luta pela aceitação do diagnóstico é apenas uma parte do desafio enfrentado pelos pais. O cenário que se desenha após o diagnóstico inclui a busca por terapias adequadas, o enfrentamento de preconceitos e a luta por direitos que muitas vezes não são respeitados. No Brasil, a rede de apoio e recursos disponíveis para pais de crianças com TEA ainda é muito limitada, aumentando a sensação de desamparo.

Os pais precisam navegar por um sistema que frequentemente não reconhece suas necessidades ou as de seus filhos. O preconceito social e a falta de compreensão sobre o transtorno podem resultar em isolamento, dificultando a construção de uma rede de suporte sólida. Nesse contexto, os pais podem sentir que a responsabilidade de lutar por seus filhos recai exclusivamente sobre eles, intensificando ainda mais o luto e a frustração.

A busca por informação e apoio se torna uma jornada na qual cada conquista, por menor que seja, é celebrada, mas também acompanhada por uma constante sensação de insegurança sobre o futuro. Essa luta contínua por direitos e reconhecimento impacta profundamente a qualidade de vida dos pais, que se veem em uma batalha diária para garantir o que é melhor para seus filhos.

A falta de conhecimento e preconceito pode isolar as famílias. Encontrar um grupo de apoio e profissionais especializados é essencial para compartilhar experiências e buscar orientação.

Como lidar com o diagnóstico?

É importante permitir-se vivenciar todas as emoções que surgirem, sem julgamentos, inclusive a negação. Pode haver resistência no início por falta das informações necessárias. Os responsáveis podem sentir raiva pela não aceitação, pela frustração, pelo julgamento das pessoas sobre as crianças.

É esperado tentar buscar uma forma de concluir que o resultado está equivocado, sentir tristeza e solidão. Nesse momento, é importante buscar se rodear de bons amigos, de pais que tenham filhos atípicos e que possam entender pelo que estão passando nesse momento sem julgamentos e com informações necessárias, ou amigos que ajudem a buscar as informações.

Você pode não passar por todos os estágios citados, mas busque sempre chegar à aceitação e conseguir seguir em frente. Pais atípicos também precisam de cuidados, de psicólogos que entendam sobre atipicidade e que possam escutar sem julgamentos. Lembre-se de que, no set terapêutico, você pode falar sobre tudo.

Intervenções psicossociais

Diante desse panorama, é fundamental desenvolver intervenções psicossociais que ofereçam suporte emocional e prático aos pais. Grupos de apoio, por exemplo, podem proporcionar um espaço seguro para a expressão de sentimentos de luto, culpa e frustração. O acolhimento e a escuta ativa são essenciais para ajudar os pais a lidarem com suas emoções e a encontrarem formas de ressignificar suas experiências.

A psicanálise e a psicologia podem contribuir significativamente para a compreensão das dinâmicas familiares e das relações interpessoais. Por meio de intervenções terapêuticas, é possível explorar as complexas relações entre pais, filhos e outros membros da família, promovendo um entendimento mais profundo das experiências vividas. A construção de um ambiente familiar acolhedor e seguro é essencial para ajudar as crianças com TEA a se desenvolverem de maneira saudável.

Programas de capacitação e informação também são cruciais. Oferecer ferramentas e recursos para que os pais entendam melhor o TEA e suas implicações pode transformar a forma como lidam com o diagnóstico. A conscientização e a educação sobre o transtorno do espectro autista podem reduzir o estigma e promover uma aceitação mais ampla dentro da sociedade.

Depois do luto?

O luto que os pais enfrentam ao receber um diagnóstico de autismo para seus filhos é uma experiência complexa e multifacetada. É um processo que envolve não apenas a aceitação de uma nova realidade, mas também a reinvenção de sonhos e expectativas. Ao compreender o impacto emocional e psicológico do TEA, podemos oferecer suporte mais eficaz aos pais, ajudando-os a navegar por esse território desafiador.

A importância da aceitação e da adaptação não pode ser subestimada. Promover intervenções que priorizem a escuta e o acolhimento pode contribuir para que os pais se sintam mais seguros e apoiados em sua jornada. Ao final, cada passo dado em direção à aceitação pode abrir espaço para novos sonhos e possibilidades, permitindo que a parentalidade atípica seja vivida com mais esperança e amor.

É importante que todas as crianças cresçam em um ambiente amoroso e seguro, independentemente da composição de sua família. As famílias atípicas enfrentam desafios únicos, mas também oferecem uma riqueza de experiências e perspectivas diferentes.

Apesar dos desafios, crianças neurodivergentes possuem talentos e habilidades únicas. O apoio familiar e a educação inclusiva são fundamentais para que possam desenvolver todo o seu potencial.

Referências

FREUD, S. *Inibição, sintoma e medo*. Porto Alegre: L&PM Pocket Classic, 2016.

KÜBLER-ROSS, E. *On death and dying*. New York: Scribner Classics, 1997.

CAPÍTULO 29

A jornada que transforma

Este capítulo aborda a maternidade de crianças autistas, destacando os desafios e a força da mulher nesse papel. A mãe se torna não apenas cuidadora, mas também terapeuta, educadora e defensora, enfrentando preconceito e lutando por inclusão. A jornada de conscientização a transforma profundamente, exigindo resiliência, autocuidado, aceitação e empoderamento.

Juliana Cava Tanaka

JULIANA CAVA TANAKA

Mestra em Educação e pós-graduada em Psicologia do Desenvolvimento e da Aprendizagem. Possui MBA em *Book Publishing*, bacharelado em Psicopedagogia, bacharelado e licenciatura em Geografia. Editora e elaboradora de conteúdos didáticos há 20 anos. Autora de livros infantis e publicações sobre maternidade. Mãe de quase trigêmeas! Apaixonada pelas filhas, família, viagens, natureza, livros, maternidade, infância e a vida.

Contatos: julianacavatanaka@gmail.com
acolhaoseumaternar@gmail.com
Instagram: @julianacavatanaka
@acolhaoseumaternar

Para muitas mulheres, a maternidade é um universo de emoções intensas e expectativas variadas. Quando, no entanto, o diagnóstico de autismo se apresenta, essa experiência se transforma de maneira profunda e inesperada. O papel da mãe na vida de uma criança com autismo assume proporções que, muitas vezes, vão além do imaginado, exigindo resiliência, amor incondicional e uma profunda reinvenção de si mesma. Neste capítulo, abordaremos como a maternidade molda o caminho do autismo, como ela redefine o papel da mulher, e como a força dessa relação pode sensibilizar e transformar.

O impacto do diagnóstico: luto e renascimento

O diagnóstico de autismo pode ser devastador para uma mãe, pois ele abala sonhos, planos e expectativas. Ao receber a notícia, muitas mães experimentam uma dor que lembra o luto: a sensação de perda de uma imagem idealizada do filho e de uma maternidade previamente imaginada. Contudo, assim como o luto, esse processo abre espaço para um renascimento.

Para muitas mulheres, esse é o momento em que surge uma nova versão de si mesmas – uma mãe mais resiliente, mais informada e mais determinada. Esse caminho não é fácil, mas, a cada passo, ele revela a possibilidade de uma maternidade que transcende a norma, onde o amor é reconfigurado e ampliado.

Lembro-me de ouvir de uma mãe em uma reunião na escola das minhas filhas: “Eu precisei primeiro entender o autismo, para depois redescobrir o meu filho”. A jornada de conscientização começa aí, na quebra de paradigmas e na criação de um vínculo que não se baseia em expectativas, mas em aceitação. Esse processo de aprendizado e adaptação revela a força invisível que toda mãe carrega dentro de si, mas que só se manifesta diante dos desafios mais intensos.

A resiliência dessas mães não é simplesmente uma escolha; é uma necessidade. Cada avanço, cada sorriso e cada pequena conquista torna-se uma celebração. Em outro encontro escolar, essa mesma mãe confidenciou, com um olhar sereno: "Entendi que, ao aceitar o autismo do meu filho, estava, na verdade, aceitando a mim mesma e todas as minhas imperfeições". E essa perspectiva permite que as mães encontrem beleza nos momentos mais simples, na rotina, nas pequenas vitórias diárias que são monumentais para elas.

As várias faces da maternidade no autismo

Ser mãe de uma criança com autismo é desempenhar múltiplos papéis: mãe, terapeuta, educadora, defensora e, muitas vezes, mediadora entre o mundo do filho e o mundo exterior. Cada uma dessas funções exige habilidades diferentes e coloca à prova o equilíbrio emocional de qualquer mulher. A multiplicidade desses papéis pode ser desgastante, mas também é uma fonte profunda de aprendizado.

- **Mãe-terapeuta**: este papel exige que a mãe se torne especialista em uma área que nunca imaginou estudar. Aprende sobre terapias comportamentais, comunicação alternativa e desenvolvimento sensorial. Ela se torna a maior conhecedora das necessidades e dos limites de seu filho, desenvolvendo estratégias únicas para facilitar o desenvolvimento e o bem-estar da criança. Ela precisa estar atenta a cada detalhe, a cada nuance de comportamento, transformando sua casa em um ambiente terapêutico seguro e acolhedor.

  A mãe-terapeuta também enfrenta desafios emocionais intensos. Ela precisa lidar com a frustração de avanços lentos e, muitas vezes, com retrocessos que podem ser desanimadores. No entanto, é nesse papel que ela aprende a celebrar cada pequeno progresso, enxergando valor em momentos que, para outros, passariam despercebidos. É uma tarefa de paciência e de amor que constrói um vínculo profundo e especial.
- **Mãe-educadora**: muitas mães enfrentam o desafio de educar os próprios filhos dentro de um sistema que nem sempre compreende as necessidades de uma criança autista. Ela precisa atuar como intermediária entre a escola e o filho, garantindo que ele tenha as oportunidades que merece para aprender e crescer, mesmo em meio a dificuldades. Além de ensinar conceitos acadêmicos, também orienta a criança a entender o mundo ao seu redor e a desenvolver habilidades de vida que podem ser particularmente desafiadoras.

Em um sistema educacional nem sempre preparado para acolher a diversidade, a mãe se torna uma ponte, uma facilitadora que luta para garantir a inclusão do filho. Ela participa de reuniões escolares, sugere adaptações e defende abordagens personalizadas que respeitem o ritmo da criança. Certa vez uma amiga próxima me disse: "A escola nem sempre sabe como lidar com meu filho, então precisei me tornar uma parceira no processo educacional dele". A experiência, embora desafiadora, ensina lições de resiliência e diplomacia, mostrando como a determinação e o envolvimento de uma mãe podem transformar a trajetória de aprendizado de seu filho.

- **Mãe defensora**: a luta pelo reconhecimento e pelos direitos da criança autista é, muitas vezes, liderada pela mãe. Esta enfrenta preconceitos, quebra barreiras sociais e exige políticas inclusivas. A mãe se torna a voz que defende o direito do filho a ser aceito, respeitado e integrado. O papel de defensora vai além de atos públicos; é uma constante batalha por compreensão, que começa em círculos sociais pequenos e se estende à sociedade como um todo.

  Essa defesa incansável faz dela uma ativista por natureza. O peso de lutar por leis mais justas, por acessibilidade e por serviços especializados recai sobre os ombros dessas mulheres, que, mesmo exaustas, seguem em frente. A maternidade, nesse contexto, se torna uma missão que transcende o cuidado doméstico e se expande para um ativismo incansável. É um testemunho de como a maternidade pode se tornar um motor de transformação, tanto dentro de casa quanto no mundo exterior.

A importância da rede de apoio

Ser mãe de uma criança autista é uma experiência que pode isolar, mas também é um caminho que inspira empatia e conexão. Para muitas mulheres, o apoio de uma rede de familiares, amigos e profissionais é o que torna possível seguir adiante. Ter alguém com quem dividir os desafios e as vitórias, por menores que pareçam, é essencial.

Pedir ajuda é um ato de coragem, não de fraqueza. Muitas vezes, as mulheres são ensinadas a carregar o peso da maternidade sozinhas, mas, ao longo dessa jornada, elas descobrem que a força reside também em permitir que outros as ajudem. Essa ajuda pode vir em forma de palavras de encorajamento, de ações práticas ou de momentos em que outra pessoa assume as responsabilidades para que a mãe possa respirar.

Grupos de apoio e comunidades on-line têm se mostrado espaços valiosos, onde as mães encontram pessoas com experiências similares. Esses espaços de trocas, onde podem compartilhar medos, conquistas e conhecimentos, criam uma rede de fortalecimento mútuo que transcende barreiras. Os encontros, presenciais ou virtuais, se tornam fontes de renovação e esperança, onde a partilha de experiências gera empatia e compreensão.

O suporte profissional também é vital. Ter acesso a psicólogos, terapeutas ocupacionais e outros especialistas pode fazer toda a diferença no bem-estar emocional da mãe. Muitas vezes, a ajuda terapêutica é vista como essencial apenas para a criança, mas as mães também precisam dessa atenção. Um espaço no qual podem processar suas emoções, ansiedades e medos é fundamental para que sigam fortes. Mesmo que o caminho pareça solitário em muitos momentos, o apoio de outras pessoas que compreendem a profundidade dessa jornada oferece uma luz nos dias mais desafiadores.

O papel da mulher e o autocuidado

No contexto da maternidade de uma criança com autismo, a mulher frequentemente se vê consumida por demandas ininterruptas. Contudo, é essencial que ela também cuide de si mesma, tanto física quanto emocionalmente. O autocuidado é uma necessidade, não um luxo. Sem ele, o esgotamento emocional e físico se torna inevitável.

Muitas mães se veem culpadas ao dedicar tempo a si mesmas, acreditando que isso diminui seu compromisso com o filho. No entanto, é fundamental que compreendam que o cuidado consigo mesmas é uma forma de se fortalecer para continuar a jornada. A resiliência precisa de pausas, e o amor-próprio se torna a base para sustentar o amor ao outro. Uma mãe recarregada é uma mãe mais presente, mais paciente e mais capaz de enfrentar os desafios diários.

Exercícios físicos, momentos de meditação e até *hobbies* que tragam prazer são elementos que ajudam a restaurar a energia e a manter o equilíbrio. O papel da mulher nessa jornada é extenso e exaustivo, mas a importância de sua saúde mental e bem-estar é uma lição que precisa ser constantemente relembrada. A prática de cuidados simples, como ler um livro, caminhar ou ter uma conversa leve com uma amiga, se torna uma âncora em meio ao turbilhão do dia a dia.

O autocuidado, porém, vai além do físico. Envolve também permitir-se sentir, reconhecer suas emoções e lidar com elas sem culpa. Aceitar que é normal sentir cansaço, frustração e até tristeza faz parte da jornada. Essas emoções, quando reconhecidas, perdem a força de se tornarem um peso e se transformam em uma oportunidade de autoaprendizado e resiliência.

Maternidade e a conscientização social

Ao longo da jornada do autismo, as mães se tornam involuntariamente agentes de mudança social. Elas educam, sensibilizam e ajudam a construir uma sociedade mais inclusiva. Cada conversa sobre autismo, cada evento de conscientização e cada diálogo com educadores e profissionais de saúde contribui para uma mudança de mentalidade. Essa mudança começa em casa, mas se expande para a comunidade e além, desafiando estigmas e promovendo uma nova visão sobre o autismo que reconhece tanto os desafios quanto as potencialidades.

A conscientização que parte dessas mães vai além do ambiente familiar e das escolas. Elas compartilham histórias e insights que mostram que crianças autistas podem ter talentos únicos e perspectivas singulares. Essa troca de experiências leva a sociedade a questionar preconceitos enraizados e a buscar uma aceitação mais genuína e inclusiva. Estudando esse tema, li um depoimento de uma mãe que falava sobre sua experiência: "Cada vez que falo sobre o autismo do meu filho, sinto que estou abrindo portas para outras famílias". Essa atitude reflete uma missão de vida que vai além do bem-estar individual; é uma busca por uma sociedade em que a diversidade é valorizada.

Essas mães enfrentam o desconhecimento, o preconceito e, muitas vezes, a resistência. Mesmo assim, persistem, pois sabem que a aceitação do autismo é essencial para o futuro de seus filhos. Muitas delas se envolvem em organizações sem fins lucrativos, criam materiais educativos e usam as redes sociais como uma plataforma poderosa para disseminar informações e inspirar outras famílias. Elas compartilham suas lutas diárias, os momentos de superação e as conquistas, por menores que possam parecer, como forma de encorajar outras mães e educar o público em geral. Uma mãe com quem conversei em um evento de educação inclusiva me disse: "Percebi que, se eu não me envolvesse e não buscasse conscientizar minha família, amigos, professores e a equipe escolar, meu filho e outras crianças não teriam a chance de serem vistos como realmente são".

A maternidade, nesses casos, se expande para uma missão de transformação social, em que a conscientização e a empatia são os pilares. Essas mães se tornam verdadeiros porta-vozes de uma causa maior, engajando-se em campanhas de conscientização, palestras e até projetos de lei que possam melhorar as condições de vida de seus filhos e de outras famílias. Tornar o autismo visível e compreendido na sociedade não é apenas um desejo, mas uma prioridade. Elas se dedicam a cultivar uma nova geração que entenda que a diversidade não é algo a ser tolerado, mas acolhido e celebrado.

Além disso, o engajamento em eventos de conscientização, como caminhadas, maratonas solidárias e encontros comunitários, fortalece os laços entre mães, pais e profissionais que compartilham a mesma visão. Elas sabem que a luta pelo reconhecimento e pela inclusão é longa, mas a união das vozes cria um impacto duradouro. Cada evento, discurso e ação coletiva planta a semente da empatia e da compreensão, transformando a percepção do autismo de um obstáculo a ser superado para uma característica a ser aceita.

Lembro-me de ouvir uma mãe contando emocionada sobre o dia em que liderou uma campanha de conscientização na escola de seu filho. "Foi um desafio imenso, mas ver outras famílias se unindo e percebendo que não estavam sozinhas foi indescritível", disse ela. É nesse fervor e nesse compromisso que essas mulheres mostram como a maternidade pode ser um motor de mudança social. Conversar com elas é sentir de perto a paixão por uma luta que vai muito além do cuidado diário; é sobre criar um mundo mais justo para todos.

A cada conversa, evento e iniciativa, elas abrem caminho para um mundo onde a aceitação e o respeito se tornam parte da base de uma sociedade mais humana. Essa jornada não é solitária. É construída coletivamente por mães que, com suas ações, mostram que a verdadeira transformação começa com a coragem de compartilhar suas histórias e lutar, dia após dia, por um futuro melhor para seus filhos e para todas as gerações que virão.

Um amor que não precisa de palavras

O amor de uma mãe por seu filho autista é um amor que vai além das palavras. Em um mundo onde a comunicação pode ser um desafio, essa relação se constrói sobre gestos, olhares e conexões profundas. Muitas mães descobrem que o amor mais puro e sincero pode ser silencioso, mas não menos poderoso. "Meu filho não me diz que me ama, mas ele me mostra todos os dias", uma mãe me relatou em uma avaliação psicopedagógica. Nesse silêncio, nasce uma linguagem que transcende as convenções, em que o amor se comunica em pequenos atos de carinho, compreensão e presença. Um abraço inesperado, um sorriso tímido, um olhar de reconhecimento, esses momentos são mais valiosos do que qualquer declaração verbal. A comunicação vai além do que é dito e se manifesta em atos que podem parecer simples, mas que carregam um significado imensurável.

O amor que não precisa de palavras é um amor que ensina paciência e compreensão. Mães aprendem a observar e a interpretar os mínimos gestos, desde um toque suave na mão até uma mudança sutil no comportamento. Cada olhar, cada sorriso é como um poema sem palavras.

É nesse espaço de silêncio e observação que nasce uma cumplicidade única, uma conexão que só cresce com o tempo. Essas mães compreendem que a verdadeira expressão do amor se revela no entendimento mútuo, na empatia que transcende a fala e se torna um sentimento que é vivido e compartilhado em cada interação.

Essa forma de amor desafia os padrões tradicionais e revela que a comunicação efetiva não depende apenas de palavras, mas de um vínculo construído com base na presença e na sensibilidade. Mesmo sem diálogos longos, cada momento partilhado é um testemunho de afeto e dedicação, em que o amor se expressa de maneiras que muitas vezes passam despercebidas aos outros. A confiança mútua se fortalece nesse tipo de amor, permitindo que mãe e filho avancem juntos, independentemente dos desafios.

A jornada continua

A maternidade de uma criança autista é uma trajetória repleta de momentos de descoberta, superação e amor. O papel da mulher nessa caminhada é ao mesmo tempo individual e coletivo, pois cada mãe que se empodera e empodera seu filho está, também, pavimentando o caminho para outras famílias. Em uma devolutiva psicopedagógica, uma mãe descreveu: "Sinto que cada passo que dou, dou por nós e por todos os que virão depois de nós".

Essas mulheres, com suas lutas e conquistas, representam o que há de mais resiliente e transformador na maternidade. Ao final, percebem que a jornada de conscientização é uma jornada de amor, um amor que acolhe, aceita e transforma.

Conheci mães que, ao relatarem suas histórias, me fizeram entender que a maternidade autista é uma lição de vida que ultrapassa o cuidado; é um ato contínuo de fé, de resiliência e de um amor profundo que nunca para de crescer. É uma jornada de descobrimento mútuo, em que mãe e filho crescem juntos, aprendendo, a cada dia, a encontrar beleza no que é único e especial. As mães compartilham o conhecimento que adquirem, servindo de guia e inspiração para outras mães que iniciam suas próprias jornadas.

Ao longo dessa caminhada, a maternidade mostra que a verdadeira força está em amar profundamente, compreender sem limites e continuar, sempre, com um coração cheio de esperança e coragem. Mesmo quando o caminho se torna incerto e os desafios se intensificam, o amor materno persiste como um farol, guiando cada passo, cada decisão e cada abraço. Mãe e filho, juntos, constroem uma narrativa onde a superação é constante e o amor se redefine, provando que a maternidade autista é uma lição de vida que vai muito além do cuidado; é uma jornada transformadora; é um ato contínuo de fé, resiliência e crescimento compartilhado.

Referências

AMARAL, J. C.; LIMA, V. R. *Autismo e família*: a perspectiva materna e a redefinição de papéis. São Paulo: Contexto, 2018.

DIAS, A. F.; NASCIMENTO, R. S. *Autismo e maternidade*: desafios e conquistas. São Paulo: Vozes, 2020.

FERREIRA, J. S.; OLIVEIRA, P. G. A maternidade e os desafios do autismo: conscientização e inclusão social. *Estudos de Psicologia*, v. 36, n. 2, p. 127-141, 2022.

FONSECA, B. A. O papel das mães no desenvolvimento de crianças com autismo. *Revista Brasileira de Educação Especial*, v. 25, n. 3, p. 352-369, 2021.

MATTOS, A. C.; SOUZA, R. P. *Mulheres e maternidade no contexto do autismo*. Porto Alegre: Sulina, 2017.

OLIVEIRA, C. S. *Maternidade e empoderamento*: a luta das mães de crianças autistas. São Paulo: Cortez, 2019.

PEREIRA, L. C. Autocuidado e saúde mental para mães de crianças com autismo. *Psicologia em Revista*, v. 38, n. 1, p. 55-72, 2021.

SILVA, C. M.; RIBEIRO, M. T. *Cuidar e educar*: experiências de mães de crianças com autismo. Rio de Janeiro: Editora Fiocruz, 2019.

CAPÍTULO 30

Autismo

Entender para atender

Pais e professores: este capítulo foi pensado com muito carinho! Saber sobre autismo possibilita entender cada indivíduo que é único, garante intervenção às necessidades e contribui para que a sociedade conviva melhor com a diversidade de forma respeitosa. Conhecer e entender sobre o autismo é fundamental para atender melhor nossas crianças e adolescentes, sejam eles nossos filhos ou alunos.

Jusiana Vitali

JUSIANA VITALI

Graduada em Letras Português/Inglês e em Pedagogia; Pós-graduada em Gestão Escolar Integradora: Administração e Supervisão Escolar; Psicopedagogia; Educação Especial e Inclusiva e Neuropsicopedagogia, Formação em ABA pela Aprenda Autismo, Psicanalista pela ABPC. Desde 1996, atua no desenvolvimento humano e educacional, com crianças e adolescentes típicos e atípicos, em ambiente escolar como professora e gestora ou em consultório de Psicopedagogia, com avaliação e intervenção Psicopedagógica, além de orientação familiar e escolar.

Contatos: www.jusianavitali.com.br
jusianavitali@gmail.com
Instagram: @jusianapsicopedagoga
Facebook: jusianapsicopedagoga

Se você está lendo este livro, acredito que se interessa em conhecer mais sobre o autismo, seja pelo diagnóstico de alguém e/ou para entender, conhecer e saber lidar. Pai, mãe, profissional ou leigo que aqui está, continue neste capítulo, para entender um pouco mais sobre o espectro.

O diagnóstico do autismo é clínico, deve acontecer por meio da observação direta do paciente, coleta de informações com pais, responsáveis e escola, aplicação de escalas, questionários e protocolos padronizados de observação do comportamento. Vale saber que há manuais que regem o trabalho profissional.

DSM-5 é a sigla para *Diagnostic and Statistical Manual of Mental Disorders*, ou *Manual Diagnóstico e Estatístico de Transtornos Mentais*. Esse manual é recurso fundamental para médicos e demais profissionais da saúde, incluindo psicólogos, psicopedagogos, fonoaudiólogos, enfermeiros, terapeutas ocupacionais, bem como assistentes sociais e especialistas forenses e legais. No DSM-5, o autismo é chamado de transtorno do espectro autista, classificado como um dos transtornos do neurodesenvolvimento.

Critérios diagnósticos do TEA (DSM-5 TR)

- Déficits persistentes na comunicação social e interação social em vários contextos.
- Déficits na reciprocidade socioemocional.
- Déficits em comportamentos comunicativos não verbais usados para interação social.

- Déficits em desenvolvimento, manutenção e compreensão de relacionamentos, dificuldades em ajustar o comportamento para se adequar a diversos contextos sociais; dificuldades em compartilhar brincadeiras imaginativas ou em fazer amigos; falta de interesse pelos pares.
- Padrões restritos e repetitivos de comportamento, interesses ou atividades.
- Movimentos motores estereotipados ou repetitivos, uso de objetos ou fala (por exemplo, estereotipias motoras simples, enfileirar brinquedos ou lançar objetos, ecolalia, frases idiossincráticas).
- Insistência na mesmice, adesão inflexível a rotinas ou padrões ritualizados de comportamento verbal ou não verbal.
- Interesses altamente restritos e fixos que são anormais em intensidade ou foco (por exemplo, forte apego ou preocupação com objetos incomuns, interesses excessivamente circunscritos ou perseverantes).
- Hiper ou hiporreatividade a estímulos sensoriais ou interesse incomum em aspectos sensoriais do ambiente (por exemplo, aparente indiferença à dor/temperatura, resposta adversa a sons ou texturas específicas, cheiro ou toque excessivo de objetos, fascínio visual por luzes ou movimento).

Os sintomas devem estar presentes no período inicial do desenvolvimento (mas podem não se manifestar completamente até que as demandas sociais excedam as capacidades limitadas, ou podem ser mascarados por estratégias aprendidas na vida adulta).

Os sintomas causam prejuízo clinicamente significativo no funcionamento social, ocupacional ou em outras áreas importantes do funcionamento atual.

Prevalência do autismo: dados mais recentes

Em abril de 2025, o CDC, que é o *Centers for Disease Control and Prevention*, ou Centro de Controle e Prevenção de Doenças dos EUA, lançou um documento que mostra uma mudança na prevalência do transtorno do espectro autista (TEA): uma em cada 31 crianças de 8 anos foi identificada com TEA nos EUA, com base em números de 2022. Veja o gráfico a seguir.

Prevalência de autismo nos EUA até 2023 (CDC)
(Quantidade de diagnósticos em crianças de oito anos nos Estados Unidos)

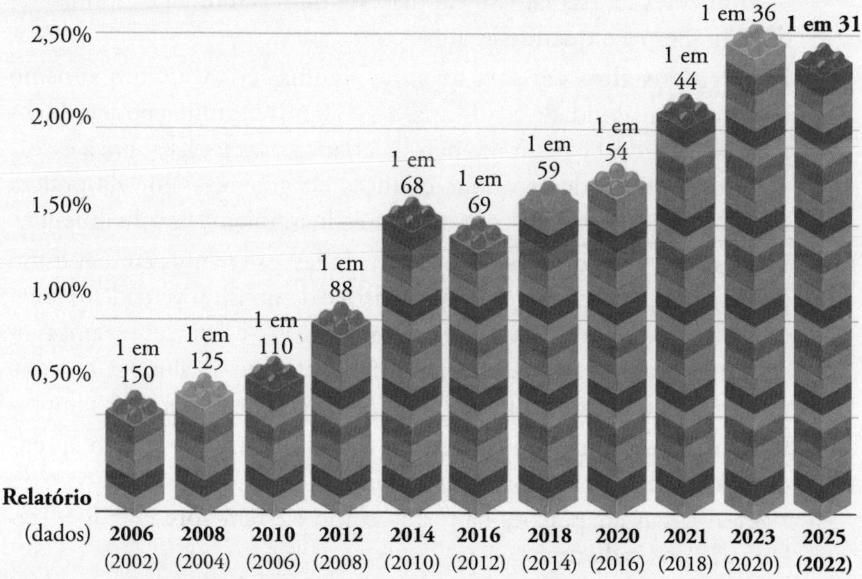

Fonte: adaptado de CDC (Centers for Disease Control and Prevention).

Diante desses dados, urge que profissionais da educação, pais e mães busquem cada vez mais conhecimento para melhor entender e atender essa demanda.

Autismo em sala de aula: orientações para professores e equipe escolar

A inclusão do autismo no ambiente escolar promove novos desafios, pois o espectro é amplo. Por isso, é fundamental conhecer cada aluno, mantendo uma comunicação aberta com a família e com os profissionais que os atendam fora da escola. Além disso, se faz necessária a elaboração do PEI – Plano Educacional Individualizado, um documento que reúne as necessidades e potencialidades do aluno.

- **Crie e mantenha uma rotina**: crianças com autismo se sentem mais seguras quando têm uma rotina previsível. Além disso, podem reagir mal a mudanças e adaptações no ambiente. A repetição de processos e atividades em sala de aula é muito benéfica para elas.
- **Busque entender**: se o seu aluno responde melhor a estímulos visuais ou auditivos, como ele interage melhor com você e com os colegas, mantenha o tratamento todos os dias, criando um padrão na forma de cumprimentar e se dirigir a ele, o que ajuda a evitar a ansiedade.

- **Promova uma adaptação ao ambiente**: antes de iniciar as aulas, peça aos familiares da criança com autismo que a leve para conhecer os ambientes da escola. Isso vai deixá-la mais tranquila e familiarizada com o espaço quando as aulas começarem.
- **Evite ruídos altos em sala de aula**: algumas crianças com autismo têm hipersensibilidade a ruídos altos e alguns barulhos podem incomodá-la. O ideal é pedir aos pais da criança para levá-la para a escola um pouco antes de as outras crianças chegarem, assim ela poderá começar a se acostumar com os ruídos do ambiente, gradualmente.
- **Use os interesses da criança nas atividades**: as crianças com autismo podem ter interesses em temas específicos e demonstrar verdadeiro fascínio por tudo que se relaciona a eles. Aproveite isso e insira esses temas em suas atividades em sala de aula para atrair a atenção do aluno com autismo e conseguir estimulá-lo a se concentrar nas tarefas por mais tempo.
- **Evite diferenciações de conteúdo**: todos os alunos precisam aprender o mesmo conteúdo em sala de aula, ainda que seja necessário fazer algumas adaptações na forma como ele será apresentado e trabalhado por cada um.
- **Dê orientações claras e use recursos visuais**: ao dar orientações para os alunos em sala, fale de forma clara e objetiva para facilitar a compreensão do que deve ser feito. Isso é benéfico para todas as crianças, não só para o aluno com autismo. Use recursos visuais e concretos para ilustrar o que você está pedindo.
- **Imagens, símbolos e fotos**: podem ser usados para mostrar aos alunos como será a rotina, ou demonstrar o caminho que irão percorrer para chegar a outro ambiente. Os recursos visuais e concretos ajudam o aluno com autismo a compreender o que se espera que ele faça.
- **Promova atividades coletivas**: elas são muito importantes para a interação dos alunos. Sempre que puder, realize tarefas, atividades, jogos e brincadeiras em grupo, incluindo o aluno com autismo. Atente-se a como ele rege nesses momentos e foque naquelas atividades com as quais ele se sinta mais integrado.
- **Estabeleça rotina com os alunos.**
- **Leve a sensibilidade sensorial em consideração.**
- **Comunique com antecedência as mudanças e as transições.**
- **Comunique-se claramente.**
- **Integre os interesses das crianças autistas na escola.**
- **Trabalhe em conjunto com os pais/cuidadores.**

Desafio	Solução
Dificuldade de entender uma pergunta em uma atividade escrita.	Simplificar o enunciado, incluir exemplos.
Não entende letra cursiva.	Manter letra bastão, introduzir lentamente a cursiva.
Ansiedade diante de avaliações.	Realizar provas em local com poucos estímulos, mais tranquilo.
Atividades incompletas.	Divida atividades em etapas menores, faça intervalos.
Dificuldades com matemática.	Permita que faça uso de material de apoio para contagem.
Pouca interação com colegas.	Incentive trabalhos em grupo, colega "tutor".

Autismo em casa: orientações para pais ou cuidadores

- **Procure ajuda especializada**: assim que suspeitar que a criança não está se desenvolvendo adequadamente, busque um especialista para ter um diagnóstico. Quanto mais cedo as crianças com transtorno do espectro do autismo (TEA) recebem ajuda, maior será sua chance de responder às terapias. A intervenção precoce é a maneira mais eficaz de acelerar o desenvolvimento de seu filho autista e reduzir os sintomas de autismo ao longo da vida.
- **Aprenda sobre o autismo**: após a confirmação do diagnóstico, é importante obter informações corretas sobre o transtorno do espectro do autismo. Por isso, informe-se com os especialistas sobre as intervenções precoces, quais são as terapias mais indicadas, escolas adequadas e como a família pode ajudar. Não tenha medo de fazer perguntas e participar de todas as decisões das intervenções e tratamentos indicados.
- **Conheça seu filho**: cada autista é único. Por isso, descubra o que desencadeia os comportamentos inadequados, o que o incomoda, o que provoca uma resposta positiva. Não foque em como seu filho autista é diferente de outras crianças, mas se esforce para aceitar a situação e celebrar suas conquistas.
- **Evite comparações desnecessárias**: o autista precisa ser amado, respeitado e aceito pelos pais e familiares de forma incondicional. Isso será fundamental para que ele se desenvolva.

- **Siga uma rotina**: os autistas precisam de horários, rotina e uma programação bem definida. Estabeleça horários para refeições, terapia, escola e hora de dormir. Tente reduzir as interrupções nessa rotina. Se houver uma mudança de horário que não dê para evitar, prepare seu filho ou filha com antecedência.
- **Recompense o bom comportamento**: o reforço positivo pode ajudar crianças com autismo a terem comportamentos mais apropriados. Por isso, os pais devem elogiar as crianças e jovens com autismo quando estes aprenderem uma nova habilidade e recompensá-lo por meio de abraço, elogio, passeio de bicicleta, ler um livro, brinquedos ou comidas prediletas.
- **Busque investir em diversas terapias**: os tratamentos comuns para o autismo incluem terapia comportamental, fonoaudiologia, terapia ocupacional e ABA, dentre outras. A criança e o jovem com autismo podem precisar de um tratamento multidisciplinar e contar com diversos especialistas. É importante averiguar o que cada autista necessita, qual é a prioridade no momento e sempre encontrar tempo para se divertir. Aqui, o papel dos pais é fundamental, uma vez que são eles que acompanham nas consultas e dão continuidade às técnicas em casa.
- **Estimule as interações sociais**: os autistas podem apresentar dificuldades ou não saber como interagir com outras pessoas. Os pais podem praticar novas habilidades sociais com o autista em vários lugares e também com pessoas diferentes. É importante que o autista realize passeios, converse sobre o que gosta ou não. A criança com TEA também deve ser incentivada a expressar seus sentimentos e descrever o que sente, quais foram os motivos para se sentir assim. Outra dica é estimular as pessoas mais próximas, como familiares, a falar com a pessoa com TEA. O autista precisa se sentir integrado, perceber que as pessoas ao redor se importam e vão interagir com ele.
- **Tenha tempo, paciência e amor**: ser pai e mãe de uma criança ou jovem com autismo pode ser ainda mais desafiador do que criar uma neurotípica. Exige mais energia, tempo, paciência e dedicação. Quem se sentir sobrecarregado, sem energia, desanimado e triste, deve buscar ajuda especializada, como a de psicólogos, para cuidar de si e de sua saúde mental. É importante que os pais saibam que não estão sozinhos nessa jornada, por isso, converse com outros pais de autistas, divida as angústias e conquistas. Todos têm a ganhar.

Situações práticas:

Troque isso	Por isso
Ele está sendo mal educado.	Ele pode estar com dificuldades em se comunicar ou expressar suas emoções.
Ele só precisa se esforçar mais.	Ele precisa de apoio e adaptação para alcançar seu potencial.
Ele vai crescer e superar isso.	O autismo faz parte da identidade de uma pessoa e deve ser aceito e valorizado.
Local de estudo dinâmico.	Local de estudo estruturado.
Brinquedos barulhentos.	Brinquedos silenciosos.
Linguagem figurada.	Linguagem direta e literal.
Ambientes bagunçados.	Ambientes calmos e organizados.
Pressa para finalizar tarefas.	Paciência e tempo extra.

Referências

ALMEIDA, M. S. R. Instituto Inclusão Brasil. *DSM-5 e CID-11 – Diagnóstico de transtorno do espectro autista*. Disponível em: https://institutoinclusaobrasil.com.br/dsm-5-tr-e-cid-11-diagnostico-de-transtorno-do-espectro-autista/ Acesso em: 26 ago. 2024.

AMERICAN PSYCHIATRIC ASSOCIATION (APA). *Manual diagnóstico e estatístico de transtornos mentais*: DSM-5-TR. 5. ed. Porto Alegre: Artmed, 2022.

BIANCO, V. G. *American Psychiatric Association (APA) publica atualização do DSM-5*. Portal Afya. Disponível em: https://pebmed.com.br/american-psychiatric-association-apa-publica-atualizacao-do-dsm-5/. Acesso em: 4 fev. 2025.

BRITES, L. Instituto NeuroSaber. *3ª imersão decifrando o autismo*. Disponível em: https://institutoneurosaber.com.br/artigos/imersao-decifrando-o-autism/. Acesso em: 14 ago. 2024.

BRITES, L. Instituto NeuroSaber. *Educação inclusiva*: como trabalhar o autismo em sala de aula. Disponível em: https://institutoneurosaber.com.br/artigos/educacao-inclusiva-como-trabalhar-o-autismo-em-sala-de-aula. Acesso em: 30 ago. 2024.

BURTON-HUGHES, L. *How to support a child with autism in the classroom*. Disponível em: https://www.highspeedtraining.co.uk/hub/how-to-support-a-child-with-autism-in-the-classroom/. Acesso em: 30 ago. 2024.

CHILD MIND INSTITUTE. Complete guide to autism. Disponível em: https://childmind.org/guide/parents-guide-to-autism/ Acesso em: 30 ago. 2024.

LEMOS, E. L. de M. D.; SALOMÃO, N. M. R.; AGRIPINO-RAMOS, C. S. Inclusão de crianças autistas: um estudo sobre interações sociais no contexto escolar. *Revista Brasileira de Educação Especial* [on-line], v. 20, n. 1, p. 117-130, 2014. Disponível em: https://www.scielo.br. Acesso em: 20 out. 2020.

MCSTAY, R.; TREMBATH, D.; DISSANAYAKE, C. Raising a child with autism: a developmental perspective on family adaptation. *Curr Dev Disord Rep 2*, 65-83 (2015). https://doi.org/10.1007/s40474-014-0037-z. Disponível em: https://link.springer.com/article/10.1007/s40474-014-0037-z/. Acesso em: 30 ago. 2024.

ORGANIZAÇÃO PAN-AMERICANA DA SAÚDE. Versão final da nova Classificação Internacional de Doenças da OMS (CID-11) é publicada. Disponível em: https://www.paho.org/pt/noticias/11-2-2022-versao-final-da-nova-classificacao-internacional-doencas-da-oms-cid-11-e. Acesso em: 4 fev. 2025.

PEDAGOGIA AO PÉ DA LETRA. A inclusão de alunos autistas em salas de aulas. 2018. Disponível em: https://www.pedagogiaaopedaletra.com/inclusao-alunos-autistas-sala-de-aula/. Acesso em: 4 fev. 2025.

RUSSO, F. *Como os pais podem ajudar no desenvolvimento do autista*. Neuro+Conecta. Disponível em: https://neuroconecta.com.br/como-os-pais-podem-ajudar-no-desenvolvimento-da-crianca-com-autismo/. Acesso em: 30 ago. 2024.

CAPÍTULO 31

O brincar como ferramenta de motivação em programas de Análise do Comportamento Aplicada (ABA)

O capítulo destaca o brincar como uma estratégia poderosa em intervenções de ABA, promovendo motivação e engajamento. Apresenta o brincar como ferramenta para desenvolver habilidades sociais, motoras, cognitivas e de comunicação, com foco no uso de reforçadores naturais e condicionados. Também enfatiza a participação dos pais e a importância de respeitar o ritmo e os interesses da criança.

Kelly Nisiharu e Maria Augusta Alves

KELLY NISIHARU

CRP 06/136092

Psicóloga especialista em Educação, Psicopedagogia, Psicomotricidade e Neurociências com ênfase em Práticas Pedagógicas pela Universidade Salesiana de São Paulo; em Acessibilidade, Diversidade e Inclusão pelo Instituto Superior de Educação. Especialista em Gestalt pelo InstitutoMéritus, Neuropsicologia pelo CBI of Miami, Análise do Comportamento Aplicada pela ABAEDU/PUC-GO. CEO da Interdiálogos.

Contatos: interdialogos@outlook.com
Instagram: @psicokelly.nisiharu
@interdialogos

MARIA AUGUSTA ALVES

CRP 06/103537

Psicóloga formada pela Universidade Salesiana de São Paulo. Especialista em Psicologia Analítica pela PAEEON SJC. Neuropsicóloga e Psicopedagoga Clínica Institucional pelo Grupo UNINTER. Pós-graduada em Psicologia Positiva e Análise do Comportamento Aplicada – *Applied Behavior Analysis* (ABA) pela UNYLEYA de Brasília. Coordenadora do Programa Federal Criança Feliz SLP 2016/2022. CEO da Interdiálogos.

Contatos: interdialogos@outlook.com
Instagram: @m.augusta.alves
@interdialogos

A oitava dimensão da Análise do Comportamento Aplicada e o brincar

Embora a ciência ABA tradicional use procedimentos mais estruturados, práticas recentes vêm reconhecendo a importância do brincar como um meio de desenvolvimento de habilidades sociais, cognitivas e emocionais de maneira lúdica, fluida e envolvente, visando à promoção da oitava dimensão da ABA nas intervenções.

Nos últimos anos, houve um movimento crescente para acrescentar a compaixão como uma dimensão adicional na Análise do Comportamento Aplicada (ABA). Essa abordagem visa humanizar ainda mais as práticas da ABA, que tradicionalmente se baseava em sete dimensões definidas por Baer, Wolf e Risley em 1968.

A proposta sugere que, além da eficácia técnica das intervenções, é fundamental garantir que os profissionais tratem os indivíduos com respeito, empatia e cuidado. De acordo com LeBlanc, Taylor e Marchese (2019), a compaixão é um componente crucial que deve ser levado em consideração durante a prática ABA, garantindo uma abordagem mais ética e centrada no bem-estar emocional do aprendiz. Eles destacam que esse aspecto se alinha à necessidade de oferecer cuidados baseados em evidências, mas com uma sensibilidade maior às experiências humanas individuais.

O brincar como ferramenta de motivação e engajamento

Um dos principais desafios nas sessões de ABA é conseguir manter a criança motivada e engajada, principalmente em atividades que demandam maior esforço ou períodos prolongados de atenção.

A motivação pode ser entendida como o desejo interno da criança de participar de uma atividade ou completar uma tarefa, geralmente influenciada por estímulos externos. Já o engajamento refere-se ao nível de envolvimento ativo da criança em uma atividade ou interação, o que é essencial para que o aprendizado ocorra de maneira significativa. Quando existe motivação, a criança participa mais ativamente das atividades, tem mais chances de consolidar novos comportamentos e aumentar habilidades, tornando as interações mais agradáveis e produtivas para todos os envolvidos.

Por outro lado, a ausência de motivação pode levar à recusa de participar das atividades, à frustração e, inclusive, ao aumento de comportamentos desafiadores, dificultando o progresso terapêutico. Levando isso em consideração, podemos introduzir ao momento de brincadeira reforçadores para o ensino e ganho de habilidades.

Reforçadores naturais e condicionados

Na ciência ABA, os reforçadores desempenham papel central para incentivar comportamentos desejados. Eles podem ser divididos em dois tipos principais:

- **Reforçadores naturais**: são as consequências que ocorrem de forma espontânea após um comportamento, aumentando a probabilidade de que ele se repita. Por exemplo, em uma brincadeira de pique-esconde, encontrar o amigo pode ser uma recompensa natural, tornando a atividade em si motivadora.
- **Reforçadores condicionados**: são estímulos que ganham valor reforçador através da associação com experiências positivas ou reforçadores naturais. Elogios, aplausos e interações sociais podem ser exemplos de reforçadores condicionados. Por exemplo, em um jogo de empilhar blocos, um "Muito bom!" dito pelo terapeuta pode incentivar a criança a continuar, especialmente se ela já associar elogios a experiências prazerosas.

Saber utilizar os reforçadores facilitará para os terapeutas, pais e educadores que querem tornar o momento do brincar mais rico e repleto de situações que favorecem a aprendizagem, a afetividade e a compaixão.

Utilizando o brincar para ensinar habilidades

O brincar é um momento muito rico no desenvolvimento de habilidades básicas, funcionais, autocuidado, socioemocionais, cognitivas, de comunicação e linguagem, entre outras tão importantes para a criança.

Por isso, saber como aproveitar ao máximo as brincadeiras irá tornar ainda mais rico e significativo o aprendizado.

- **Análise de preferências**: é a avaliação que ajuda entender os interesses da criança em relação aos brinquedos e atividades lúdicas para que possam ser usadas como motivadoras e reforçadoras. Isso irá aumentar a probabilidade de engajamento durante as atividades e intervenções, além de fortalecer o vínculo terapêutico ou familiar. A avaliação de preferências pode ser conduzida usando o método de múltiplos estímulos sem reposição (MSWO). Por exemplo: cinco itens são apresentados à criança ao mesmo tempo. Ela escolhe um item, e esse item é retirado. Os itens restantes são rearranjados, e a criança faz novas escolhas, repetindo o processo até que todos os itens tenham sido escolhidos ou ignorados. O terapeuta ou a família registra a sequência das escolhas e, com base nas escolhas da criança, percebe-se quais itens podem ser considerados como os mais eficazes para reforço e próximas sessões de intervenção ou de brincadeira. O terapeuta ou os pais podem usar esses itens como forma de reforçar os comportamentos-alvo, como participação em atividades ou seguir instruções. Isso cria uma associação positiva entre as habilidades ensinadas e o tempo de brincar.
- **Brincadeira funcional**: são atividades em que o aprendiz faz uso apropriado de brinquedos e objetos, atribuindo uma função a eles. Por exemplo, empurrar um carrinho na pista em vez de apenas pegá-lo para girar sua roda. O brincar funcional também é uma maneira lúdica de ensinar habilidades específicas para o aprendiz, como as habilidades motoras finas, de linguagem e de comunicação social. Outro exemplo: ao brincar de casinha, você pode ensinar de uma maneira envolvente e prática habilidades de autocuidado e atividades da vida diária, como colocar roupas ou preparar comida imaginária.
- **Brincadeira simbólica**: o aprendiz usa um objeto para representar outro, como fingir que uma colher é um avião. Isso pode ser uma oportunidade para ensinar a imitação, habilidades de linguagem e comportamentos relacionados à criatividade e flexibilidade cognitiva. Use cenários imaginários para incentivar a criança a seguir uma narrativa, criar diálogos e desenvolver habilidades socioemocionais.
- **Brincadeira social**: envolve a interação com outras crianças ou adultos durante a atividade lúdica. Integrar esse tipo de brincadeira ajuda a promover habilidades sociais importantes, como comunicação, troca de turnos, cooperação, resolução de conflitos e compartilhar. O *role-play* ou jogos de faz de conta podem ser usados para praticar

interações sociais, como fazer perguntas, responder, seguir regras e imitar comportamentos sociais apropriados.

- **Modelagem e intervenção por meio de brinquedos**: usar brinquedos para modelar comportamentos apropriados e ajudar o aprendiz a generalizar as habilidades aprendidas em diferentes contextos. Por exemplo, ensinar a pedir ajuda enquanto monta blocos ou a fazer escolhas entre dois brinquedos.
- **Facilitar brincadeiras guiadas e independentes**: à medida que a criança progride, gradualmente ofereça mais oportunidades para o brincar independente. Isso ajuda a transferir o controle do terapeuta para a criança e promove a generalização das habilidades aprendidas em contextos mais formais. Por exemplo, se a criança aprendeu a seguir instruções em um ambiente clínico, insira essas instruções durante o brincar em casa ou na escola, assim ela aprende a transferir a habilidade para um contexto mais natural.
- **Manter o equilíbrio entre estrutura e flexibilidade**: apesar de a ABA geralmente envolver uma estrutura, é importante saber ser flexível durante o brincar. Permitir que a criança conduza a brincadeira e faça escolhas ajuda a promover a autonomia e o prazer, além de aumentar o engajamento. Por isso, é importante manter as diretrizes e objetivos claros, mas permitir um espaço para a criatividade e a espontaneidade.
- **Monitorar e ajustar o progresso da criança**: aproveite para observar o progresso da criança durante o momento de brincar, como, por exemplo, medir a frequência de comportamentos desejados, o tempo de permanência em cada brincadeira e atualizar a avaliação de preferências.
- **Incentivar a participação da família**: para os terapeutas e educadores, tenha a família como parceira, incentive-os a incorporar brincadeiras em casa, para que as habilidades aprendidas na terapia possam ser praticadas em diferentes ambientes. Além disso, é importante orientar sobre a importância do brincar para estimular habilidades básicas, sociais, emocionais e de comunicação.

Exemplos práticos

Caso 1

Objetivo: estimular a comunicação.

Contexto: J. C., uma criança de cinco anos diagnosticada com TEA, demonstra interesse em blocos de montar. Durante as sessões de ABA, a terapeuta percebe que ele gosta de empilhar os blocos, mas frequentemente brinca de forma isolada e não tenta se comunicar ou compartilhar a experiência com os outros.

Intervenção: a terapeuta decide utilizar os blocos como ferramenta para ensinar habilidades de comunicação funcional e social. Durante a brincadeira, ela estabelece pequenas pausas estratégicas:

1. Ela segura uma peça do bloco e espera que J. C. faça um pedido, como apontar ou vocalizar "bloco".
2. Quando ele faz a solicitação, ela reforça positivamente com entusiasmo: "Muito bem! Aqui está o bloco azul!".
3. A terapeuta também modela frases curtas, como "Vamos construir!" ou "Bloco grande!", incentivando-o a imitar.

Resultados: com o tempo, J. C. começa a usar palavras simples para pedir peças específicas e, eventualmente, inicia interações espontâneas para mostrar suas construções. Além de aprender novas palavras, ele se torna mais engajado e disposto a colaborar durante as sessões.

Sugestão para os pais: essa atividade pode ser replicada em casa. Os pais podem incorporar variações, como "Quem constrói a torre mais alta?" ou "Que tal fazer um castelo juntos?", sempre incentivando a interação e a comunicação.

Caso 2

Objetivo: aprender a imitar com brincadeiras de espelho.

Contexto: M. S., uma criança de três anos, está desenvolvendo habilidades básicas de imitação, mas ainda não reproduz ações simples de forma consistente.

Intervenção: a terapeuta brinca de "Espelho Mágico" com M. S.:

1. Ela começa com ações simples, como bater palmas, tocar o nariz ou levantar os braços, incentivando-o a copiar.
2. Após cada tentativa de imitação bem-sucedida, ela reforça positivamente com aplausos ou comentários como: "Muito bom! Você conseguiu!".
3. Gradualmente, ela introduz movimentos mais complexos, como girar ou pular.

Resultados: M. S. começa a reproduzir gestos simples e, com o tempo, passa a copiar ações mais desafiadoras. Essa habilidade é fundamental para o aprendizado de outras competências no futuro.

Sugestão para os pais: os pais podem usar músicas ou rimas para tornar a brincadeira mais divertida, como "Se está contente, bata palmas".

Considerações finais

Na Análise do Comportamento Aplicada (ABA), a integração do brincar é uma estratégia eficaz que visa tornar as intervenções naturais e motivadoras, especialmente no desenvolvimento de crianças com autismo e outros transtornos do neurodesenvolvimento.

Incorporar objetivos terapêuticos ao brincar permite que as habilidades sejam desenvolvidas de forma natural e prazerosa, aumentando o engajamento e a motivação. Além disso, as brincadeiras oferecem oportunidades para fortalecer os vínculos entre a criança e os adultos, como pais e terapeutas, promovendo um ambiente de aprendizado mais positivo e acolhedor.

Referências

BAER, D. M.; WOLF, M. M.; RISLEY, T. R. Some current dimensions of applied behavior analysis. *Journal of Applied Behavior Analysis*, v. 1, n. 1, p. 91-97, 1968.

COOPER, J. O.; HERON, T. E.; HEWARD, W. L. *Applied Behavior Analysis*. 2 ed. Upper Saddle River, NJ: Pearson Education, 2007.

LEAF, J. B. *et al.* Applied behavior analysis is a science and, therefore, progressive. *Journal of Autism and Developmental Disorders*, v. 46, n. 2, 2016. DOI:10.1007/s10803-015-2591-6. Disponível em: https://www.researchgate.net/publication/282038509_Applied_Behavior_Analysis_is_a_Science_and_Therefore_Progressive. Acesso em: 28 mar. 2025.

LEBLANC, L. A.; TAYLOR, B. A.; MARCHESE, N. V. Compassionate care in applied behavior analysis. *Behavior Analysis in Practice*, v. 12, n. 4, p. 46-61, 2019.

CAPÍTULO 32

Saúde bucal e autismo

Inclusão necessária

Neste capítulo, apresentaremos a odontologia como rotina para os indivíduos com transtorno do espectro autista (TEA), cuidados orais diários e a importância das visitas periódicas ao consultório odontológico. Essas informações têm como objetivo diminuir ou evitar eventuais problemas bucais e sua repercussão na qualidade de vida dos pacientes com TEA.

Lidiane Cavalcante Vanderlei

LIDIANE CAVALCANTE VANDERLEI

Cirurgiã-dentista graduada pela Universidade de Fortaleza (UNIFOR, 2002). Pós-graduada em Odontologia para Pacientes com Necessidades Especiais pela Faculdade Israelita de Ciências da Saúde Albert Einstein (2024). Habilitada em Sedação Consciente com Óxido Nitroso – Grupo Nitro RJ (2007) e em Laserterapia para Dentistas pelo Instituto Einstein (2023). A dedicação voltada ao acesso à saúde bucal dos autistas ainda na infância levou à coordenação do "Projeto Sorriso Bonito – Saúde Bucal e Inclusão", em Roraima, pioneiro em realizar atendimentos odontológicos e atividades de prevenção e promoção em saúde bucal a pacientes atípicos e com envolvimento de seus familiares.

Contatos: www.risattaodontologia.com.br
lidicv123@gmail.com
Instagram: @doutoralidiane
95 3626 0777

O que fazemos repetidamente fazemos bem. A prática constante é o caminho para a maestria.

Ralph Waldo

Os atendimentos odontológicos

Nas experiências durante o tratamento no consultório do dentista, destaca-se o comportamento dos cuidadores: até que ponto eles entendem a consciência da importância da saúde bucal do portador do TEA?

Fica a sensação de que os acompanhantes necessitam de suporte e orientações tanto previamente, no que se refere à prevenção, quanto durante, ou seja, saber o que está sendo realizado durante a consulta; e também após o atendimento, recebendo orientações sobre como manter a boca do portador limpa e saudável.

É importante que o cuidador tenha informações sobre os cuidados diários da cavidade oral do indivíduo, evitando complicações bucais que possam comprometer a saúde do paciente de forma sistêmica.

Infelizmente, antes, durante e após o diagnóstico do autismo, as famílias procuram diversos profissionais dc saúde como neurologistas, fonoaudiólogos, terapeutas ocupacionais, entre outros, mas o cirurgião-dentista não está incluso na maior parte das consultas de rotina desses pacientes.

Assim, contribuir com este capítulo é celebrar um passo importante para despertar e consolidar a necessária inclusão da odontologia e todo seu benefício nesse mundo azul.

A saúde começa pela boca

A saúde bucal é essencial para todos nós e deve ser encarada como prioridade quando o assunto é evitar sofrimento desnecessário e promover uma vida saudável e confortável.

A inserção de cuidados bucais na rotina de indivíduos com TEA vai além da estética ou prevenção de cáries. Esse cuidado desempenha papel fundamental no bem-estar geral do próprio paciente e no cotidiano salutar de todas as famílias.

Indivíduos com TEA podem apresentar maior risco de problemas bucais devido a comportamentos específicos, como, por exemplo, dieta com alto consumo de alimentos açucarados, procedimentos de escovação deficiente devido a coordenação motora e alterações neurológicas, além da resistência à cooperação durante a execução das orientações de higiene, o que torna necessário utilizar técnicas odontológicas preventivas e terapêuticas para a adequação e a promoção da saúde bucal.

Tratando-se de doenças da cavidade bucal, a mais significativamente presente é a gengivite, inflamação que acontece principalmente pela má higiene oral.

Dieta mais equilibrada, escovação eficiente, uso de fio dental e visitas regulares ao consultório odontológico são as principais manobras para a manutenção da saúde bucal.

Na era digital em que nos encontramos, os pais ou cuidadores podem recorrer às boas ferramentas voltadas para a odontologia. Estamos falando da cartilha *Vamos ao dentista,* da autora e pesquisadora Adriana Zink. A cartilha traz informações relacionadas a odontologia e pacientes autistas que vale a pena conferir.

Outra manobra que auxilia durante a escovação, já que a maioria dos portadores do TEA são acompanhados pelos cuidadores durante essa higiene bucal, é a cronometragem do tempo de escovação, em que o responsável mantém a escovação do portador por aproximadamente dois minutos. Essa manobra ajuda o indivíduo a entender a duração da tarefa que é a escovação.

Outra boa ferramenta para auxiliar na qualidade da escovação é montar um mural com fotos com os materiais usados no momento da higienização, exibindo como cada etapa da escovação deve ser realizada. Essa técnica facilitará a cooperação no momento da higienização oral.

Nessa etapa, a participação de pessoas de confiança do assistido mostra ter efeitos favoráveis e ajuda os pais e os profissionais na abordagem.

Um exemplo de aplicação dessa técnica é na compreensão de como fazer a higiene oral. O objetivo é que o autista repita os bons comportamentos da pessoa de confiança. Após a realização de cada etapa com sucesso, o cirurgião-dentista deve elogiar o paciente, levando-o a entender que sempre que cooperar com o atendimento, terá uma recompensa positiva.

O paciente TEA no consultório odontológico

No contexto do tratamento odontológico no consultório, uma das formas de minimizar as dificuldades para realização dos procedimentos é a familiarização com o ambiente desde pequeno, ser acompanhado pelo mesmo profissional e equipe e, preferencialmente, nos mesmos dias e horários.

Ressaltamos também a importância de a equipe odontológica ser capacitada para gerenciar crises, estando assim preparada para lidar com as possíveis respostas típicas aos estímulos sensoriais da melhor forma possível.

Uma parcela significativa dos Portadores do TEA não consegue assimilar emoções, isto é, não são capazes de reconhecer prontamente suas emoções e as emoções dos outros e, por esse motivo, não conseguem criar conexão com pessoas que não sejam aquelas do convívio direto da sua rotina. Assim, a individualização do atendimento por toda a equipe de saúde bucal a fim de proporcionar um maior acolhimento e humanização no consultório minimiza traumas e medos, frutos de atendimentos anteriores que podem dificultar o tratamento odontológico portadores do TEA.

O atendimento do paciente TEA sempre exigirá do cirurgião-dentista capacidades técnicas e habilidades de manejo, já que sinais e sintomas de ansiedade e medo influenciarão diretamente a evolução de qualquer atendimento.

Um fator importante sobre esse grupo de pacientes é a rotina que vivenciam os portadores do TEA, não assimilando bem mudanças. Por esse motivo, ir ao consultório dentário muitas vezes é um problema muito sério para os pais ou cuidadores, podendo se tornar um momento de agitação e irritabilidade para o paciente autista.

Por manifestar desordem em sua atitude perante mudanças, o cirurgião-dentista precisará adaptar seu consultório e consulta durante o atendimento, visando facilitar e melhor conduzir o tratamento odontológico desses pacientes.

Outra informação que deve ser entendida é que o paciente autista precisa ser acompanhado por uma equipe multidisciplinar, formada por fisioterapeutas, psicopedagogos, médicos e terapeutas comportamentais, capazes de ajudar com suas dificuldades diárias.

Em alguns casos, ao entrar no consultório dentário, o paciente se nega a colaborar com as manobras necessárias para um bom atendimento e age de forma agressiva.

Uma das hipóteses para este comportamento é o fato de, por insegurança, os pais demonstrarem preocupação e ansiedade diante do profissional dentista, o que é percebido pelo autista.

Os responsáveis muitas vezes não têm estímulos para levar o paciente às visitas ao dentista, visto que sua rotina já é complexa, e acabam adiando essas visitas tão necessárias ao bem-estar do paciente.

Por esse motivo, é necessário que o cirurgião-dentista tenha um diálogo direto e positivo com a família, explicando a necessidade de apoio familiar e transmitindo segurança tanto para o paciente quanto para a família como um todo.

Para que a experiência odontológica seja positiva, profissionais e familiares devem estar conectados. Assim, o paciente se sente confortável e o vínculo profissional-paciente-família é iniciado.

Abordagens para os pacientes com TEA

Na maioria das vezes, é necessário que o profissional dentista recorra a algumas ferramentas para que seu atendimento seja bem-sucedido junto a portadores de necessidades especiais.

Existem algumas abordagens válidas que podem auxiliar no atendimento, pois são capazes criar segurança e empatia tanto para o paciente quanto para seu acompanhante.

Na primeira consulta, é muito importante que tudo esteja preparado para receber o paciente com TEA. É ela que vai formatar os próximos atendimentos. Nela, é ideal que haja o processo de experimentação por parte da equipe odontológica: observar o paciente como um todo, suas reações quando se refere ao novo ambiente, sua aceitação, a luminosidade da luz elétrica, se cabe no local som ambiente ou não.

É nesse momento que deve ser feita uma anamnese completa para verificar as indicações médicas, o uso de medicamentos, os interesses do paciente, qual o melhor método para manter a comunicação, as experiências anteriores e se será preciso aplicar ou não sedação.

Não é interessante que o paciente ultrapasse 15 minutos na sala de espera. O atendimento deverá ser breve e o mais organizado possível.

Nessa primeira consulta ao dentista, é válido quando o paciente já foi apresentado à terapia de Análise do Comportamento Aplicada (ABA) em que aprende habilidades específicas, em etapas, para pacientes autistas. Assim, durante o atendimento, os bons comportamentos no consultório também são influenciados e recompensados, já os indesejáveis são ignorados e desencorajados.

A pedagogia visual é uma ferramenta interessante e fundamentada de forma positiva em estudos científicos. Ela tem o propósito de criar comunicação não verbal, pois o diálogo ocorre por meio de figuras, vídeos, mídias eletrônicas e histórias com situações que se assemelham àquelas pelas quais o paciente passará.

Outro método que pode ser utilizado pelo cirurgião-dentista é tratamento e educação para autistas e crianças com limitações relacionadas à comunicação, também conhecido como TEACCH. Neste, fundamenta-se o princípio de que o ambiente necessita de organização rotineira e atividades ordenadas com estímulos corporais, sonoros e, especialmente, visuais, com figuras da sequência do processo que será realizado.

Mais uma boa ferramenta de comunicação a ser utilizada pelo cirurgião-dentista no consultório é o sistema de comunicação por troca de imagens, ou método do PECS.

Nessa técnica, que pode também ser utilizada no dia a dia, o paciente aponta para imagens que exibem o que ele deseja, afunilando a comunicação entre ambos. É um recurso muito utilizado com pacientes autistas que não desenvolveram a comunicação verbal, mas que são capazes de se expressar por meio das ferramentas oferecidas pelo PECS.

As abordagens psicológicas utilizadas na odontopediatria também são boas ferramentas a serem utilizadas nas consultas dos pacientes autistas.

E ainda, para ajudar a melhorar a qualidade do atendimento durante a consulta, aumentar a independência e melhorar o desenvolvimento da comunicação, é possível que o cirurgião-dentista utilize outras técnicas durante o atendimento odontológico, que são técnicas verbais e não verbais que funcionam da seguinte maneira:

As técnicas verbais devem ser usadas quando o usuário apresentar um nível de cognição compatível com o entendimento sobre o processo. São elas:

- **Dizer-mostrar-fazer**: o cirurgião-dentista explica para o paciente o passo a passo do procedimento, faz uma demonstração e, em seguida, realiza-o.
- **Reforço positivo**: no momento em que o paciente apresentar bons comportamentos, o profissional reconhece e o recompensa com elogios, expressões faciais agradáveis e/ou prêmios. Isso motiva a criança a continuar colaborando com o atendimento.
- **Distração**: quando alguma ação que provoca medo for realizada, o cirurgião-dentista distrai o indivíduo, levando-o a pensar em outras coisas ou olhar para outra direção e, assim, não focar no procedimento odontológico.

- **Dessensibilização**: essa técnica consiste em levar o paciente a um estado de calmaria e tranquilidade e, em seguida, apresentá-lo gradativamente a alguns instrumentos e sons que provocam medo. Assim, ele irá, antes do procedimento, familiarizar-se com tais objetos.
- **Modelagem**: a criança que apresenta ansiedade e medo é exposta ao atendimento odontológico de outra criança que demonstra estar se sentindo mais segura e que permite a realização tranquilamente. Desse modo, os comportamentos favoráveis servem de exemplo para o paciente.

A técnica não verbal, exemplificada pelo toque, pelo olhar, pelo sorriso e pela restrição física, tem a finalidade de limitar movimentos corporais, evitando injúrias. Essa última é realizada com as mãos de um auxiliar bem treinado e/ou cuidador ou responsável pelo paciente.

Caso o paciente ainda não tenha respostas positivas, a restrição mecânica será necessária.

O uso de técnicas de estabilização protetora deve ocorrer após uma avaliação criteriosa e esgotadas as técnicas de dessensibilização, como sessões prévias de acolhimento e interação, fazendo parte das possibilidades de facilitar o tratamento a ser realizado.

Porém, se ainda assim o paciente necessitar de algum artifício para que seja tratado, cabe ao cirurgião-dentista analisar a possibilidade e a necessidade de intervenções realizadas pelo uso de anestésicos como o óxido nitroso ou a anestesia geral.

É importante que os pais procurem atendimento especializado para que não somente os portadores se sintam seguros com a visita ao cirurgião-dentista, mas que também os pais ou responsáveis se sintam abraçados pelo profissional.

Essa ligação cirurgião-dentista-paciente-familiares tem que ser forte e positiva para que o resultado seja satisfatório e não cause traumas psicológicos ou físicos entre as partes envolvidas, mantendo uma confiança sólida entre as pessoas envolvidas, pois até mesmo o cirurgião-dentista precisa desse feedback positivo tanto da família quanto do paciente.

Referências

CARVALHO, T. M.; PAULIN, R. F. A importância da ortodontia preventiva em síndrome de down. *Revista Ciências e Odontologia*, v. 4, n. 1, p. 14-21, 2020.

CONTALDO, M.; SANTORO, R.; ROMANO, A.; LOFFREDO, F.; DI STASIO, D.; DELLA VELLA, F.; SCIVETTI, M.; PETRUZZI, M.; SERPICO, R.; LUCCHESE, A. Oral manifestations in children and young adults with down syndrome: a systematic review of the literature. *Applied Sciences*, v. 11, n. 12, p. 5408, 2021.

KHOCHT, A.; RUSSELL, B.; CANNON, J. G.; TURNER, B.; JANAL, M. Oxidative burst intensity of peripheral phagocytic cells and periodontitis in Down syndrome. *Journal of Periodontal Research*, v. 49, p. 29-35, 2014.

NILCHIAN, F.; MOSAYEBI, N.; TARRAHI, M. J.; PASYAR, H. Comparison of oral indices in patients with Down syndrome and healthy individuals: a meta-analysis study. *Dental Research Journal*, v. 20, n. 1, p. 104, 2023.

SANT'ANNA, Rafaela Magalhães *et al.* Aspectos éticos e legais das técnicas de manejo de comportamento em odontopediatria: uma revisão narrativa da literatura. *Revista Brasileira de Odontologia Legal*, v. 7, n. 2, 2020.

TASSO, M. G. *et al.* Atendimento odontológico e técnicas de manejo para pacientes diagnosticados com transtorno do espectro autista. *Revista Interciência*, v. 29, n. 2, 2022.

ZINK, A. *Higiene bucal para pessoas com TEA*. Disponível em: https://www.maragabrilli.com.br/wp-content/uploads/2018/06/adriana_zink_isbn_978-85-5697-613-04969.pdf. Acesso em: 10 ago. 2024.

CAPÍTULO 33

A dificuldade que eu vejo no outro pode estar em mim

Neste capítulo, você que é pai e você que é mãe vão entender que a percepção que temos dos outros é frequentemente influenciada por nossas próprias experiências, crenças e emoções. Mas já paramos para pensar que a dificuldade que vemos no outro pode, na verdade, estar em nós mesmos? Exploraremos como nosso olhar interior molda nossa visão do mundo e como podemos aprender a ver além das nossas próprias projeções.

Lorý Lima

LORÝ LIMA

Pedagoga graduada pela PUC/PR (2002), com pós-graduação em Formação Pedagógica do Professor Universitário pela PUC/PR (2003), especialista em Educação Especial pela Bagozzi (2004), certificada no Programa Comunicativa: Comunicação Suplementar e/ou Comunicativa pelo Instituto Neurosaber (2020), certificada pela Faculdade Unina em A BNCC e a Educação Inclusiva (2020), Deficiência Intelectual (2022), especialista em Tecnologia Assistiva e Comunicação Alternativa pela Unina (2022), Practitioner em Programação Neurolinguística e Master em Programação Neurolinguística Sistêmica: Neuroaprendizagem Avançada para clínica e consultorias pela Insulpar (2024), Terapeuta da Alma certificada pelo Instituto Betlen de Desenvolvimento Profissional (2024). Seu diferencial é ser mãe e professora de autistas (a maior escola de parentalidade e educação) e ser uma apaixonada pelo desenvolvimento do ser humano.

Contatos: www.embaixadoradoautismo.com.br
Instagram: @embaixadoradoautismo_

Trazemos para dentro de nós mesmos uma culpa, um medo, uma insegurança que não sabemos explicar e a carregamos por um bom tempo ao longo da nossa existência, quando, na verdade, não somos culpados de nada. O medo é só uma criação da nossa mente. A insegurança é a consequência dessas duas. É preciso entender que somos, sim, cem por cento responsáveis por nossas escolhas.

Temos o poder da criação de algo em nossa vida (ou melhor, da cocriação, pois tudo já foi criado divinamente falando), e sequer imaginamos como será este instrumento cocriado por nós.

Quando fazemos a escolha de trazer uma criança ao mundo, muitas vezes não nos preparamos suficientemente para isso. Simplesmente pensamos, trazemos a "criação" para o plano das ideias e, após alguns meses, em determinado dia ela nasce.

Quando ficamos sabendo da sua existência, já nos tornamos felizes e agradecidos e, assim que essa criação feita por nós, assim que essa luz desabrocha, assim que sai do seu casulo, ficamos completamente cheios de amor por ela, de um jeito que palavras não explicam tamanha felicidade.

Os anos vão passando e, dia após dia, criamos muitas expectativas sobre esta criança que, até então, vem se desenvolvendo adequadamente.

Depois de um tempo, vamos observando que aquele desenvolvimento que parecia estar indo tão bem, já não está tão bem assim. Até que, nas idas e vindas ao pediatra, precisamos levar esta criança ao neurologista. E aqui é onde tudo começa. Ou melhor, às vezes não começa, parece que é quando tudo termina.

Aquele sonho de uma criança típica parece ir para o ralo, para o fundo do poço. Ficamos sem chão quando recebemos o tal diagnóstico de autismo.

Fique calma(o), nada está perdido! Fundo do poço é o lugar em que ninguém quer tirar uma selfie. Saia dele. Um diagnóstico não muda nada, o que muda é o que você faz com ele.

Esta criança, que agora para você parece ser "atípica", está ao seu lado para ensinar coisas que você ainda não sabe. Aliás, não sabia, porque agora eu vou contar o motivo pelo qual ela se faz presente.

Você já deve ter escutado que ninguém é nada sozinho, não é? Pois bem, seu filho(a) também não será nada sem você. Ele(a) é mais uma peça fundamental neste imenso quebra-cabeça que é a sua cocriação, por direito divino. E você, pai/mãe, é um participante desse sistema mais perfeito e complexo que existe.

Sabe qual é o primeiro passo? **Aceitar**. Isso mesmo, aceitar significa estar de bem com essa situação neste momento. Não julgue, lide com isso diretamente. Não resista, pois quem sofre com a resistência é você. Pense que seu filho não está/é doente, ele simplesmente tem uma dificuldade de interação, de comunicação social e alguns comportamentos restritos e repetitivos. Seu filho apenas está nesta condição. Aceite-se você também nessa perfeição imperfeita.

O segundo passo é você compreender que seu filho tem essa dificuldade. Cada pessoa é um universo único e individualizado. Estamos invisivelmente interligados uns aos outros, estamos conectados àqueles que amamos e fazem parte dos nossos dias.

O terceiro passo, e não menos importante, é você agir, pois quem não age, não é. A mudança só pode partir de você. Torne-se um exemplo para inspirar quem está ao seu lado. Estamos em uma teia, em que qualquer mudança positiva altera tudo e todos. Afinal, tudo que é feito com amor gera resultados. Mas não foque neste último. O sucesso é o resultado de um bom trabalho. O importante não é a chegada, mas o caminho. Jamais deixe que alguém apague a sua força de vontade. Saiba que tudo na vida é trabalho e este deve ser realizado todos os dias.

Lembre-se sempre de que, se uma situação não é confortável, você tem duas opções: ou positivar a situação e aprender com ela ou procurar soluções para resolvê-la e sair dela.

Onde temos dificuldade é para onde mais devemos levar nossa atenção, pois onde há foco, há luz.

A energia flui para onde coloco a minha atenção.

O Segredo

Relacionamentos requerem uma soma de bem-querer, com várias pequenas renúncias e uma dose cavalar de paciência.

Quantos mundos distintos há em cada indivíduo, mapas de mundos completamente diferentes.

Perceber que o outro é diferente não é o problema, mas se torna dependendo do que você faz com ele. Desafie-se. Esteja aberto, toque, ouça, observe, some. Analise com sinceridade e haja de acordo com sua consciência.

O autismo precisa melhorar, e só vai melhorar se você der o primeiro passo. Chegou a hora de mudar. Mas não é o outro que precisa mudar, é você quem precisa fazer essa mudança. Esforce-se.

Desde que fomos cocriados pelos nossos pais, fomos recebendo uma programação que nos torna quem somos hoje. Fomos programados a não falar, quando escutamos que não podíamos nos intrometer nas conversas dos adultos, fomos programados a não se expressar diante de nossas dores, medos, angústias e inseguranças quando escutamos que era para engolir o choro, porque os pais também não sabiam lidar com nossos sentimentos e as emoções. E está tudo bem eles não saberem disso. Eles nos deram aquilo que podiam nos dar com o que eles tinham e com o que eles também receberam de seus pais.

Você pode estar se perguntando: "Bom, se eu recebi uma programação de meus pais, eu também posso estar contribuindo para programar o meu filho?", e a resposta é "sim". Muitas vezes você está entregando a seu filho um aprendizado que você nem teve na sua experiência concreta. Então, a probabilidade de que você erre na tentativa de querer fazer diferente de seu pai e sua mãe também é grande, mas você está errando com o intuito de melhorar o que recebeu.

Voltando a falar dos sentimentos e emoções, você está sabendo lidar com os sentimentos e as emoções do seu filho? E digo mais, e com suas emoções e seus sentimentos, você está conseguindo lidar?

Pare um pouco e reflita: será que a dificuldade que está no seu filho, também pode estar em você?

Eu acredito que você utiliza a linguagem oral para falar com seu filho, certo? Acredito também que você não deve ter medo de falar com ele, correto? Agora, tenho certeza de que você não tem medo de falar, mas de falhar com seu filho. Acertei?

É preciso entender que as palavras têm poder e tudo o que dissermos aos nossos filhos terá um grande impacto nos sentimentos, pensamentos e comportamentos da vida deles.

Você sabia que o primeiro setênio, ou seja, a primeira fase da vida da criança, de zero a sete anos, é um período fundamental para o desenvolvimento físico, emocional e cognitivo?

Na verdade, todas as fases do desenvolvimento são importantes, mas, nessa fase, a criança funciona como se fosse uma esponja, tudo o que ela escuta é absorvido e fica guardado em seu subconsciente. Nessa fase, a criança experimenta e aprende por meio das interações com o ambiente e as pessoas ao seu redor e, desde a gestação, o bebê já sente todas as emoções que a mãe sente, além de escutar o mundo exterior. Assim sendo, o bebê pode trazer impresso em seu corpo, mente e alma resquícios dos sentimentos e das emoções de luzes e sombras vividas pela natureza do mundo interno e externo.

Fica evidente que as influências (sentimentos sombrios) adquiridas na infância podem se manter vivas em seu interior e se converter em uma postura negativa diante da sua existência, acompanhando você ao longo da idade adulta.

Quando isso acontece, compromete a autoestima, gerando insegurança em diversos aspectos e dificuldade de se relacionar.

Posso dizer por experiência própria como mãe que, quando observei determinados comportamentos em minha filha, devido ao enfrentamento (*coping*) que ela direcionava a mim, ou seja, quando percebi que ela estava com um desequilíbrio emocional por conta de estar buscando desesperadamente meu olhar, atenção e tempo, antes de eu achar que a dificuldade estava nela, fui buscar ajuda para mim. E vou te contar a mais pura verdade: a dificuldade não estava nela, e sim em mim.

Então, precisei me aceitar com tal dificuldade, desgarrando das memórias tristes que adquiri em minha infância, e é trabalhando com a autoaceitação daquilo que somos que vamos trabalhando quem queremos ser.

Um conselho: comece!

Você pode amar seu filho, mas a pessoa mais importante é você.

Quando você passa a projetar a sua vida no outro, seja pela dependência emocional ou não, acaba fugindo de si mesma, sem saber quem você verdadeiramente é.

É preciso que você perceba o mundo a partir da sua essência. Os traumas vêm da infância. O pior dos sentimentos é o não entendimento.

Vivemos em um mundo imediatista onde nos esquecemos de nós mesmos. É preciso colocar-se como prioridade e aprender a dizer não.

Quando aquilo que está no outro me incomoda, há algo meu ali. Eu devo me perguntar:

- Qual é a principal dificuldade que estou enfrentando na relação com meu filho?
- O que posso fazer para melhorar esta relação?
- Quais passos preciso dar para desenvolver maior autoconsciência?

Vivemos em um mundo cheio de barulho, pressa e expectativas. Em meio ao ritmo agitado do cotidiano, esquecemos de olhar para dentro. Nós tendemos a responsabilizar os outros pelos conflitos e desentendimentos que permeiam nossas vidas. Ah, como é fácil! É mais simples apontar o dedo e declarar que o problema reside no outro. Contudo, é exatamente neste ponto que reside a beleza da autorreflexão. Quando mudamos o foco e olhamos para nós mesmos, encontramos a verdadeira oportunidade de crescimento e transformação.

É necessário se aceitar nessa perfeição imperfeita, encontrando-nos no lugar mais importante, que é dentro de nós mesmos.

Você precisa ser sua prioridade.

Primeiro, você; segundo, você; e, na dúvida, olhe-se no espelho.

Acredite em você. Você estando bem, as coisas vão melhorar.

Quando entendermos que nós somos o nosso melhor cuidador, poderemos compreender que, quando eu cuido de mim, eu cuido do outro.

Olhar para dentro de si é uma ferramenta poderosa, um catalisador que nos leva ao entendimento profundo de quem somos, como nos relacionamos e quais padrões emocionais nos guiam.

Compreender cada uma das fases desse olhar interno será como desbravar conscientes veios de autoconhecimento.

Estaremos juntos em cada etapa: desde o reconhecimento das emoções que o cercam, passando pela análise dos comportamentos até a busca pela identificação de padrões pessoais que se repetem.

É imediatamente aqui que você começará a notar como a disposição para se confrontar consigo mesmo pode ser a chave para mudanças significativas na sua vida.

Como terapeuta da alma, meu objetivo é oferecer apoio emocional e espiritual para os pais de crianças autistas.

Venham comigo, pai e mãe, que, com meu método exclusivo, irei conectar vocês à habilidade de estabelecer um relacionamento familiar saudável com equilíbrio e harmonia.

Aqui estão algumas das principais soluções que eu ofereço:

E se o autismo do seu filho fosse o maior potencial que você ainda não aprendeu a desbloquear?

Muitos pais enxergam o autismo como um desafio. Eu vejo como um superpoder esperando para ser ativado.

Com 18 anos de experiência com crianças especiais e mais de uma década focada no autismo, eu desenvolvi um método que transforma insegurança em evolução. O que limita seu filho não é o diagnóstico. É a falta de um caminho certo.

Meu trabalho não é entregar esperança vazia. É te mostrar, com estratégia e prática, que existe um caminho real para evolução – e que você pode ser o guia dessa transformação.

O que faço por você e sua família?

O Que Me Diferencia?

1. Eu não ensino teoria. Eu ensino o que funciona.

   Você vai aprender a lidar com o autismo na prática do dia a dia.

2. Eu não trato seu filho como um "caso". Eu vejo uma criança única com um superpoder a ser ativado.

3. Eu não vendo soluções mágicas. Eu entrego um método validado, que já mudou a realidade de centenas de famílias.

O Que Faço Por Você e Pelo Seu Filho?

Você sente que já tentou de tudo, mas nada parece funcionar?

Você quer ver seu filho se comunicar, se desenvolver, ter autonomia e uma vida digna?

Então você está no lugar certo.

Com meu acompanhamento, você vai:

- Descobrir os talentos ocultos do seu filho e aprender a desenvolvê-los.
- Reduzir crises com estratégias que funcionam de verdade.
- Criar uma rotina que gera tranquilidade e evolução.
- Aprender a se comunicar com seu filho, mesmo que ele ainda não fale.
- Preparar o caminho para um futuro com mais autonomia e inclusão.

O autismo não é o fim. É um ponto de partida.

E o seu filho tem um potencial que o mundo ainda não viu – mas você pode ajudar a revelar.

Quer ser essa ponte?

Acompanhe meu trabalho:
www.embaixadoradoautismo.com.br
Instagram: @embaixadoradoautismo_

Com carinho,

Lorý Lima
Embaixadora do autismo

Referências

BETLEN, E: *O terapeuta da alma*: transforme sua missão em ajudar as pessoas em uma carreira próspera e com significado. São Paulo: Nova Literarte, 2023.

SLAVIERO, V. L. *De bem com a vida*: programação neurolinguística e consciência corporal. 4. ed. Curitiba: Tecnodata Educacional, 2023.

STAHL, S. *Acolhendo sua criança interior*. Rio de Janeiro: Sextante, 2022.

WEBB, J. *Negligência emocional*: como curar as feridas da infância e melhorar sua relação com o mundo e com você mesmo. Rio de Janeiro: HarperCollins Brasil, 2024.

CAPÍTULO 34

A importância da comunicação do diagnóstico na redução do tempo de luto da família no contexto do autismo

A comunicação do diagnóstico de transtorno do espectro autista (TEA) é um momento crucial, que impacta diretamente o processo de luto e aceitação da família. Quando bem conduzida, essa comunicação pode minimizar angústias e favorecer a adaptação à nova realidade. Este capítulo aborda como o acolhimento e a orientação adequados possibilitam um engajamento mais efetivo no tratamento e no desenvolvimento da criança, favorecendo uma adaptação mais saudável à nova jornada.

Luciana Lages

LUCIANA LAGES

Médica pediatra, formada pela Universidade Federal do Rio Grande em 1993. Residência médica em Pediatria pela Universidade Federal do Rio Grande. Especialização em Saúde da Família pela Universidade Federal do Rio Grande. Pós-graduação em Nutrologia Pediátrica pela Boston College. Certificação Dr. Thiago Castro, turmas 2 e 3. Formação TND. Professora da disciplina de Pediatria da Universidade Federal do Rio Grande RQE 44598.

Contatos: lblages@gmail.com
Instagram: @pediatra.lucianalages

O diagnóstico de transtorno do espectro autista (TEA) representa, para muitas famílias, o início de uma jornada emocional intensa, decorrente dos sentimentos de medo, angústia e preocupação, frutos de um período de luto simbólico, que ocorre em razão da desconstrução das expectativas sobre o futuro idealizado para a criança recém-diagnosticada.

Nesse compasso, estudos sugerem que a forma como o diagnóstico é comunicado pode influenciar significativamente a intensidade e a duração deste processo, bem como a adesão ao tratamento e a qualidade do suporte familiar ao indivíduo diagnosticado.

De acordo com Gray, "o luto parental no contexto do autismo não se encerra em um momento único, mas tende a diminuir quando os pais encontram significado e estratégias para lidar com os desafios" (2019, p. 89).

Posto isso, inegavelmente a comunicação do diagnóstico é um momento crucial e delicado, exigindo, do profissional que a faz, sensibilidade, clareza e empatia. De acordo com Stein, "uma abordagem empática permite que os pais compreendam o diagnóstico como um ponto de partida para o desenvolvimento de estratégias de suporte e não como um ponto final de expectativas" (2020, p. 214).

Por outro lado, a má comunicação é comprovadamente capaz de gerar efeitos adversos e atrapalhar no tratamento do infante, eis que pode prolongar o tempo de luto parental e aumentar a incidência de transtornos emocionais nos cuidadores, como depressão e ansiedade (Feinberg *et al.*, 2016), a corroborar a importância ímpar desse momento delicado.

Logo, em se tratando do TEA, o médico não é apenas um transmissor de informações, mas assume também o papel de facilitador do processo de aceitação e adaptação dos familiares, razão pela qual o vínculo estabelecido deve ir além da mera consulta clínica.

Ao contrário, deve o clínico promover um espaço de partilha, por meio da confiança mútua, abrindo espaço para dúvidas, angústias e até mesmo sugestões, visando à melhoria da qualidade de vida do paciente autista. Nesse sentido, Lord *et al.* (2018) defendem que o médico precisa adotar uma postura proativa, ajudando os pais a identificar os recursos disponíveis para o tratamento, como terapias comportamentais, apoio escolar e redes de suporte comunitário. Isso inclui, para além do apoio emocional, o fornecimento de materiais educativos, indicação de profissionais especializados e acompanhamento longitudinal.

Ao longo da minha trajetória como médica, a comunicação de diagnósticos desafiadores se tornou uma das experiências mais marcantes e transformadoras da prática clínica. Contudo, meu aprendizado foi empírico, fruto de erros e acertos cometidos no decorrer de uma longa jornada, já que, durante os longos anos da universidade, sequer se ouvia falar em preparação sobre como comunicar diagnósticos que alteram a vida de um paciente ou de sua família. Os médicos recém-formados não eram ensinados a lidar com algo tão comum no dia a dia: o sofrimento alheio.

Nesse ínterim, em um dia de novembro do ano de 2001, quando já faziam dez anos que estava formada, fui chamada para acompanhar o nascimento do filho de dois amigos de infância. Àquele tempo, havíamos passado por todas as fases da vida juntos: fomos adolescentes, sonhamos em casar e ter filhos, e agora estávamos realizando tudo aquilo que um dia almejamos.

Desnecessário dizer que estava nervosa. O nascimento de qualquer criança é um momento delicado, e a pediatria me impôs a importante, mas sensível, tarefa de avaliar os pequenos tão logo chegam ao mundo. Contudo, o fato de estar ali para assistir o nascimento de um pequeno que tanto sonhei e desejei ao lado de meus amigos, acrescentava outros tantos sentimentos àqueles que normalmente já sentia.

Dirigimo-nos todos à sala de parto e, assim que o bebê nasceu, percebi sinais claros de síndrome de Down. Urge salientar que, ao tempo dos fatos, a tecnologia de ultrassonografias não nos permitia realizar diagnósticos intrauterinos com a facilidade dos dias atuais, de forma que o impacto ao perceber naquele pequeno os indicadores que havia lido tantas vezes nos livros me fez paralisar. Não sabia como contar aos meus amigos, ou tampouco como indicar os próximos passos no tratamento. Naquele momento, senti-me completamente despreparada e incapaz para oferecer o apoio que aqueles pais precisavam e mereciam.

Ainda assim, ante a ausência de coragem dos demais integrantes da equipe médica em fazê-lo, juntei as forças que me restavam e fui até onde meu amigo estava e lhe informei das minhas suspeitas. "Amigo, acredito que ele tenha nascido com síndrome de Down". Silêncio. Não obtive resposta daquele que era meu irmão de caminhada, amigo e confidente. Alguns segundos depois, ele me perguntou, aflito: "E agora?". A resposta que dei foi simples: "Vamos comemorar, nasceu um bebê!".

Sequer tive tempo de pensar no que dizer depois. Meu amigo, pálido e certamente amedrontado com a situação, desmaiou. Não tive forças para segurá-lo e ele caiu ao solo, batendo com a cabeça em um cilindro de oxigênio e abrindo o supercílio. Assim que se recuperou, conversamos sobre as perspectivas do filho dele e ofereci meu ombro, não apenas como amiga, mas também como a médica que eles escolheram para acompanhá-los naquele momento ímpar.

Confesso que não sei ao certo o que aconteceu depois, já que tive de ir realizar os procedimentos necessários junto ao recém-nascido e acudir minha amiga que ainda estava na sala de recuperação. O que sei é que, depois da nossa conversa, meu amigo retornou ao hospital com diversos livros, números de especialistas e terapias experimentais para o filho.

Hoje, passados mais de 20 anos daquela data fatídica, observando outros colegas enfrentando situações semelhantes, percebo o quanto a formação médica ainda carece de preparo nesse essencial aspecto. Muitos médicos, mesmo com as melhores intenções, acabam adotando uma postura excessivamente técnica e pessimista.

Não são raras as vezes em que mães chegam aflitas ao meu consultório, dizendo terem ouvido frases como: "Seu filho nunca vai falar, caminhar, estudar ou ter uma vida normal". Essas palavras, por mais que possam se basear em estatísticas ou experiências clínicas, acabam por destruir a única coisa que resta à família naquele momento: a esperança.

Portanto, a experiência me ensinou que comunicar um diagnóstico não é apenas transmitir informações. É um momento em que o médico desempenha um papel central na construção da narrativa que a família irá adotar sobre aquele diagnóstico. Podemos ser agentes de suporte e motivação ou de medo e desesperança. É essencial entender que falar a verdade não significa eliminar a esperança, mas sim apresentá-la de forma realista, mostrando sempre os caminhos possíveis a serem percorridos e o potencial de desenvolvimento do paciente.

Não só, para além dos aspectos clínicos, deve o médico demonstrar que a família não está sozinha. O caminho a ser percorrido certamente será árduo, mas não isolado. Para isso, o uso de palavras acolhedoras e não patologizantes ajuda a transformar a experiência em um ponto de partida construtivo, em vez de um momento devastador.

> A empatia na comunicação do diagnóstico reduz sentimentos de culpa e desamparo nos pais, auxiliando na reestruturação das expectativas e diminuindo o período de luto (O'Brien, 2007, p.135-146).

Claro, a comunicação de um diagnóstico empático não pode ser mentirosa. Não se deve dar à família falsas esperanças, mas sim um otimismo realista, apresentando-lhes possibilidades de desenvolvimento e não apenas limitações, a auxiliá-los na aceitação e enfrentamento inicial.

Para tanto, o médico deve ter conhecimento na área. Não bastam achismos e brincadeiras de adivinhações. Naquele momento, os familiares anseiam compreender os desafios e as potencialidades associados ao autismo, elementos que devem ser estudados e analisados pelo profissional.

Urge salientar, contudo, que o conhecimento deve ultrapassar o clínico. O médico deve ser capaz de orientar os familiares a buscar as terapias necessárias por meios legais, dizendo-os onde acessá-las por meio dos órgãos públicos ou em vias privadas, levando em consideração a situação financeira da família. Não se deve presumir hipossuficiência da família, mas sim oferecer uma via a ser percorrida em caso de necessidade, a fim de não sobrecarregá-la com despesas que não conseguem pagar sem que prejudiquem o sustento próprio.

Em contrapartida, o médico não pode assumir papel de único detentor do conhecimento e subestimar os relatos de outros profissionais, como professores e terapeutas ocupacionais, ou até mesmo dos genitores. Isso porque, como se sabe, o diagnóstico do TEA é um processo complexo e interdisciplinar, já tendo sido demonstrado por meio de diversos estudos que os primeiros sinais do transtorno são identificados por pessoas próximas à criança.

Nesse ínterim, Ozonoff *et al.* (2009) demonstraram que, em 80% dos casos de TEA, os pais relataram preocupações antes mesmo do diagnóstico clínico, por terem observado nos filhos aspectos amplamente difundidos na mídia como sintomas do transtorno – atraso na fala, ausência de contato visual ou comportamentos repetitivos.

Assim, cabe ao médico acolher os relatos e analisá-los cientificamente, eis que simplesmente descartá-los, desvalorizando os genitores e ignorando seus anseios, pode igualmente atrasar o encaminhamento para uma avaliação especializada.

Vejo como prioritário, em síntese, no momento da comunicação do diagnóstico às famílias:

1. **Humanizar o processo**: reconhecer as emoções dos pais, acolher seus relatos e oferecer-lhes um espaço seguro para que possam comunicar anseios, preocupações e desejos.
2. **Evitar fatalismos**: apresentar o diagnóstico com equilíbrio entre os desafios e as possibilidades de evolução, ofertando à família a ajuda necessária e possível em cada caso.
3. **Oferecer suporte contínuo**: incluir materiais informativos, indicações de grupos de apoios e terapias adequadas, levando em consideração a necessidade do paciente e a capacidade da família.

Da mesma forma, tenho como passos para uma comunicação eficiente de diagnósticos:

1. **Preparação prévia**: antes de comunicar o diagnóstico, o médico deve reunir informações detalhadas sobre o caso, garantindo que todas as perguntas possam ser respondidas com precisão.
2. **Uso de linguagem acessível**: evitar o uso de jargões técnicos e adaptar o vocabulário ao nível de compreensão dos familiares é fundamental para promover entendimento e reduzir mal-entendidos.
3. **Envolvimento da família**: incluir os pais e outros cuidadores no diálogo e nas decisões fortalece o senso de participação ativa no tratamento.
4. **Apoio emocional**: reconhecer e validar os sentimentos da família, oferecendo suporte psicológico quando necessário, pode ser decisivo para o enfrentamento inicial.

Conclusão

Ante todo o exposto, torna-se cristalino que a forma como o diagnóstico de autismo é comunicado tem um papel central na experiência dos pais. Uma comunicação empática, clara e humanizada pode transformar o momento em um ponto de partida para a construção de uma nova narrativa familiar, onde o foco está nas possibilidades, no amor e na aceitação.

A comunicação do diagnóstico de TEA é uma etapa essencial para o bem-estar da família e a qualidade de vida do indivíduo diagnosticado. O médico, enquanto orientador e amigo, desempenha papel central nesse processo, ajudando a transformar o diagnóstico em uma oportunidade de desenvolvimento, resiliência e aprendizado mútuo.

Meu desejo é que as faculdades de medicina passem a priorizar essa preparação. Assim como aprendemos a realizar procedimentos e interpretar exames, também precisamos ser ensinados a nos conectar com nossos pacientes e suas famílias em momentos tão delicados. Comunicar um diagnóstico não é um detalhe técnico; é uma habilidade humana fundamental, que impacta diretamente a qualidade de vida e o futuro dos pacientes. Espero que os novos médicos compreendam a magnitude do papel que desempenham e que sejam capacitados a exercê-lo com empatia, sensibilidade e, acima de tudo, humanidade.

Referências

BRONFENBRENNER, U. *The ecology of human development*: experiments by nature and design. Cambridge: Harvard University Press, 1979.

CRANE, L. *et al.* Experiences of autism diagnosis: a survey of over 1000 parents in the United Kingdom. *Autism*, v. 20, n. 2, p. 153-62, 2016.

FEINBERG, E. *et al.* The role of early communication in family adjustment to autism. *Journal of Family Psychology*, v. 30, n. 1, p. 11-19, 2016.

GRAY, D. E. *Autism and the family*: understanding the impact and coping strategies. New York: Routledge, 2019.

HEIDGERKEN, A. D. *et al.* (2005). A survey of autism knowledge in a health care setting. *Journal of Autism and Developmental Disorders*, v. 35, n. 3, p. 323-330, 2005.

HESS, C. R.; PICKETT, K. E. Autism spectrum disorders: Parental stress, family quality of life, and needed supports. *Journal of Family Social Work*, v. 13, n. 3, p. 233-252, 2010.

LORD, C. *et al.* Autism Spectrum Disorder. *The Lancet*, v. 392, n. 10146, p. 508-520, 2018.

MOH, T. A.; MAGIATI, I. Factors associated with parental stress and satisfaction during the process of diagnosis of children with Autism Spectrum Disorders. *Research in Autism Spectrum Disorders*, v. 6, n. 1, p. 293-303, 2012.

O'BRIEN, M. Ambiguous loss in families of children with autism spectrum disorders. *Family Relations – Interdisciplinary Journal of Applied Family Science*, v. 56, n. 2, p. 135-146, 2007.

OZONOFF, S. *et al.* How early do parent concerns predict later autism diagnosis? *Journal of Developmental and Behavioral Pediatrics*, v. 30, n. 5, p. 367-375, 2009.

STEIN, R. E. K. *Effective communication in pediatric settings*: a guide for health professionals. Baltimore: Johns Hopkins University Press, 2020.

WILLIAMS, K.; ROBERTS, J.; LORD, C. Communication deficits in autism spectrum disorders: a school-based perspective. *Clinical Child and Family Psychology Review*, v. 21, n. 3, p. 203-218, 2018.

CAPÍTULO 35

O impacto das mídias na causa autista

Não podemos falar do impacto das mídias sem antes entender o que é comunicação de verdade… e é assim que esse capítulo começa. A partir do momento em que entendermos todas as formas de comunicação, conseguiremos entender o impacto que as mídias têm na causa autista, como isso vem acontecendo, quais os cuidados que devemos ter e como podemos ajudar.

Luísa F. Alves Lorga

LUÍSA F. ALVES LORGA

Formada em Relações Públicas pela PUC-Campinas, tem MBA em Gestão de Negócios pela USP-Esalq. Apaixonada por empreender, fundou sua assessoria de comunicação no último ano da faculdade. A Lorga Assessoria é especializada em profissionais da área da saúde e busca construir credibilidade e autoridade para eles através das mídias e outras estratégias de comunicação. Nos últimos meses, teve vários clientes na área do desenvolvimento infantil e foi se apaixonando cada vez mais pelo assunto, mergulhou de cabeça e acabou sendo diagnosticada com TDAH. Hoje, além da assessoria, faz faculdade de Psicologia, pós-graduação em Desenvolvimento Infantil e é sócia da Elo no Espectro, um espaço interdisciplinar de desenvolvimento infantil para crianças típicas e atípicas.

Contatos:

Qual é a primeira coisa que fazemos ao nascer? Choramos. Esse choro é o primeiro momento em que nos comunicamos. É a partir dele que as pessoas na sala de parto sabem que estamos respirando e que estamos vivos.

A comunicação além do "falar"

A comunicação está presente em todos os momentos da nossa vida. Comunicação não é só o "falar" entre as pessoas. Afinal, quando pensamos na conversa como uma ferramenta de comunicação, não podemos entender uma conversa apenas entre pessoas falantes.

As conversas podem acontecer de maneiras diferentes, desde gestos até expressões corporais. Ou seja, sempre que uma mensagem é passada para o outro, tendo um significado – esse significado é construído de acordo com a época e cultura do lugar –, podemos considerar uma forma de comunicação. Vou trazer algumas situações que talvez você não tenha considerado como ferramentas ou estratégias de comunicação antes:

- O marketing é uma forma de comunicação, a comunicação entre a empresa e seus públicos de interesse, podendo comunicar desde a sua cultura organizacional até informações sobre aquele produto ou serviço.
- As mídias são um meio de comunicação, a partir delas podemos nos comunicar com pessoas que não estão no mesmo lugar que a gente, algumas delas nos possibilitam a troca e a discussão, enquanto outras são um canal de mão única.

- Os sentimentos são uma forma de comunicação, na maioria das vezes, involuntária. A partir das expressões faciais ou de choros e sorrisos, pode-se interpretar se gostamos ou não, se estamos felizes ou tristes.
- Os gestos são uma forma de comunicação não verbal; quando você levanta seu dedão para cima e fecha os outros dedos (em culturas nas quais esse gesto foi construído), as pessoas sabem que você está concordando por visualizarem um sinal de "positivo", assim como se você virar o dedão para baixo, fará um sinal de "negativo".

Inclusive, grande parte dos autistas, por exemplo, já foram ou são não falantes e conseguem se expressar de forma efetiva por outros meios de comunicação. Mas então, quais são todos os tipos de comunicação que pessoas típicas e atípicas podem usar?

Os tipos de comunicação

Vamos falar sobre os tipos de comunicação, dividindo-os em seis categorias e entender como cada uma delas contribui nas interações humanas.

1. **Comunicação verbal e oral**: diferente do que muitos pensam, a comunicação verbal não engloba apenas as habilidades de falar, ou seja, ela vai além da comunicação oral. Quando falamos que um autista que sabe ler e escrever, mas não fala, é um autista "não verbal", isso se torna um equívoco, pois nesse caso o termo correto seria "não falante". Se utilizarmos o termo "não verbal", sinalizaremos que essa pessoa não se comunica verbalmente independentemente de ser falando ou escrevendo e lendo. A comunicação verbal, então, utiliza-se de uma linguagem estruturada, seja ela escrita ou falada.
2. **Comunicação escrita**: engloba a linguagem escrita, como textos, bilhetes e até mesmo mensagens digitais. Usa-se muito a ajuda de tablets, celulares, aplicativos de escrita ou cadernos para a comunicação no dia a dia.
3. **Comunicação visual**: vídeos, símbolos, cores, mapas mentais e imagens são usados para transmitir informações ou expressar sentimentos e necessidades. As mídias digitais, como o Instagram e o TikTok, são bons exemplos que utilizam a comunicação visual e possibilitam a integração de pessoas autistas.
4. **Comunicação não verbal**: é uma das formas de comunicação mais natural, espontânea e, algumas vezes, até involuntária que temos.

Ocorre através de gestos, expressões faciais, linguagem corporal e até mesmo olhares.

5. **Comunicação sensorial**: expressões através de estímulos sensoriais e sensações físicas, como movimentos repetitivos, toques ou sons. Ajuda a pessoa a regular suas emoções e se conectar com o ambiente. Nem sempre essa forma de comunicação é intencional.
6. **Comunicação assistida**: é a comunicação com assistência, ou seja, utiliza dispositivos que auxiliam a pessoa não verbal ou não falante. Dentre esses dispositivos, temos aplicativos geradores de voz, aplicativos de síntese de fala, comunicadores eletrônicos, entre outros.

Vale ressaltar que essas formas de comunicação podem ser utilizadas por pessoas típicas e atípicas e que, na maioria das vezes, nós não utilizamos apenas um tipo de comunicação. A ideia é que uma possa ser associada à outra, seja em uma mesma situação ou em situações distintas, facilitando, cada vez mais, o dia a dia das pessoas.

As mídias como meio de comunicação

Hoje em dia, um dos principais meios de comunicação são as mídias, e eu não estou falando só das digitais... Inclusive, a mídia é um meio de comunicação que faz uso dos seis tipos de comunicação. Temos as mídias impressas, como o jornal e a revista, as mídias tradicionais, como a televisão e o rádio, e agora, mais presente do que nunca, as mídias digitais, como sites, Instagram, TikTok, entre outras.

Uma das principais mudanças que as mídias digitais nos trouxeram é a troca em tempo real, com pessoas do mundo todo. Ou seja, com elas nós conseguimos estabelecer uma comunicação bidirecional e acessar novas informações de maneira mais rápida.

A causa autista nas mídias

A causa autista passa a acontecer e tomar força quando pessoas típicas e atípicas lutam diariamente pela conscientização da comunidade, visando uma população cada vez mais inclusiva e menos capacitista (que se refere ao preconceito ou discriminação contra pessoas com deficiência ou neurodivergentes).

E, para isso, as mídias (todas citadas anteriormente) se tornam ferramentas de comunicação essenciais para essa luta.

Além dos diferentes tipos de mídias, também é importante citarmos diferentes formas de se fazer presente nessa causa.

Em primeiro lugar, temos as pessoas atípicas, que passaram a mostrar suas rotinas e realidades nas mídias e tornaram-se influenciadores (lembre-se de que não é o número de seguidores que faz alguém ser um influenciador, e sim o tipo de conteúdo veiculado). Alguns perfis que sugiro que você acompanhe são @lucianaviegas_, @raquelneryof, @lucas_atipico e @carolsouza_autistando.

Em segundo lugar, as mães atípicas ou outro adulto que é responsável por alguma criança, jovem ou adulto atípico e utilizam as mídias para compartilhar mais da realidade do espectro e a rotina da pessoa atípica e sua rede de apoio. Vale a pena seguir @larissamdnarici, @lucas_e_dinda, @mamaetagarela e @somosumanas.

Depois, também temos os profissionais da área, como psicólogos, neurologistas, psiquiatras, fonoaudiólogos, terapeutas ocupacionais, fisioterapeutas e perfis comerciais de clínicas multidisciplinares que começaram a compartilhar mais informações científicas com linguagens fáceis sobre autismo, suas comorbidades e outras neurodivergências, propagando cada vez mais a informação para ajudar a população a se informar melhor sobre esses assuntos que ainda são bastante complexos. Não deixe de aprender com @leides.carmo, @elonoespectro, @espacociano.riopreto, @silvisfono e @dra.renata_ferreira.

As empresas têm um papel crucial nessa causa, a partir do momento que se posicionam elaborando campanhas sociais, como a da VIVO, a Jornada do Autismo em parceria com a AMA (Associação Amigos do Autista) para o desenvolvimento de uma IA que auxilia na comunicação visual e assistida dos autistas. Ou até mesmo coisas mais simples, como campanhas mercadológicas com pessoas atípicas como modelo/ator, gerando uma identificação com um público mais abrangente e propagando ainda mais a conscientização e inclusão.

Todos os casos citados anteriormente são ferramentas essenciais quando falamos do crescimento da causa autista e o quanto estimulam novas maneiras de conscientização, visibilidade e até novas oportunidades de empregos. Esses exemplos estão presentes não só nas mídias digitais, mas também em matérias de revistas, programas de televisão etc.

Uma reflexão importante quando citamos a presença de autistas na mídia é que um dos motivos para que essa causa aconteça foi a quebra do paradigma de que autismo se refere somente ao autista nível 3, ou, como muitos dizem erroneamente, o autista com "cara de autista". E isso de fato tem acontecido. Aos poucos, as pessoas estão entendendo o real sentido de "espectro" e percebendo que autismo não tem "cara".

Porém, temos de tomar cuidado para não transformarmos isso no contrário, ou seja, as pessoas passarem a romantizar o autismo, diminuindo e banalizando as dificuldades e dores que essas pessoas e suas famílias passam. E sabe por que eu tenho medo de que isso aconteça? Porque hoje em dia são poucas as pessoas ou marcas que realmente mostram o autismo nível 2 e 3 nas mídias. Precisamos de visibilidade para todo o espectro autista, só assim as pessoas vão, de fato, entender que autismo não tem "cara" e que, independentemente do nível, todos precisam de suporte, acolhimento e respeito para uma melhor qualidade de vida.

Para que esse crescimento e conscientização continuem é imprescindível a participação ativa de pessoas típicas, que busquem e compartilhem informações, afinal, a porcentagem de pessoas atípicas no mundo é muito menor e, se não tivermos a ajuda da maioria, os objetivos dessa causa nunca serão atingidos. Vale lembrar que grande parte do preconceito, da falta de inclusão e da desinformação vem, justamente, de pessoas neurotípicas. Aliás, se você ainda não faz parte desse movimento, pode começar a participar seguindo os perfis de Instagram indicados neste capítulo. Eles mostram a realidade do espectro autista, seja nível 1, 2 ou 3 e de diferentes perspectivas, desde o olhar do indivíduo atípico até de suas famílias e dos profissionais da área.

Ainda assim, há alguns pontos que são importantes levarmos em consideração antes de concluirmos que as mídias impactam de forma positiva essa causa:

- **Às mamães e responsáveis que querem ser mais ativas no Instagram ou no TikTok mostrando a rotina de vocês**: tomem cuidado com o excesso de exposição, tenham filtro. Tudo que um dia for ao ar poderá sempre estar no ar mesmo depois que você apagar. Quando falamos de mídias, o risco de bullying também aumenta, as pessoas na internet ficam mais corajosas e falam o que querem sem pensar se estão machucando alguém ou não e, às vezes, o que parece "bonitinho" hoje, pode não ser quando essa criança crescer e começar a socializar. O que já era difícil, pode se tornar ainda mais.
- **Às empresas que querem elaborar campanhas sociais**: estudem muito sobre o tema, informem-se com diferentes pontos de vista e tentem elaborar algo que consigam sustentar a partir da cultura organizacional da empresa. E, claro, estejam preparadas; ninguém nunca irá agradar a todos, nem mesmo vocês depois de uma campanha muito bem elaborada. Estejam prontas para as críticas e saibam o real motivo de estarem fazendo isso, para que depois não se arrependam.

- **A todos os influenciadores desse ramo**: estudem antes de disseminar informações, não importa quantos seguidores você tem, você sempre influenciará alguém e isso se torna sua responsabilidade. Transmitam informações reais, embasadas cientificamente ou deixem claro que aquilo é a experiência de vocês. E mais uma vez, vocês não vão agradar a todos, o autismo e as neurodivergências ainda são um assunto polêmico e gerarão discordância, sim.
- **Ao público em geral**: sejam críticos com as informações que vocês consomem; não é porque está na mídia que é verdade. A desinformação existe, principalmente quando falamos de assuntos atuais como a neurodivergência. Por ser um assunto em alta, há pessoas querendo falar a respeito somente para ter visibilidade e não porque realmente entendem de neurodesenvolvimento. E, claro, se você confia naquela informação e pesquisou para confirmar a veracidade, compartilhe e estimule outras pessoas a se informarem também.

Sendo assim, as mídias têm sim um poder imenso nessa luta, afinal, elas dão maior visibilidade, atingem diferentes públicos, propagam informação, possibilitam novas oportunidades de trabalho, promovem a conscientização, quebram paradigmas e incentivam a inclusão. Só precisamos tomar cuidado e ter responsabilidade ao utilizá-las, tanto como comunicadores quanto como espectadores.

Encerro este capítulo com a fala de uma mãe atípica sobre seu ponto de vista em relação às mídias na causa autista:

> Durante o diagnóstico do meu filho, eu utilizei as mídias para me informar e tirar dúvidas. As famílias que compartilham o dia a dia delas são necessárias para que possamos falar mais abertamente sobre o autismo, dito que ele não é só um problema da família, e sim da sociedade (Roberta De Haro, outubro de 2024).

CAPÍTULO 36

As barreiras para ter uma vida social, vista pela perspectiva de uma profissional e mãe atípica

Neste capítulo, convido você não só a reconhecer coletivamente os desafios da vida social, mas também a nos apoiar na busca por soluções práticas que possam simplificar a vida social de nossos filhos e famílias.

Manuela Bueno

MANUELA BUENO

Psicóloga graduada pela UNIPAR (2000), especialista em Neuropsicologia (IPOG), pós-graduada em Avaliação Psicológica (FAIPE), especialista em Transtorno do Espectro Autista (CBI), pós-graduada em Análise do Comportamento Aplicada (CBI), pós-graduada em Psicologia do Trânsito (CATHEDRAL), coautora do livro *Emoções: como utilizá-las a seu favor*, fundadora e diretora clínica do In.ser Instituto de Saúde, Educação e Reabilitação. É mãe atípica de uma menina autista e um menino com TDAH, o que a movimenta em busca de conhecimento e luta por conscientização.

Contatos: manuelapalhari@hotmail.com
Instagram: @manuelabuenoneuropsi
@inserinstituto
65 99966 0431

Você não está sozinha nessa viagem

Pense que, ao terminar de ler este texto, você estará mais confiante para criar, ajustar e promover as interações sociais do seu filho. Convido você a iniciarmos juntas essa jornada repleta de emoções e aprendizados.

Começo destacando a relevância de compreender e aceitar a singularidade do TEA (Transtorno do Espectro Autista) para criar um ambiente mais fortalecido e receptivo. Entender que o autismo não é um erro ou defeito, mas uma forma singular de existir e compreender o mundo é um dos passos fundamentais para a inclusão e socialização dessas crianças. Quanto mais entendermos o espectro autista e suas especificidades, melhor poderemos auxiliar aqueles que enfrentam essa realidade. O suporte recíproco entre famílias atípicas, juntamente com a partilha de experiências, é também crucial para esse fortalecimento.

Embora pareça óbvio, é essencial ter uma visão mais humana sobre o TEA, considerando cada criança como um ser único, com capacidades e habilidades, e não apenas como um conjunto de dificuldades. "As diferenças nos tornam indivíduos" (Grandin & Panek, 2013, p. 113).

A vida social antes e depois do diagnóstico

Durante a gravidez, à espera de um bebê, mães e familiares criam muitas expectativas, idealizam o filho perfeito, elaboram planos para levá-lo até a vida adulta, enfim, sonham. Todos esses planos também formam um ideal de maternidade, em que tudo é belo, perfeito, colorido e repleto de trocas, interações sociais, festas, encontros etc. Contudo, essas alegrias maternas compartilhadas podem mudar drasticamente, dando um giro de 180 graus quando o diagnóstico de TEA chega, desmantelando esse mundo ideal. A vida social colorida dá lugar a uma realidade diferente que não estava prevista. Trata-se de uma mudança dolorosa e frustrante, a desilusão de um sonho. Trata-se de eliminar o ideal para aceitar a realidade e, em essência, iniciar um processo de luto. É sofrer pelas expectativas que se dissiparam, pelas experiências que já não podem ser as mesmas. Eventos como festas de aniversário e encontros, que antes faziam parte do cotidiano, agora se convertem em instantes de incerteza. O que antes era um momento de diversão, agora é hora de enfrentar olhares desconfiados de outros pais que não compreendem a situação. Este é um momento para se preocupar com as mudanças sensoriais e as estereotipias.

É evidente a existência da desinformação, a dor que percebo no relato de cada mãe que enfrenta a rejeição, inclusive familiar, sendo submetidas a situações nas quais escutam comentários sugerindo que tais comportamentos característicos do autismo são apenas resultado de indisciplina.

No entanto, como tudo na vida, o processo se desenrola, levando à aceitação, adaptação e reinterpretação. Surge a necessidade de mudar a perspectiva, mudar o foco e iniciar a busca por formas de reestruturar a vida, buscando maneiras de incluir não só os filhos, mas também a nós mesmas.

Com base na minha experiência, tanto profissional quanto pessoal, posso afirmar que o impacto emocional do diagnóstico é intenso e doloroso, mas não é permanente.

A ausência de informação como um obstáculo

A falta de informação é um buraco negro e frio no caminho das mães que procuram inclusão. Apesar de a família e os amigos próximos tentarem compreender o transtorno do espectro autista (TEA), ainda existem mitos e conceitos (pré-conceitos) equivocados acerca do autismo. Essa compreensão insuficiente cria barreiras para a integração social e emocional. Casos comuns que acontecem em famílias com mais filhos, incluindo filhos neurotípicos que são incentivados a sair com familiares, ao passo que o autista não. Assim, cada interação não só representa um teste de resistência, mas também de propósito. O que se percebe é que se estabelece um ciclo: a ausência de informação abre caminho para o preconceito e a exclusão, enquanto a ausência de suporte reforça essa experiência. E nós, mães, quase sem querer, transformamo-nos em porta-vozes, carregando o fardo da educação pública e de uma nova compreensão e responsabilidade social em relação ao autismo.

Portanto, a jornada não se restringe apenas aos nossos filhos, mas também à batalha por um lugar, por reconhecimento, acessibilidade e empatia.

Apresento aqui a minha vivência como representante de uma associação de pais atípicos e fundadora de uma clínica de tratamento para crianças especiais. A tarefa de se transformar em um agente de transformação é enorme, mas é neste ambiente de batalha e solidariedade que nós, mães, encontramos a força necessária para superar os obstáculos da desinformação.

Consciência e inclusão

Diariamente, finalizo mais um diagnóstico de autismo. Cada ano, mais crianças são diagnosticadas. Esta realidade desperta a demanda por informações, impõe a obrigação de ampliar o conhecimento e lutar contra a desinformação.

Com a expansão da publicidade nas redes sociais, surgiram vantagens. No entanto, minha crítica é que, como em qualquer ambiente digital, há uma grande quantidade de informações falsas e tendenciosas que complicam o processo de conscientização e inclusão. Muitos tornaram o autismo um negócio lucrativo. No entanto, campanhas de sensibilização, encontros e movimentos adquiriram importância e geraram resultados expressivos em termos de conscientização. Por meio de estratégias simples, porém significativas, a mobilização de famílias tem exercido um papel ativo na promoção da inclusão e conscientização. Conforme a conscientização acerca do espectro autista cresce, fica evidente a importância da educação na inclusão dessas crianças.

A inclusão vai além da simples aceitação de crianças autistas nas salas de aula; envolve proporcionar um acolhimento autêntico, em que cada criança é reconhecida, respeitada e integrada a uma comunidade de aprendizagem.

Dificuldades ao socializar

Muitas vezes, a realidade desafia as expectativas. As experiências compartilhadas em sessões com outras mães atípicas destacam um padrão constante: o descompasso entre o que se espera e o que se vê em ambientes sociais. Normalmente, um simples passeio gera uma série de receios e inquietações. Possuo também esses temores e aflições, apesar de hoje em dia em menor escala, com minha filha já mais velha. São medos originados por padrões de socialização esperados para crianças, que possivelmente nossos filhos não serão capazes de alcançar.

Seria maravilhoso se todos os princípios de interação social fossem valorizados, e se cada riso, cada gesto fosse reconhecido, aceito e menos avaliado. Não é necessário seguir um modelo rígido para socializar, podemos criar oportunidades que permitam que as crianças, apesar de suas diferenças, participem, tornando a experiência enriquecedora e prazerosa para todos.

Estratégias práticas para atividades inclusivas

Ao considerar os desafios diários com minha filha e meus pequenos pacientes, ao ouvir relatos das mães e compartilhar experiências, noto que métodos alternativos de socialização surgem a partir de pequenas alterações. Aqui, sugiro uma lista de táticas simples e úteis que podem ser utilizadas:

- Preparar-se com antecedência. Antes de uma ocasião social, discutir com seu filho sobre as expectativas, explicando de forma clara o que está por vir.
- Encontros ao ar livre, encontros com amigos em locais que permitem mobilidade e interações espontâneas.
- As comemorações de aniversário podem ser um desafio para crianças com TEA. No entanto, uma mudança simples, como a organização de um local calmo onde uma criança possa se refugiar quando se sentir sobrecarregada, pode fazer uma grande diferença. Se uma criança se sente incomodada, ela pode se esconder e se recuperar. Assim, ela aproveita a festa no seu próprio ritmo.
- Integrar essa noção de ambientes seguros e adaptáveis em outras situações sociais proporciona às crianças um sentimento de acolhimento.
- As brincadeiras também são uma oportunidade de inclusão. Implementar atividades que envolvam todos os participantes, sem considerar suas habilidades. Jogar boliche com garrafas de plástico, permitindo que as crianças brinquem no seu próprio ritmo, pode proporcionar momentos de união e felicidade.
- As oficinas de arte são um método divertido para promover a inclusão. As mães se reúnem para organizar encontros onde todos os filhos possam expressar sua criatividade, seja por meio da arte, da pintura, modelagem com massa de modelar ou origami.
- Em reuniões familiares, a inclusão pode levar a avanços significativos. O uso de jogos de cartas que incentivam a conversa, a demonstração de habilidades e brincadeiras como cantarem juntos em um karaokê podem ser um meio divertido de unir todos os integrantes da família.

Assim, as atividades inclusivas deixam de ser apenas uma obrigação e se tornam uma maneira alegre e prazerosa de viver. Dividir os momentos felizes da vida, transformar a todos.

O valor do autocuidado

Quero enfatizar a função da mãe de uma criança com TEA, que é uma trajetória intensa, repleta de desafios e obrigações que aparentemente nunca terminam. A pressão diária para satisfazer as necessidades dos filhos pode levar ao não atendimento de suas próprias necessidades. Mães comprometidas de alma e corpo se veem imersas em um ciclo contínuo de cuidados, muitas vezes esquecendo que também são seres humanos, com suas limitações, necessidades e aspirações. Quase atingem a exaustão física, mental e psicológica.

A necessidade de reabastecer as energias é um elemento crucial, mas frequentemente ignorado. Com suas diversas facetas, o autocuidado se transforma não apenas em um instrumento de sobrevivência, mas também de resiliência e qualidade de vida.

Ao dar prioridade ao seu autocuidado, a mãe alcança um equilíbrio que traz vantagens para si mesma e para sua família, criando um ambiente mais tranquilo, consciente e equilibrado para todos. No entanto, é necessária a participação de todos, formando uma rede de suporte.

A mensagem é direta: autocuidado é o primeiro passo para se tornar uma mãe ainda mais presente e carinhosa.

Dicas práticas de autocuidado na vida diária

Entender a tarefa de encontrar um espaço para o autocuidado pode parecer quase inatingível. No entanto, é possível adotar estratégias simples e eficientes para garantir que, mesmo nas rotinas mais intensas, elas consigam separar momentos valiosos para se cuidarem.

- Pequenos intervalos de 5 a 10 minutos, distribuídos de forma estratégica ao longo do dia, podem oferecer um alívio considerável. Tais intervalos podem ir desde um simples exercício de respiração até um instante para apreciar um chá quente, ou simplesmente olhar para o céu e se permitir divagar.
- Converter tarefas diárias em chances para o autocuidado. Por exemplo, o momento do banho pode se transformar em um momento de relaxamento se você reservar tempo para isso. Incorporar óleos essenciais ou estabelecer um clima tranquilo com velas e música suave pode converter esse momento cotidiano em um refúgio pessoal.
- E, por fim, momentos de lazer e entretenimento são fundamentais. O riso conduz ao amor e à compreensão mútua. Embora os desafios de ser mãe de uma criança com TEA sejam enormes, a leveza que os

momentos de felicidade trazem é o que estabelece as melhores recordações (decida com qual perspectiva deseja enxergar sua vida: a da felicidade ou a da tristeza).

Quando priorizamos o autocuidado, transformamos não só nossas vidas, mas também a relação que estabelecemos com nossos filhos. A consequência é uma relação mais carinhosa, paciente e equilibrada. Que todas as mães compreendam que, ao cuidarem de si mesmas, reforçam o amor e a ligação que tanto almejam e precisam fortalecer em suas famílias.

Cada ação mínima voltada para o autocuidado é um grão de amor, plantando um futuro mais equilibrado e inclusivo para todos.

Referências

GRANDIN, T.; PANEK, R. *O cérebro autista*: pensando através do espectro. Trad. Cristina Cavalcanti. Rio de Janeiro: Editora Record, 2013.

MALAB, M. *Na montanha-russa*: vivendo a maternidade no autismo. [S. l.]: Quintal Edições, 2017.

CAPÍTULO 37

Autismo na idade adulta e mercado de trabalho

Valorizando talentos da neurodiversidade

Este capítulo aborda a inclusão de autistas adultos no mercado de trabalho, enfatizando habilidades únicas, como atenção a detalhes e precisão. Analisa como políticas públicas e práticas corporativas podem apoiar essa inclusão e destaca os benefícios da neurodiversidade para empresas. Recomendações incluem incentivos governamentais, treinamentos adaptados e conscientização sobre o potencial dos autistas, propondo a inclusão como uma vantagem para empresas e sociedade.

Marcelo Franco

MARCELO FRANCO

Psicólogo cognitivo-comportamental e Neuropsicólogo clínico especializado em transtornos do neurodesenvolvimento na idade adulta, nas áreas de educação superior, relacionamentos e sexualidade e formação para o trabalho, bem como avaliação neuropsicológica, neurofeedback, neuromodulação e uso de tecnologias digitais como *wearables* e inteligência artificial. Mestre em Políticas Públicas (TDAH) e em Humanidades (TEA). Doutorando em Ciências Cognitivas (TEA e Tecnologias Digitais). Professor universitário na área de psicologia cognitiva e neurociências, com formação também em Ciências Sociais – Sociologia. Escritor, com livros infantis premiados. Pesquisador em Interação humano-computador para autistas no Lead – Centro de Pesquisa, Desenvolvimento e Inovação Dell. É Diretor de Operações no Nordeste da Specialisterne Brasil, empresa dinamarquesa presente em 26 países, com 20 anos de expertise em formação, inclusão e acompanhamento de autistas no mercado de trabalho.

Contatos: www.lordemarcelo.com.br
marcelo.franco@specialisterne.com.br
Instagram: @lordemarcelo
LinkedIn: lordemarcelo
85 98620 5238

Este capítulo explora a importância de incluir adultos com transtorno do espectro autista (TEA) no mercado de trabalho, abordando a riqueza de habilidades que esses indivíduos oferecem e os desafios que precisam ser superados para alcançar uma inclusão efetiva. A partir de uma análise interligada entre neuropsicologia e ciências sociais, examinam-se as vantagens competitivas e o impacto social e econômico da inclusão de pessoas com TEA, desde que políticas corporativas e práticas adaptativas sejam implementadas. Ao final, são apresentadas recomendações práticas para que empresas possam criar ambientes laborais que valorizem a neurodiversidade e apoiem uma integração sustentável e humana.

Neuropsicologia e habilidades únicas dos autistas

A neuropsicologia do autismo revela um perfil cognitivo amplo, sobretudo no campo das funções executivas. Autistas, de modo geral, apresentam uma capacidade meticulosa de atenção aos detalhes, foco intenso e reconhecimento de padrões, atributos que têm origem nas particularidades de processamento de informações no cérebro autista. Essas características não são apenas traços comportamentais, mas habilidades valiosas e frequentemente necessárias em ambientes de trabalho modernos, onde a precisão, a organização e o rigor analítico são indispensáveis. Para neurodivergentes, a cognição funciona como um sistema único, que possibilita, por exemplo, uma concentração intensa em tarefas repetitivas e analíticas, que para muitos outros seriam cansativas ou desafiadoras. Essas competências são ideais para setores como tecnologia, análise de dados, ciência da informação e controle de qualidade.

Um dos principais trunfos dos autistas é o “hiperfoco”, um estado de concentração tão profundo que permite o desempenho excepcional em tarefas específicas e a minimização de erros. No entanto, o hiperfoco, se não compreendido ou gerido adequadamente, pode levar ao esgotamento. Por isso, além de promover a inclusão, é essencial que as empresas estejam preparadas para ajudar esses indivíduos a equilibrar o uso de suas habilidades sem comprometer o bem-estar. Empresas que investem em adaptar processos para aproveitar essas competências se beneficiam não apenas em termos de produtividade, mas em qualidade dos resultados, agregando valor ao produto ou serviço final. Em contrapartida, o uso dessas competências depende de práticas de gestão sensíveis e adequações no ambiente de trabalho para minimizar fatores de estresse, como barulhos excessivos, interrupções constantes ou ambientes com layouts desordenados.

Entretanto, apesar de suas vantagens, as características dos autistas muitas vezes encontram barreiras sociais e culturais que limitam o aproveitamento de suas habilidades. Comumente, há dificuldades com interação social e aversão a mudanças bruscas de rotina, aspectos que podem ser minimizados com o estabelecimento de rotinas estruturadas. A psicologia, em particular a neuropsicologia, oferece diretrizes que ajudam a moldar o ambiente e os processos de trabalho, promovendo o bem-estar dos colaboradores e, ao mesmo tempo, impactando positivamente o desempenho e a produtividade da empresa. Maximizar as habilidades dos autistas no ambiente corporativo depende de uma compreensão aprofundada de suas necessidades e da criação de suportes adequados.

Desafios de empregabilidade: barreiras culturais e estruturais

Embora as habilidades dos autistas sejam bem documentadas e valorizadas em áreas de alta complexidade, como análise de dados, estatística e tecnologias digitais, o mercado de trabalho continua sendo um ambiente desafiador para esses indivíduos. Dados apontam que menos de 20% dos autistas adultos possuem emprego formal, mesmo entre aqueles com formação técnica ou superior, em áreas em que poderiam fazer uma grande diferença. Essa baixa taxa de empregabilidade reflete a persistência de barreiras culturais e estruturais que prejudicam a inserção dos autistas no mercado de trabalho, incluindo preconceitos sociais, ausência de políticas de inclusão eficazes e falta de programas de apoio contínuo.

As práticas convencionais de recrutamento representam uma das principais barreiras para os autistas. Entrevistas e dinâmicas de grupo, por exemplo, são metodologias que tendem a avaliar traços de personalidade como extroversão e sociabilidade, em detrimento das habilidades técnicas e operacionais que muitos autistas dominam. Essas práticas excluem, mesmo que de forma não intencional, indivíduos cujo valor é incomensurável para determinadas funções e empresas. Em consequência, muitos autistas altamente qualificados permanecem desempregados ou subutilizados, o que representa uma perda de talentos valiosos e um desperdício de potencial humano para o mercado de trabalho.

No que se refere à cultura organizacional, muitos ambientes corporativos ainda perpetuam uma estrutura baseada em interações sociais constantes, o que pode dificultar a adaptação de autistas. A tendência de valorizar a comunicação verbal e a interação interpessoal como requisitos essenciais nas organizações coloca autistas em desvantagem, pois seus traços comportamentais podem ser percebidos como falta de "adequação cultural". Por sua vez, essa percepção reforça o preconceito e contribui para a exclusão. Entretanto, a diversidade neuropsicológica, se valorizada e adequadamente gerida, pode ser um ativo poderoso para a inovação organizacional e para a construção de diferenciais competitivos. Cultivar uma cultura inclusiva é mais que uma responsabilidade social; é uma estratégia de inovação e crescimento para as empresas, pois amplia as capacidades de suas equipes e gera novas perspectivas.

Políticas públicas: uma ponte para a inclusão

A inclusão de autistas no mercado de trabalho brasileiro conta, em grande medida, com o amparo da Lei de Cotas (Lei n. 8.213/91), que visa promover a inserção de pessoas com deficiência no mercado de trabalho, incluindo autistas. Além disso, a Lei n. 14.992/2024 integra bases de dados de emprego com o cadastro de pessoas com TEA. A lei também prevê que os empregadores ofereçam suporte psicossocial para os colaboradores autistas. Por fim, a Lei n. 12.764/12 determina que a pessoa com TEA é considerada uma pessoa com deficiência para todos os efeitos legais. Claro que, em termos neuropsicológicos e sociológicos, como a da neurodiversidade, proposta por Judy Singer, pessoas autistas ou neurodivergentes não são deficientes.

Contudo, apesar da abrangência da lei, sua aplicação prática encontra desafios significativos devido à falta de políticas que orientem e incentivem as empresas na adaptação dos ambientes de trabalho para incluir autistas. Muitos empregadores, ainda que bem-intencionados, hesitam em contratar autistas devido à ausência de orientação adequada e à falta de incentivos específicos para as adaptações necessárias.

Para que políticas de inclusão sejam eficazes, é fundamental que se expandam para além da integração inicial, contemplando um processo contínuo de adaptação e desenvolvimento das habilidades dos autistas. Esse apoio pode incluir desde a substituição de entrevistas tradicionais por avaliações práticas, que destacam as competências técnicas dos candidatos, até a criação de ambientes físicos e horários de trabalho flexíveis, permitindo que o colaborador autista realize suas atividades de forma confortável e segura. Campanhas de conscientização também desempenham um papel importante, pois ajudam a reduzir o estigma social e promovem uma visão positiva da neurodiversidade, ampliando o horizonte para a aceitação dos autistas no mercado.

Além disso, é fundamental que o poder público invista na formação de profissionais especializados, como psicólogos e educadores, que possam atuar como mediadores e oferecer suporte contínuo para os autistas e suas equipes. A criação de uma rede de apoio bem-estruturada transforma positivamente a experiência desses profissionais no ambiente de trabalho e facilita uma transição mais harmoniosa para a inclusão de autistas.

Práticas corporativas para a inclusão sustentável

Promover uma inclusão sustentável no mercado de trabalho vai além de boas intenções: é necessário estruturar incentivos e desenvolver práticas inclusivas que promovam um ajuste mútuo entre o autista e o ambiente corporativo. Incentivos fiscais para empresas que implementem práticas inclusivas, como redução de impostos e subsídios para adaptações físicas, são uma excelente alternativa para encorajar a inclusão. Além disso, oferecer treinamentos e workshops específicos para gestores e equipes de trabalho é essencial, pois permite uma compreensão mais profunda e empática das necessidades dos autistas, preparando todos para integrar as habilidades dos autistas de maneira produtiva nas operações e rotinas organizacionais.

A inclusão sustentável também pode ser impulsionada por parcerias entre o setor público e privado para o desenvolvimento de programas de estágio e treinamentos voltados para autistas adultos. Esse processo contínuo de feedback e ajuste permite que os colaboradores autistas encontrem seu lugar e possam contribuir plenamente para o ambiente corporativo, enquanto as empresas também se beneficiam ao promover uma cultura inclusiva que fortalece suas equipes e fomenta um ambiente de inovação e colaboração.

O desenvolvimento de uma estratégia eficaz de recrutamento e seleção é outra recomendação central. Avaliações práticas, em lugar de entrevistas tradicionais, aumentam significativamente as chances de que candidatos autistas sejam selecionados com base em suas habilidades técnicas, eliminando, assim, a possibilidade de exclusão devido a aspectos comportamentais irrelevantes para a função em questão. Reconhecer a neurodiversidade como uma vantagem competitiva traz benefícios mensuráveis para a empresa, além de construir uma imagem de marca inclusiva e socialmente responsável.

Case de sucesso: Specialisterne

A Specialisterne, organização dinamarquesa fundada em 2004 por Thorkil Sonne para promover a inclusão de autistas no mercado de trabalho, é um exemplo prático e inovador de como a preparação e a adaptação do ambiente corporativo são essenciais para o sucesso desses profissionais. Com uma metodologia própria que inclui avaliações personalizadas de habilidades e um programa de capacitação prática, a Specialisterne atua lado a lado com empresas para que estas compreendam o valor da diversidade neuropsicológica e ajustem suas práticas de trabalho e de gestão para acolher e valorizar pessoas com TEA. O modelo também proporciona um suporte contínuo tanto para o autista quanto para o empregador, facilitando a integração e promovendo um ambiente de trabalho mais inclusivo.

A abordagem da Specialisterne destaca que a inclusão profissional de autistas não se trata apenas de responsabilidade social, mas também de uma vantagem competitiva real para as empresas. Ao contratar pessoas com habilidades únicas, as empresas têm acesso a talentos que enriquecem sua capacidade de inovação, qualidade e eficiência operacional.

A experiência ao redor do mundo, hoje já atuando em 26 países, incluindo o Brasil, mostra que, quando ambientes corporativos oferecem as adaptações necessárias, os autistas não apenas se integram ao mercado de trabalho, mas também prosperam nele. Essa prática beneficia não só os indivíduos e suas famílias, mas também gera impactos positivos em toda a sociedade, promovendo uma cultura de aceitação e valorização das diferenças.

Conclusão

A inclusão de autistas no mercado de trabalho é uma oportunidade de transformação não apenas para as empresas, mas para a sociedade como um todo. À medida que a conscientização sobre neurodiversidade avança, é essencial que políticas públicas, práticas corporativas e processos de recrutamento evoluam para criar um ambiente onde todos os indivíduos tenham oportunidades iguais de desenvolvimento e sucesso. A inclusão profissional dos autistas não é apenas uma questão de direitos, mas uma decisão estratégica que enriquece o mercado de trabalho e contribui para uma sociedade mais inclusiva. Ao reconhecer e valorizar habilidades únicas, pavimenta-se o caminho para uma sociedade verdadeiramente diversa, onde a diferença é vista como fonte de inovação e prosperidade.

Referências

AMERICAN PSYCHIATRIC ASSOCIATION (APA). *Manual diagnóstico e estatístico de transtornos mentais*. DSM-5. 5 ed. São Paulo: Artmed, 2014.

FUENTES, D. *et al* (org.). *Neuropsicologia*: teoria e prática. 2. ed. Porto Alegre: Artmed, 2014.

GRANDIN, T.; PANEK, R. *O cérebro autista*: pensando através do espectro. Rio de Janeiro: Record, 2016.

LEOPOLDINO, C. B.; COELHO P. F. C. O processo de inclusão de autistas no mercado de trabalho. *Economia & Gestão*, Belo Horizonte, v. 17, n. 48, p. 141-156, set./dez. 2017.

SINGER, J. *NeuroDiversity*: the birth of an idea. [*S. l.*]: Judy Singer Editor, 2017.

SPECIALISTERNE BRASIL. Homepage. Specialisterne, s.d. Disponível em: https://specialisternebrasil.com/. Acesso em: 19 nov. 2024.

CAPÍTULO 38

Identificando barreiras que impedem o avanço da intervenção

Seu filho parece estagnado na terapia? Você sente que, apesar dos esforços, o progresso não está acontecendo? Quando uma criança autista não avança, é hora de questionar: o que pode estar impedindo seu desenvolvimento? Neste capítulo, vamos explorar como identificar e superar essas barreiras. Com uma abordagem integrada, atenção à comunicação, aos aspectos sensoriais e ao acompanhamento médico, você poderá ajudar seu filho a seguir em frente e alcançar seu potencial.

Mariana Maldonado

MARIANA MALDONADO

CRP 06/215865

Graduada em Pedagogia e Psicologia, é empresária, terapeuta ABA especializada no atendimento de crianças com autismo e deficiência intelectual. Autista e mãe de uma criança autista, dedica sua trajetória a transformar vidas, unindo experiências pessoais e profissionais para promover inclusão, aprendizado e desenvolvimento.

Contatos: marianamaldonado2501@gmail.com
Instagram: @marianamaldonado.tea
11 96411 4751

Um pessimista vê dificuldade em cada oportunidade, um otimista vê oportunidade em cada dificuldade.

Winston Churchill

Quando seu filho autista não está avançando na terapia, é natural que surjam dúvidas e preocupações. É importante entender que cada criança é única e que vários fatores podem influenciar seu desenvolvimento. Quando conseguimos identificar e eliminar as barreiras que dificultam o progresso, o plano de intervenção flui de forma mais eficaz, proporcionando avanços mais significativos. Este texto vai ajudar você a identificar o que precisa ser considerado e investigado para garantir que a intervenção seja eficaz e promova o melhor desenvolvimento possível do seu filho.

1. A importância da terapia ABA com supervisão qualificada e integração multidisciplinar

Para que a terapia ABA (Análise do Comportamento Aplicada) seja eficaz e promova avanços consistentes para o seu filho, ela precisa ser conduzida por profissionais qualificados e com supervisão contínua. O processo começa com uma avaliação detalhada, realizada com um protocolo adequado, escolhido pelo analista do comportamento com base nas características da criança e em seu nível de desenvolvimento atual. A partir dessa avaliação, é criado o Plano de Ensino Individualizado (PEI), que define os objetivos a serem trabalhados com a criança. Esses objetivos devem ser relevantes para a criança e para a família, considerando o que é importante dentro dos contextos em que a criança vive, como em casa e na escola.

O PEI precisa incluir registros de cada sessão e gráficos que permitam monitorar o progresso do seu filho ao longo do tempo. Isso possibilita uma visão clara de quais estratégias estão funcionando e quais precisam ser ajustadas. A supervisão também tem um papel essencial nesse processo. De acordo com as diretrizes do *Council of Autism Service Providers* (CASP)[1], é recomendada uma supervisão de pelo menos 1 hora para cada 10 horas de intervenção direta. Essa supervisão permite que o analista avalie o progresso da criança, faça ajustes nas estratégias e ofereça suporte aos assistentes terapêuticos (ATs), garantindo que todos os envolvidos estejam alinhados aos objetivos do PEI.

A intensidade do tratamento também merece atenção. Estudos e diretrizes do CASP[1] indicam que a quantidade de horas semanais de intervenção pode variar bastante, entre 10 e 40 horas, dependendo das necessidades da criança. Em casos que exigem mais suporte, uma intensidade de 25 a 40 horas semanais pode ser necessária para garantir que a criança tenha múltiplas oportunidades de praticar e generalizar habilidades em diferentes contextos. A frequência e a duração das sessões são ajustadas de forma contínua, conforme a criança progride ou enfrenta novos desafios. Assim, a flexibilidade no planejamento das horas de intervenção é fundamental para acompanhar o ritmo de desenvolvimento do seu filho e otimizar os resultados da terapia.

O treinamento parental também é um aspecto crucial do processo. Como a criança passa a maior parte do tempo com os pais, é fundamental que eles entendam a intervenção, ajudem no ensino e promovam a generalização das habilidades no dia a dia. Os pais são as figuras que estarão presentes ao longo de toda a vida da criança, por isso, precisam ser parceiros ativos na terapia. Quando os pais compreendem as técnicas utilizadas e as incorporam nas rotinas diárias, como durante as refeições ou nos momentos de lazer, eles ajudam a garantir que o que a criança aprende nas sessões se torne parte de sua vida cotidiana.

A terapia ABA é mais eficaz quando não fica restrita ao ambiente clínico. Para que as habilidades aprendidas na terapia sejam aplicadas em situações reais, é essencial que a intervenção ocorra também em casa e na escola, onde a criança passa grande parte do tempo. Isso ajuda na generalização dos aprendizados, permitindo que seu filho utilize o que aprendeu em diversos contextos.

Outro ponto crucial é a integração da equipe multidisciplinar que acompanha o seu filho. O analista do comportamento deve trabalhar em conjunto com outros profissionais, como psicólogos, terapeutas ocupacionais e fonoaudiólogos, que também podem contribuir para o desenvolvimento da criança. Essa integração permite que cada profissional traga sua especialidade para o processo, mas todos precisam estar alinhados ao mesmo plano de intervenção. Um bom trabalho em equipe evita que diferentes abordagens gerem confusão para a criança e garante que os esforços estejam direcionados para os mesmos objetivos. A comunicação contínua entre os profissionais é fundamental para ajustar as estratégias de acordo com os avanços ou as dificuldades que possam surgir.

2. Comunicação: a base para o desenvolvimento

Se seu filho tem dificuldade para se expressar com palavras, ele pode acabar usando outros meios para tentar comunicar suas necessidades e sentimentos, como chorar, gritar ou até mesmo jogar objetos. Esse comportamento é mais comum do que parece e pode indicar a necessidade de uma forma mais adequada de comunicação. A Comunicação Alternativa e Aumentativa (CAA) pode ser uma solução importante, proporcionando a ele maneiras de se expressar por meio de pranchas de comunicação, aplicativos ou gestos, o que reduz sua frustração.

A incapacidade de comunicar o que deseja ou sente causa um grande sofrimento. Imagine a dificuldade de querer algo simples, como um copo de água, ou estar com dor e não conseguir explicar. Isso pode gerar comportamentos desafiadores, como birras ou agressividade. A CAA oferece um caminho para que seu filho se faça entender, proporcionando alívio e melhorando sua qualidade de vida. Com a CAA, muitos pais percebem que os comportamentos desafiadores diminuem, pois seu filho passa a ter um meio claro para expressar suas necessidades.

Ao contrário do que alguns pensam, a CAA não atrasa o desenvolvimento da fala; na verdade, ela pode incentivar a criança a tentar se expressar, seja por meio de gestos, símbolos ou até mesmo verbalmente. Isso fortalece as interações em casa e na escola, contribuindo para um ambiente mais harmonioso e para a construção de vínculos mais fortes.

Como pai ou mãe, seu papel é essencial nesse processo. A CAA só será efetiva se houver parceiros de comunicação dispostos a utilizá-la. É importante que a família se envolva, participando de oficinas, lendo materiais e integrando as práticas de CAA no dia a dia. Quanto mais natural for o uso da CAA em casa, mais rapidamente seu filho poderá se beneficiar e progredir.

Mesmo que, no início, você tenha dúvidas sobre a CAA, vale a pena observar como ela pode transformar o dia a dia do seu filho e facilitar sua vida. Acompanhar o uso da CAA nas sessões terapêuticas pode ajudar você a entender seu potencial e a aplicar essa ferramenta no cotidiano, tornando a comunicação mais fácil e agradável para todos.

3. Transtornos motores: uma barreira oculta ao progresso

Você já percebeu se seu filho tem dificuldades para realizar algumas atividades físicas, como pular, correr ou até mesmo se manter sentado? Isso pode estar relacionado a transtornos motores, que são muito comuns em crianças autistas. De acordo com Zampella *et al.* (2021), 87% das crianças no espectro do autismo apresentam algum tipo de dificuldade motora e isso pode dificultar o aprendizado de outras habilidades.

Muitas crianças autistas também têm hipotonia, que é um tônus muscular baixo. Isso pode fazer com que subir escadas ou manter uma postura adequada seja mais difícil para elas. Por exemplo, seu filho pode ter dificuldades para se manter sentado na cadeira durante as atividades escolares. Nesse caso, o trabalho de terapeutas ocupacionais e fisioterapeutas é fundamental para fortalecer a musculatura e melhorar a coordenação. Isso pode ajudar seu filho a se sentir mais confortável e participar melhor das atividades do dia a dia.

A imitação é outra habilidade que pode ser diretamente afetada pelos transtornos motores. Quando seu filho tem dificuldades motoras, ele pode não conseguir realizar gestos simples que envolvem o corpo, como bater palmas ou empurrar um carrinho. Essas limitações podem prejudicar o desenvolvimento de habilidades importantes, como imitar o que vê os colegas fazendo, o que é fundamental para a socialização. Quando seu filho não consegue acompanhar as brincadeiras das outras crianças, ele pode acabar se sentindo isolado. Por isso, trabalhar essas dificuldades motoras é essencial para que ele desenvolva a capacidade de imitar e, assim, interagir mais com o mundo ao seu redor.

4. Questões sensoriais: compreendendo o mundo por meio dos sentidos

Talvez você já tenha notado que seu filho reage de maneira diferente a certos sons, luzes ou toques. Ele pode ser muito sensível a barulhos altos, como o som de um liquidificador, ou talvez goste de sentir texturas diferentes nas mãos. Essas diferenças sensoriais são comuns em crianças autistas e podem afetar o modo como elas interagem com o ambiente.

Se seu filho se incomoda com luzes fortes, por exemplo, isso pode dificultar a concentração dele durante uma atividade terapêutica. Já outra criança, que busca mais estímulos sensoriais, pode ter dificuldade em manter o foco em uma tarefa, preferindo explorar o ambiente ao redor. Nesses casos, uma terapeuta ocupacional com formação em integração sensorial é fundamental para ajudar a identificar as necessidades específicas de seu filho e trabalhar de forma personalizada essas questões. Esse profissional pode desenvolver estratégias para melhorar a forma como seu filho lida com os estímulos sensoriais, facilitando sua adaptação aos diferentes ambientes.

Criar um espaço onde as necessidades sensoriais do seu filho possam ser atendidas pode fazer uma grande diferença no engajamento dele. Adaptar o ambiente com elementos que respeitem essas necessidades facilita o processo de aprendizagem e ajuda na regulação emocional, permitindo que ele se sinta mais à vontade para aprender.

5. Acompanhamento médico: uma parte essencial do processo

O acompanhamento médico é fundamental no tratamento de crianças com transtorno do espectro autista (TEA), garantindo que todas as condições que possam impactar seu desenvolvimento sejam devidamente avaliadas e tratadas. Em muitos casos, a introdução de medicamentos pode ser necessária para ajudar a controlar sintomas que interferem diretamente no progresso da terapia, como ansiedade, irritabilidade, hiperatividade e distúrbios de comportamento. A decisão de iniciar uma medicação deve ser feita em conjunto com um médico especializado, como um neurologista ou psiquiatra, que possa avaliar os benefícios e os possíveis efeitos colaterais, sempre considerando as necessidades específicas do seu filho.

Após o início da medicação, o acompanhamento contínuo é essencial para ajustar as doses conforme a criança cresce. Alterações no peso e no metabolismo podem exigir ajustes para manter a eficácia dos medicamentos, garantindo que continuem controlando os sintomas sem causar efeitos adversos. Esses ajustes são comuns e necessários para manter o controle dos sintomas e permitir que a criança se beneficie plenamente das terapias.

Além da medicação, é crucial investigar a presença de comorbidades, ou seja, condições que podem ocorrer junto com o TEA e que, se não tratadas, podem prejudicar o desenvolvimento da criança. Condições como transtorno de déficit de atenção e hiperatividade (TDAH), transtorno opositivo-desafiador (TOD), epilepsia e deficiência intelectual são frequentes em crianças autistas e podem afetar seu comportamento e aprendizado. Quando não diagnosticadas e tratadas de forma adequada, essas comorbidades podem dificultar o engajamento da criança nas sessões terapêuticas e interferir diretamente em seu progresso. Um diagnóstico preciso e um tratamento adequado dessas condições podem melhorar significativamente o bem-estar da criança e facilitar sua participação nas intervenções, promovendo avanços mais consistentes.

É importante também investigar outros aspectos da saúde que podem estar prejudicando o desenvolvimento do seu filho. Ele pode apresentar problemas gastrointestinais, endócrinos, alérgicos, e até mesmo certos comportamentos podem ser resultado de uma condição como sinusite ou dor de garganta. Estes problemas, se não tratados, podem interferir diretamente no bem-estar dele, afetando o progresso da terapia.

A jornada de promover o desenvolvimento do seu filho autista pode ser desafiadora, mas, ao identificar e eliminar barreiras, é possível criar um ambiente que favoreça o progresso. Investir na comunicação, considerar os aspectos motores e sensoriais, garantir um acompanhamento médico adequado e envolver-se ativamente na terapia são passos essenciais. Com a parceria de uma equipe qualificada e o suporte da família, seu filho terá mais oportunidades de alcançar seu potencial e construir um futuro mais promissor.

Referências

COUNCIL OF AUTISM SERVICE PROVIDERS – CASP. Council of Autism Service Providers (CASP), 2025. Disponível em: https://www.casproviders.org. Acesso em: 8 jan. 2025.

ZAMPELLA, C. J. *et al.* Motor skill differences in autism spectrum disorder: A clinically focused review. *Current psychiatry reports*, v. 23, n. 10, p. 64, 2021.

CAPÍTULO 39

Perfil neuropsicológico de pacientes com transtorno do espectro autista

O capítulo explora o perfil neuropsicológico de pacientes com transtorno do espectro autista (TEA), abordando as principais características cognitivas, comportamentais e emocionais que afetam essa população. A análise inclui aspectos como dificuldades na comunicação, interação social, padrões de comportamento repetitivos e interesses restritos, além de variações na inteligência e no processamento sensorial.

Marina Barbieri

MARINA BARBIERI

CRP 18/05936

Psicóloga, especialista em Neuropsicologia e mestranda em Neurociências. Fundadora do Instituto Barbieri, dedica-se à prática clínica com foco em avaliação e reabilitação neuropsicológica de transtornos do neurodesenvolvimento, combinando sua expertise com a docência no ensino superior. Sua atuação acadêmica inclui a ministração de cursos voltados para a neuropsicologia, além de uma dedicação especial à pesquisa de síndromes raras, refletindo sua paixão pelo avanço do conhecimento científico nessa área.

Contatos: marina.barbieri@hotmail.com
Instagram: @neuropsicologamarinabarbieri
66 98458 5806

O transtorno do espectro autista (TEA) é um transtorno do neurodesenvolvimento que se caracteriza por dificuldades persistentes nas áreas de comunicação, comportamento e interação social. Compreender o perfil neuropsicológico dos indivíduos com autismo é primordial para a criação de intervenções mais eficientes e adaptadas às suas necessidades específicas.

Transtorno do espectro autista: uma visão geral

O TEA compreende um extenso conjunto de manifestações, desde indivíduos que requerem pouco suporte até aqueles que necessitam de assistência intensiva. Esse transtorno tipifica-se por dificuldades constantes na comunicação e interação social, bem como por comportamentos restritos, rígidos e repetitivos, que podem impactar consideravelmente a vida cotidiana do indivíduo (APA, 2013).

A prevalência do TEA tem crescido nos últimos anos, em parte devido a uma maior conscientização e melhorias nos critérios diagnósticos (Fombonne, 2018). A etiologia do TEA é multifacetada, compreendendo uma combinação de predisposições genéticas e influências ambientais, embora as causas exatas ainda não estejam completamente esclarecidas.

Neuropsicologia e sua relevância no TEA

A neuropsicologia se ocupa em estudar a relação entre o funcionamento cerebral e o comportamento humano. No contexto do autismo, essa área é essencial para identificar as funções cognitivas comprometidas e compreender as principais dificuldades enfrentadas pelos pacientes, propiciando intervenções mais específicas.

As avaliações neuropsicológicas em pacientes com TEA incluem a investigação de várias áreas cognitivas, como funções executivas, atenção, memória, linguagem e cognição social. Essas avaliações são essenciais para estruturar um perfil neuropsicológico discriminado.

Perfil neuropsicológico de indivíduos com TEA

Funções executivas

As funções executivas compreendem processos cognitivos que possibilitam a administração eficaz do comportamento em situações complexas. Indivíduos com autismo frequentemente encaram dificuldades em áreas como planejamento, organização e flexibilidade cognitiva. Essas dificuldades podem se apresentar como resistência a alterações de rotina e dificuldades em executar tarefas que exigem vários passos (Hill, 2004).

Atenção e memória

Pessoas portadoras de TEA regularmente demonstram padrões atencionais singulares, com tendência a focar excessivamente em interesses específicos e dificuldade em condicionar a atenção em tarefas menos preferidas. Em relação à memória, há uma grande variedade entre os indivíduos, com algumas habilidades mantidas e outras comprometidas. Por exemplo, a memória de trabalho pode estar parcialmente mantida, enquanto a memória autobiográfica pode apresentar oscilações.

Linguagem

O desenvolvimento da linguagem em indivíduos com TEA pode diferir grandemente, desde a ausência total de fala até o uso de uma linguagem muito formal e literal. As dificuldades linguísticas compreendem não apenas a construção da fala, mas também a compreensão e o uso pragmático da linguagem, necessários para uma comunicação social efetiva.

Habilidades sociais e comunicação

As habilidades sociais simbolizam um dos maiores desafios para indivíduos autistas. A dificuldade em compreender os sinais sociais, como expressões faciais e linguagem corporal, afeta negativamente a capacidade de interação social. Além do mais, a comunicação, tanto verbal quanto não verbal, é frequentemente prejudicada, impossibilitando ainda mais as interações interpessoais.

Cognição social e teoria da mente

A cognição social refere-se à capacidade de compreender e responder às emoções e intenções dos outros, uma área frequentemente prejudicada no TEA. A teoria da mente, que é a habilidade de atribuir estados mentais a si mesmo e aos outros, costuma estar alterada, resultando em déficits na compreensão de distintas perspectivas sociais e na antecipação do comportamento do outro.

Processamento sensorial

Muitos pacientes com TEA demonstram alterações no processamento sensorial, que podem incluir hipersensibilidade ou hipossensibilidade a estímulos. Essas dificuldades sensoriais afetam de modo direto o comportamento e a interação com o ambiente, auxiliando para os padrões de comportamento repetitivos e restritos observados no TEA.

Variações no perfil neuropsicológico dentro do espectro

O TEA, como o próprio nome sugere, compreende uma variedade de manifestações cognitivas e comportamentais. Essa diversidade é influenciada por fatores como a gravidade dos sintomas, a idade do paciente e a presença ou não de comorbidades.

Gravidade dos sintomas

A gravidade da sintomatologia no autismo pode mudar significativamente entre os indivíduos, resultando em perfis neuropsicológicos diferentes. Indivíduos com sintomas mais graves tendem a experimentar dificuldades mais acentuadas em funções executivas, linguagem e cognição social, enquanto aqueles com sintomas mais leves podem manter habilidades mais preservadas nessas áreas.

Idade e desenvolvimento

A idade e o estágio de desenvolvimento em que se encontra o indivíduo são fatores essenciais no perfil neuropsicológico. Crianças pequenas, por exemplo, podem demonstrar maiores dificuldades em áreas como a linguagem e a cognição social, enquanto adultos podem ter desenvolvido estratégias compensatórias, embora ainda enfrentem desafios em situações sociais.

Comorbidades

A existência de comorbidades, como o transtorno de déficit de atenção e hiperatividade (TDAH), pode modificar significativamente o perfil neuropsicológico de indivíduos com TEA. Essas condições "a mais" podem acentuar dificuldades já existentes ou adicionar novas áreas de comprometimento, tornando a avaliação e o tratamento mais complexos.

Desafios e perspectivas futuras

Apesar dos avanços na compreensão do perfil neuropsicológico de indivíduos com TEA, ainda existem dificuldades significativas a serem enfrentadas. A avaliação neuropsicológica do TEA requer instrumentos mais sensíveis e específicos que considerem a diversidade do espectro, e a personalização das intervenções necessita de uma compreensão mais aprofundada das interações entre diferentes áreas cognitivas.

Referências

AMERICAN PSYCHIATRIC ASSOCIATION. *Diagnostic and statistical manual of mental disorders*. 5 ed. Washington, DC: American Psychiatric Publishing, 2022.

FERRARI, P. *Autismo infantil*: o que é e como tratar. São Paulo: Paulinas, 2008.

FOMBONNE, E. Editorial: the rising prevalence of autism. *Journal of Child Psychology and Psychiatry*, v. 59, n. 7, p. 717-720, 2018.

HILL, E. L. Evaluating the theory of executive dysfunction in autism. *Development review*, v. 24, n. 2, p. 189-233, 2004.

CAPÍTULO 40

Lugar de autista é em todo lugar, inclusive nas igrejas

Os espaços religiosos têm se multiplicado por todo o Brasil, mas, como ambientes sociais, é essencial que ofereçam acessibilidade para acolher de maneira efetiva pessoas com deficiência. Este texto propõe uma breve reflexão sobre esse importante tema.

Mayara Coelho

MAYARA COELHO

Psicopedagoga, bacharel em Serviço Social, especialista em Transtorno do Espectro Autista, sócia-diretora da Academia do Autismo, sócia-diretora das clínicas Mosaico e Mosaico Life, idealizadora do projeto Missão no TEA, com o propósito de promover a inclusão de pessoas com autismo em igrejas e comunidades de fé, *influencer* digital do quadro "Dicas da May" no canal da Academia do Autismo.

Contatos: mayarasantosster@gmail.com

Geralmente, a palavra "inclusão" é associada à questão escolar, por exemplo: vagas em escolas, currículo adaptado, mediadores, capacitação de professores, entre outras demandas que bem conhecemos. Outra associação muito comum é com a acessibilidade, que equivocadamente muitas pessoas tendem a reduzir apenas à construção de rampas, vagas de estacionamento, fila preferencial e atendimento prioritário em hospitais etc.

Todas essas questões, sem dúvida alguma, são necessárias e continuam sendo fundamentais, embora a inclusão não se resuma apenas a uma rampa de acesso, prioridade em filas e/ou presença de um mediador para o aprendiz.

A Lei Brasileira da Pessoa com Deficiência (2015) define acessibilidade como:

> Possibilidade e condição de alcance para utilização, com segurança e autonomia, de espaços, mobiliários, equipamentos urbanos, edificações, transportes, informação e comunicação, inclusive seus sistemas e tecnologias, bem como de outros serviços e instalações abertos ao público, de uso público ou privados de uso coletivo, tanto na zona urbana como na rural, por pessoa com deficiência ou com mobilidade reduzida.

Logo em seguida, no inciso IV da mesma lei, são definidas as possíveis barreiras à promoção de acessibilidade, classificadas em seis categorias em que devem ser consideradas:[1]

1 Recomenda-se a leitura completa da Lei Brasileira da Pessoa com Deficiência (2015), cujo link está disponível nas referências.

- **Barreiras urbanísticas**: referente às vias e espaços públicos e privados abertos ao público ou de uso coletivo.
- **Barreiras arquitetônicas**: o que envolve além de outros aspectos, edifícios públicos e privados.
- **Barreiras nos transportes**: resumidamente, que acontece nos sistemas e meios de transportes.
- **Barreiras nas comunicações e na informação**: qualquer obstáculo, atitude ou comportamento que dificulte ou impossibilite a expressão ou o recebimento de mensagens e de informações por intermédio de sistemas de comunicação e de tecnologia da informação.
- **Barreiras atitudinais**: atitudes ou comportamentos que impeçam ou prejudiquem a participação social da pessoa com deficiência em igualdade de condições e oportunidades com as demais pessoas.
- **Barreiras tecnológicas**: as que dificultam ou impedem o acesso da pessoa com deficiência às tecnologias.

Conhecer esses aspectos e o conceito de acessibilidade é um excelente ponto de partida para refletirmos sobre as barreiras que enfrentamos no dia a dia, muitas das quais passam despercebidas em nossa rotina.

A pesquisa do IBGE de 2022 (a mais recente até a data da construção deste texto), estimou que o número de pessoas com deficiência no Brasil é de 18,6 milhões, o que corresponde a 8% da população (dados disponíveis no site oficial do governo, gov.br).

Falando em IBGE, a pesquisa também mostrou que há, no Brasil, mais estabelecimentos religiosos do que o total somado de instituições de ensino e de saúde. São, em média, 286 igrejas para cada 100 mil habitantes do país, de acordo com o censo de 2022. É importante lembrar que, no que tange a "estabelecimentos religiosos", consideraram-se todas as religiões, tendo sido contadas as igrejas, as sinagogas, os centros espíritas etc.

Estes dados nos mostram que o Brasil é um país que tem fé. Talvez a frase popular "sou brasileiro e não desisto nunca" tenha nascido com base na fé cotidiana de que se acreditar, persistir, não perder a esperança, pode-se conseguir o que almeja, assim como está em Hebreus 11:1: "Ora, a fé é o firme fundamento das coisas que se esperam, e a prova das coisas que não se veem".

Na inclusão, o que temos fé que aconteça?

Se podemos projetar a esperança de espaços inclusivos, então temos fé na inclusão. Voltando aos dados do IBGE citados acima, considerando a porcentagem de locais religiosos que se estimou no Brasil e se há movimentos em direção a eliminar as barreiras da acessibilidade nas escolas, nos hospitais, nos espaços públicos, devemos lembrar que "lugar de autista é em todo lugar, inclusive nas igrejas" e incluir este assunto em espaços como este: um livro sobre inclusão!

Quais seriam as barreiras da inclusão que podemos encontrar em algumas igrejas?

Peço ao leitor, gentilmente, que perdoe a minha limitação em conhecer e ter lugar de fala apenas sobre a religião cristã. Não precisamos, nem devemos, entrar em discussões. Estou aqui para servir, e espero que algumas das ideias compartilhadas neste texto possam ser úteis para a aplicação de sua crença. Combinado?

Alguns templos apresentam barreiras arquitetônicas. Embora seja evidente o esforço da comunidade cristã em reformular seus ambientes para torná-los mais acessíveis, ainda existem barreiras significativas na comunicação. Um exemplo positivo é o fortalecimento do movimento para traduzir conteúdos escritos ou falados para LIBRAS durante celebrações, cultos e eventos similares. No entanto, há uma necessidade crescente de ampliar essas iniciativas, disponibilizando também conteúdos na Comunicação Aumentativa e Alternativa (CAA). Isso beneficiaria pessoas com dificuldades de comunicação, como aquelas com sequelas de acidente vascular encefálico (AVE), paralisia cerebral, deficiência intelectual, autismo, entre outras condições.

Sobre as barreiras atitudinais, a pastora Aline Santos (2024) afirma que:

> O termo acessibilidade atitudinal é recente e vai além da inclusão e da acessibilidade, justamente porque requer muito mais uma transformação prática do nosso comportamento, no sentido que de não impedir ou colocar barreiras atitudinais que prejudiquem a participação social de todas as pessoas, em especial daquelas com necessidades específicas.

Sabemos que essas transformações citadas pela autora não acontecem de forma imediata e não se limitam apenas a um convite para integrar a comunidade. Muitas famílias de pessoas com deficiência (PCDs) nunca tiveram a oportunidade de participar desses eventos, não por falta de iniciativa, mas devido à insegurança sobre como acolher essas pessoas de maneira adequada e cordial.

Para além do convite, o que podemos fazer?

Tenho ouvido essa pergunta diversas vezes, expressa de diferentes formas: "Como podemos fazer isso?", "Quais recursos são necessários?" ou "Posso me voluntariar para ajudar?". Essas indagações são um excelente indicativo. A minha resposta, depois de várias palestras em congressos eclesiásticos e seculares (para a comunidade da igreja e para a comunidade em geral), tem sido a mesma: "Você pode oferecer amor? Se sim, já temos 50% para agirmos".

Para além do ingrediente mais importante, também é necessário conscientizar todo o grupo, desde as pessoas que ficam no estacionamento, na cantina, no som, na mídia, até se possível a mais alta autoridade.

Há diversas maneiras de promover essa inclusão. Possivelmente, até mesmo dentro da igreja, pode haver irmãos ou irmãs que atuam na área e ainda não perceberam como podem servir a Cristo com seu conhecimento. Eles podem, por exemplo, ajudar a explicar sobre o transtorno do espectro autista (TEA), iniciando reflexões sobre mitos e verdades, características e necessidades. É importante lembrar que, entre os fiéis, pode haver pessoas enfrentando o processo de investigação diagnóstica ou até mesmo vivendo uma fase de negação do diagnóstico, o que é muito prejudicial para a criança, pois a intervenção precoce é primordial (Rogers, Dawson & Vismara, 2015) e faz muita diferença.

Para adolescentes e crianças, propostas como dinâmicas voltadas para o desenvolvimento da empatia têm se mostrado extremamente eficazes. No e-book *40 dicas para agir em família* é possível encontrar uma variedade de atividades, incluindo exemplos práticos de dinâmicas que incentivam a empatia.

Para a equipe de ensino, a melhor solução é uma formação mais aprofundada com conhecimentos técnicos. O ideal é um investimento nos professores da escola bíblica dominical, do ministério infantil, do grupo de jovens, entre outros.

Uma sociedade efetivamente inclusiva deve pensar nas barreiras de acessibilidade que ainda precisa romper. Precisamos admitir que já fizemos bastante enquanto sociedade, porém, sabemos quão mais fácil é mudar um projeto arquitetônico, por maior e mais complexo que seja, do que a mentalidade de uma pessoa, quanto mais a de um grupo inteiro.

Os espaços religiosos ocupam uma porção quantitativa no nosso país e, como todos os espaços sociais, devem estar preparados para receberem quem desejar participar de suas atividades considerando as necessidades de cada indivíduo, pensando em atender essa demanda e não condicionando a pessoa a se adequar ao grupo sem oferecer a acessibilidade. Enquanto instituição, crescemos em quantidade, mas também precisamos crescer em qualidade.

Referências

BRAGA, M. A. de C. *Mulher de fé*. 2. ed. Rio de Janeiro: Thomas Nelson Brasil, 2017.

BRASIL. *Brasil tem mais templos religiosos do que hospitais e escolas juntos; região Norte lidera com 459 para cada 100 mil habitantes*. G1, 2 fev. 2024. Disponível em: https://g1.globo.com/economia/censo/noticia/2024/02/02/brasil-tem-mais-templos-religiosos-do-que-hospitais-e-escolas-juntos-regiao-norte-lidera-com-459-para-cada-100-mil-habitantes.ghtml. Acesso em: 20 nov. 2024.

BRASIL. *Lei n. 13.146, de 6 de julho de 2015*. Institui a Lei Brasileira de Inclusão da Pessoa com Deficiência (Estatuto da Pessoa com Deficiência). Disponível em: https://www.planalto.gov.br/ccivil_03/_ato2015-2018/2015/lei/l13146.htm. Acesso em: 21 nov. 2024.

COELHO, M. de S. S. S. *40 dicas para agir em família*. [e-book]. Rio de Janeiro: Academia do Autismo, 2018. Direitos reservados.

MINISTÉRIO DOS DIREITOS HUMANOS E DA CIDADANIA. *Brasil tem 18,6 milhões de pessoas com deficiência, indica pesquisa divulgada pelo IBGE e MDHC*. Gov.com, 2023. Disponível em: https://www.gov.br/mdh/pt-br/assuntos/noticias/2023/julho/brasil-tem-18-6-milhoes-de-pessoas-com-deficiencia-indica-pesquisa-divulgada-pelo-ibge-e-mdhc. Acesso em: 20 nov. 2023.

ROGERS, S. J.; DAWSON, G.; VISMARA, L. A. *Autismo*: compreender e agir em família. Lisboa: Lidel, 2015.

SANTOS, A. *Inclusão na igreja de crianças com deficiências e transtornos*: como incluir e por quê. 2. ed. Rio de Janeiro: GodBooks, 2024.

CAPÍTULO 41

A linguagem como marco diagnóstico e terapêutico no TEA

O transtorno do espectro autista (TEA) e o atraso de fala estão associados, mas podem ocorrer isoladamente. O estudo destaca sinais como ecolalia e dificuldades pragmáticas, ressaltando a importância do diagnóstico diferencial e de intervenções precoces. Ademais, a capacitação profissional e a conscientização de famílias são essenciais para resultados eficazes.

Michella Caroline Estevam Peruchi

MICHELLA CAROLINE ESTEVAM PERUCHI

Fonoaudióloga, formada pela Universidade do Oeste Paulista (UNOESTE), pós-graduada em Transtorno Espectro Autista, com especialização em Análise do Comportamento Aplicada – ABA (UFSCar), especialização em Neurociências, Educação e Desenvolvimento Infantil (PUCRS), e especializanda em Transtorno do Desenvolvimento da Linguagem (TDL). Atua nas áreas de linguagem, fala e comunicação no público infantil, com expertise em transtornos do neurodesenvolvimento. Possui cursos nacionais de métodos visuais e fonovisuoarticulatórios (Método das Boquinhas, Multigestos, PlusHand). Certificações Internacionais: *Early Start Denver Model* (ESDM) – MIND Institute; *Prompts for Restructuring Oral Muscular Phonetic Targets* – PROMPT; *Rapid Syllable Transition Treatment* – ReST; *Social Communication, Emotional Regulation & Transactional Support* – SCERTS. Formação avançada em Comunicação Aumentativa Alternativa (CAA) e métodos internacionais: PECS, CORE WORDS e PODD.

Contatos: fonomichella@hotmail.com
18 99752 7827

O autismo e o atraso de fala e linguagem são frequentemente associados, uma vez que o transtorno do espectro autista (TEA) é caracterizado por déficits persistentes na comunicação social e interação, incluindo limitações expressivas e receptivas de linguagem. Desse modo, o atraso no desenvolvimento da fala é um sinal comum em crianças com TEA, mas também pode ocorrer isoladamente, sem a presença do transtorno, em outras condições de neurodesenvolvimento.

Assim, a distinção diagnóstica entre o atraso de linguagem e o TEA é crucial para o planejamento de intervenções adequadas, que considerem tanto os aspectos comunicativos quanto os comportamentais. Entende-se, portanto, que o atraso de fala e linguagem, comum em crianças com transtorno do espectro autista (TEA), muitas vezes envolve dificuldades tanto na compreensão quanto na produção de linguagem verbal e não verbal.

Diante de tal delimitação, o objetivo geral será compreender a relação entre o TEA e o atraso de fala e linguagem para subsidiar ações de diagnóstico e intervenção precoce. Os específicos visam conscientizar sobre os marcos do desenvolvimento da fala e linguagem; identificar os principais sinais de atraso de fala e linguagem em crianças com TEA; descrever os métodos de diagnóstico diferencial entre atraso de fala isolado e associado ao TEA; apresentar as abordagens terapêuticas indicadas para o tratamento do atraso de fala em crianças com TEA; conscientizar sobre processadores gestalt de linguagem; informar sobre a importância do uso de comunicação aumentativa alternativa (CAA); e citar a prevalência de transtorno motor de fala (TMF) em comorbidade ao TEA.

Quando a linguagem dá pistas: identificando o autismo na infância

Os principais sinais de atraso de fala e linguagem em crianças com transtorno do espectro autista envolvem um conjunto complexo de manifestações que afetam tanto a comunicação verbal quanto a não verbal. Um dos sinais mais frequentes é o atraso significativo ou até mesmo a ausência de desenvolvimento da fala funcional, que é esperado entre o primeiro e o segundo ano de vida. Em crianças com TEA, o atraso ou a ausência na fala pode ser um dos primeiros sinais que os pais e profissionais observam. As crianças podem não balbuciar ou emitir palavras nas idades esperadas (Arvigo & Schwartzman, 2021).

A ecolalia é uma característica central no atraso de fala e linguagem em crianças com TEA. Ela se refere à repetição da fala de outras pessoas e pode ser categorizada como ecolalia imediata, que ocorre logo após a emissão original, ou ecolalia tardia, que surge após um intervalo de tempo maior. Esse comportamento de repetição é persistente em crianças com TEA e pode ser observado tanto em contextos de interação direta com outras pessoas quanto em respostas a estímulos auditivos de fontes externas, como televisão ou rádio (Souza, 2021).

Barry Prizant, em estudos realizados com Patrick J. Rydell (1984) e Judith F. Duchan (1981), desafiou a visão tradicional da ecolalia como patológica, especialmente em crianças com transtorno do espectro autista (TEA). Prizant evidenciou que a ecolalia, tanto imediata quanto tardia, desempenha funções importantes no desenvolvimento da linguagem e na interação social, particularmente em processador gestalt de linguagem.

Essas crianças utilizam a repetição como uma estratégia natural para compreender e adquirir habilidades comunicativas, integrando informações em padrões maiores de significado. Essa abordagem contemporânea reconhece a ecolalia como um recurso funcional e essencial no processo de aquisição da linguagem, demandando intervenções que respeitem e ampliem esse potencial comunicativo (Prizant & Rydell, 1984; Prizant & Duchan, 1981).

Já o contato visual reduzido e a falta de respostas apropriadas a estímulos sociais são frequentemente observados. Tais dificuldades afetam a interação social e o desenvolvimento de habilidades comunicativas funcionais. Outro sinal importante é a literalidade no uso da linguagem. Crianças com TEA tendem a interpretar a fala de maneira literal, tendo dificuldades para entender figuras de linguagem, metáforas ou expressões idiomáticas (Ney & Hubner, 2022).

A intenção comunicativa também é um ponto de destaque no atraso de fala e linguagem em crianças com TEA. Muitas vezes, essas crianças não demonstram iniciativa em se comunicar, seja verbal ou não verbalmente. A ausência de intenção de comunicação afeta diretamente a habilidade que a criança tem de se engajar em interações sociais e de expressar suas necessidades ou sentimentos de forma eficaz. Quando a fala ocorre, ela pode ser descontextualizada e não funcional, sem que haja uma verdadeira tentativa de interação com o interlocutor (Souza, 2021).

Além disso, é importante destacar que uma porcentagem significativa de crianças autistas não desenvolverá a fala funcional, sendo classificadas como autistas não orais ou não verbais. Esse grupo requer abordagens específicas para estimular outras formas de comunicação, como a comunicação alternativa e aumentativa.

Nem sempre é só um atraso: quando o atraso na fala indica ser um sinal de autismo

Os métodos de diagnóstico diferencial entre atraso de fala, e o transtorno de linguagem associado ao TEA, baseiam-se em uma avaliação clínica abrangente, observando fatores como comportamento social, comunicação verbal e não verbal, além da presença de comportamentos repetitivos e estereotipados. A dificuldade de linguagem é um sintoma comum tanto no TEA quanto em outros transtornos do desenvolvimento (Baptistello *et al.*, 2023).

Todavia, o TEA apresenta um conjunto de características que facilitam sua distinção de outros diagnósticos. Um dos principais aspectos utilizados no diagnóstico diferencial é a análise do comportamento social e da comunicação não verbal. Crianças com TEA geralmente apresentam dificuldades persistentes na interação social, com problemas em iniciar ou manter interações, além de limitações no uso de gestos, expressões faciais e contato visual (Mergl & Azoni, 2015).

Em contrapartida, crianças com atraso de fala como um sinal isolado, ou crianças com transtorno do desenvolvimento da Linguagem (TDL), conseguem responder adequadamente a estímulos sociais e não apresentam essas dificuldades tão marcantes na interação social. Além disso, no diagnóstico diferencial, é importante observar a presença de comportamentos repetitivos e restritos, típicos do TEA, como a repetição de movimentos ou a fixação em interesses específicos (Arvigo &; Schwartzman, 2021).

Um alerta importante é a presença de histórico de regressão nas habilidades de desenvolvimento, frequentemente observado em crianças com TEA. Esse fenômeno pode estar relacionado à poda neural, um processo natural no cérebro que, em crianças com TEA, ocorre de forma ineficiente, acarretando a perda de habilidades previamente adquiridas (Arvigo & Schwartzman, 2021).

Essas avaliações, que incluem observações clínicas detalhadas e o uso de ferramentas diagnósticas padronizadas, são cruciais para distinguir o atraso de fala isolado do associado ao TEA, garantindo intervenções mais apropriadas e eficazes.

Terapia fonoaudiológica no TEA: métodos e estratégias

O tratamento do transtorno do espectro autista geralmente envolve uma intervenção multidisciplinar, que inclui fonoaudiologia, terapia ocupacional, psicologia, fisioterapeuta, educador físico, nutricionista, pedagogo.

A Análise do Comportamento Aplicada (ABA) é um método baseado na teoria behaviorista de Skinner. No contexto da intervenção de linguagem seguindo a teoria de aquisição Behaviorista, a ABA utiliza reforço positivo para incentivar comportamentos desejados e reduzir comportamentos que dificultam a comunicação e interação social. A intervenção baseada em ABA é mundialmente reconhecida como uma abordagem eficaz para crianças com TEA, sendo aplicada tanto em contextos de fala quanto na promoção de habilidades sociais e cognitivas (Rosendo *et al.*, 2021).

Além da ABA, destaca-se a Abordagem Denver de Intervenção Precoce (*Early Start Denver Model* – ESDM), que integra princípios da análise do comportamento com atividades naturalísticas e interações sociais. Essa abordagem é voltada para crianças pequenas com TEA, envolvendo os pais como parte essencial do processo terapêutico (Rosendo *et al.*, 2021).

O ESDM foca em estimular a comunicação, o jogo e a interação social em um ambiente natural, promovendo ganhos significativos no desenvolvimento cognitivo, de linguagem e habilidades sociais. A combinação dessas abordagens tem se mostrado altamente eficaz em intervenções precoces, potencializando os resultados no desenvolvimento infantil.

Em crianças autistas não oralizadas, o foco da intervenção fonoaudiológica expande-se para o uso de Comunicação Aumentativa e Alternativa (CAA), que visa proporcionar formas alternativas ou aumentativas (suplementares) de comunicação, como pranchas de símbolos, dispositivos eletrônicos e aplicativos especializados. Essas ferramentas ajudam a criança a expressar necessidades e desejos, promovendo maior independência e interação social (Faé *et al.*, 2018).

Métodos nacionais, como o multigestos, que associa gestos e símbolos para facilitar a comunicação, e o método das boquinhas, que utiliza estímulos visuais e sensoriais para articular fonemas, também têm sido amplamente aplicados. Internacionalmente, técnicas como PROMPT, ReST e DTTC são empregadas para melhorar a articulação, fluência e planejamento motor da fala, reforçando as habilidades comunicativas em crianças com TEA que apresentem componente motor associado (Faé *et al.*, 2018).

A terapia fonoaudiológica desempenha papel central no tratamento da fala, ou déficits na comunicação verbal e não verbal em crianças com TEA. O fonoaudiólogo trabalha com estratégias para estimular a linguagem receptiva e expressiva, ajudando a criança a desenvolver habilidades de comunicação funcional. A abordagem fonoaudiológica inclui a criação de um ambiente rico em estímulos verbais e não verbais, promovendo a interação social e a comunicação de forma contextualizada (Ney & Hubner, 2022).

Essas intervenções, quando aplicadas de forma conjunta e precoce, tendem a favorecer uma evolução mais positiva no desenvolvimento da fala em crianças com TEA. Por meio dos achados, pode-se concluir que os avanços na compreensão do atraso de fala e linguagem em crianças com TEA ressaltam a necessidade de diagnóstico precoce e intervenções específicas.

A identificação dos sinais característicos do TEA, como a ecolalia, a ausência de intenção comunicativa e comportamentos restritivos, possibilita diferenciar essa condição de outros atrasos de linguagem. As abordagens terapêuticas baseadas em evidências científicas, assim como os métodos citados neste capítulo, destacam-se como métodos eficazes na intervenção fonoaudiológica do autismo.

A atuação conjunta dessa equipe amplia as possibilidades de melhora, abordando diferentes aspectos do desenvolvimento e promovendo um melhor prognóstico para essas crianças.

Referências

BAPTISTELLO, G. de A. *et al.* Transtorno do espectro autista e diagnóstico diferencial do atraso de fala na infância: uma revisão da literatura. *Residência Pediátrica*, v. 13, n. 2, p. 1-7, 2023.

ARVIGO, M. C.; SCHWARTZMAN, J. S. Transtorno do movimento estereotipado associado ao atraso da linguagem: dados de estudos de caso que contribuem para o diagnóstico diferencial. *Distúrbios da Comunicação*, v. 33, n. 3, p. 462-472, 2021.

FAÉ, I. G. *et al.* Diagnóstico diferencial entre transtornos do espectro autista e transtorno específico de linguagem receptivo e expressivo: uma revisão integrativa. *Revista Médica de Minas Gerais*, v. 28, n. supl. 6, p. 1-7, 2018.

GEROLIN, L.; DELGADO-PINHEIRO, E. M. C.; MISQUIATTI, A. R. N. Transtorno do espectro autista associado à perda auditiva e suas implicações na linguagem e comunicação: estudo longitudinal. *Revista Cocar*, v. 20, n. 38, 2024.

MERGL, M.; AZONI, C. A. S. Tipo de ecolalia em crianças com transtorno do espectro autista. *Revista Cefac*, v. 17, n. 6, p. 2072-2080, 2015.

NEY, T.; HUBNER, L. C. Linguagem oral e escrita no autismo-TEA: perspectivas teóricas e pedagógicas. *The Especialist*, v. 43, n. 2, p. 18-35, 2022.

PRIZANT, B. M.; RYDELL, P. J. Analysis of functions of delayed echolalia in autistic children. *Journal of Speech, Language, and Hearing Research*, v. 27, n. 2, p. 183-192, 1984.

PRIZANT, B. M.; DUCHAN, J. F. The functions of immediate echolalia in autistic children. *Journal of speech and hearing disorders*, v. 46, n. 3, p. 241-249, 1981.

ROSENDO, B. V. Y. *et al.* Fatores de risco associados à linguagem no transtorno do espectro autista: revisão sistemática. *RECIMA21: Revista Científica Multidisciplinar*, v. 2, n. 6, p. 1-13, 2021.

SOUZA, L. P. N. Diagnóstico diferencial entre transtorno do espectro autista (TEA) e distúrbio específico de linguagem (DEL). *Revista Ibero-Americana de Humanidades, Ciências e Educação*, v. 7, n. 7, p. 1465-1482, 2021.

CAPÍTULO 42

Sem formação, não há inclusão

Transformando professores em agentes de mudança

A verdadeira inclusão escolar exige professores capacitados para atender às necessidades de todos os alunos. Neste capítulo, você encontrará referências sobre soluções eficazes em ABA para implementação em sala de aula. Assim sendo, com formação adequada, professores podem transformar a sala de aula, promovendo autonomia e equidade no aprendizado para todos.

Mirella Becher Tanaka

MIRELLA BECHER TANAKA

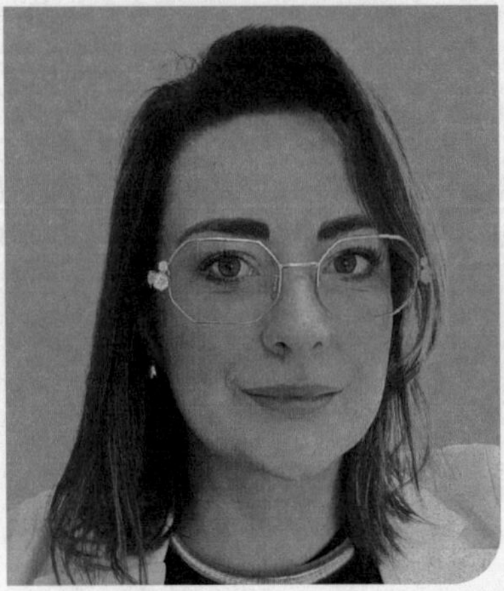

Psicóloga graduada pela IESSA (2014), doutoranda em Psicologia pela UFSCar e mestre profissional em Análise Aplicada do Comportamento pelo Instituto Paradigma (Instituto Par). É pós-graduada em Análise do Comportamento Aplicada ao Autismo, Atrasos no Desenvolvimento Intelectual e Linguagem (UFSCar). Certificada pela Universidade da Califórnia (UCLA) no Treinamento PEERS de crianças, adolescentes e adultos. É especializanda em Altas Habilidades e Superdotação – Instituto Sapiens. É certificada pela CABA-BR como prestadora de serviços em ABA para pessoas com TEA. Atua como psicóloga escolar e supervisora.

Contatos: psicologamirella@gmail.com
Instagram: @mirellatanakaoficial
Facebook: psicologamirella

Incluir não é pedir que eu me adapte, é me aceitar como sou.

Inclusão escolar não é apenas sobre abrir as portas da sala de aula para todos, mas sobre garantir que cada aluno, independentemente de suas necessidades, tenha oportunidades reais de aprendizado e desenvolvimento. Para que isso aconteça, o papel do professor é fundamental: ele precisa estar preparado, compreender as especificidades de cada aluno e ter as ferramentas pedagógicas adequadas para promover uma educação que seja verdadeiramente inclusiva. Sem formação específica, a inclusão corre o risco de ser apenas um ideal bonito no papel, enquanto, na prática, alunos e professores enfrentam desafios que poderiam ser superados com conhecimento e preparo. A inclusão começa com a capacitação de quem ensina.

Diversos estudos científicos apontam que a falta de formação adequada dos professores é um obstáculo significativo para o desenvolvimento de alunos autistas em contextos de inclusão escolar. Professores frequentemente relatam sentimentos de despreparo para lidar com as demandas específicas do transtorno do espectro autista (TEA). Isso resulta em dificuldades na implementação de estratégias pedagógicas que favoreçam o aprendizado e o desenvolvimento das habilidades sociais e comunicativas desses alunos. Além disso, a ausência de formação continuada limita a capacidade de adaptação às necessidades educacionais especiais dos estudantes, prejudicando o sucesso da inclusão escolar (Weizenmann, Pezzi, Zanon, 2020).

Outro fator crítico é a falta de metodologias específicas, como ensino estruturado, muitas vezes devido à insuficiência de capacitações oferecidas aos educadores. Essa lacuna contribui para a evasão escolar de alunos autistas, especialmente no ensino médio, devido às barreiras sociais e educacionais que poderiam ser mitigadas com maior preparo dos docentes.

A Análise do Comportamento Aplicada (ABA) tem sido amplamente reconhecida como uma abordagem eficaz para ensinar habilidades acadêmicas, sociais e comportamentais para alunos com TEA. Contudo, essa ciência não se restringe apenas ao público TEA, mas sim, em qualquer demanda socialmente relevante, sendo amplamente difundida em diversos contextos: hospitais, escolas, organizações etc.

O ensino de novas habilidades nada mais é que o arranjo de contingências (Skinner, 1968). Ou seja, o processo do ensino x aprendizagem se dá pelo arranjo ambiental, através do ambiente e as consequências. Skinner (1968) explica que o ensino é eficaz quando o professor organiza contingências de maneira sistemática, garantindo que o comportamento apropriado seja reforçado consistentemente. Ele enfatiza que "o comportamento é moldado por suas consequências", e cabe ao educador controlar essas contingências para promover o aprendizado.

Dessa forma, o professor pode desenvolver uma programação de ensino personalizada, alinhada às necessidades específicas do aluno neurodivergente. A compreensão de que cada aluno aprende de maneira única – e que o arranjo das contingências ambientais pode influenciar significativamente seu desenvolvimento – transforma o processo educacional. Ao identificar os estímulos adequados e reforçar comportamentos positivos, o professor cria oportunidades para que o aluno desenvolva suas habilidades cognitivas, sociais e emocionais.

Essa abordagem favorece o desenvolvimento de autonomia, permitindo que cada estudante avance em seu próprio ritmo, superando barreiras e construindo competências essenciais para a vida. Mais do que uma estratégia pedagógica, isso representa um compromisso com a inclusão verdadeira, em que o potencial de cada criança é respeitado e valorizado, e a sala de aula se torna um espaço de crescimento genuíno e transformador.

Da teoria à prática: ABA na escola

Como já mencionado anteriormente, a Análise do Comportamento Aplicada (ABA) tem apresentado resultados consistentes na promoção do aprendizado e no desenvolvimento de habilidades sociais em alunos neurodivergentes. No ambiente escolar, a ABA não apenas fornece uma base teórica robusta, mas oferece ferramentas práticas que transformam a dinâmica da sala de aula. Estratégias como o reforçamento positivo, o ensino estruturado e a análise funcional de comportamentos são aplicadas para adaptar o ensino às necessidades individuais dos alunos.

Por exemplo, um professor pode usar reforçamento positivo para incentivar comportamentos desejáveis: ao observar um aluno completando uma tarefa, o professor elogia, faz um carinho ou oferece uma recompensa tangível.

Um exemplo prático de modelagem que um professor pode usar na escola envolvendo ensinar uma habilidade social, como cumprimentar os colegas de forma adequada: no caso de ensinar a saudação, o professor pode começar demonstrando o comportamento desejado. Por exemplo, ele pode dizer "Oi, como você está?" enquanto acena para o aluno. Isso serve como modelo para o aluno observar e tentar imitar. Se o aluno não conseguir realizar o comportamento imediatamente, o professor pode ajudá-lo, segurando sua mão e guiando-o para fazer o gesto de aceno. Essa assistência gradual, conhecida como modelagem, diminui conforme o aluno começa a realizar a tarefa com mais precisão.

Durante esse processo, o professor deve reforçar qualquer tentativa de cumprimento com elogios ou recompensas, para enfatizar o comportamento desejado. À medida que o aluno começa a fazer o cumprimento de forma mais independente, o professor reduz a assistência até que o aluno consiga cumprimentar seus colegas sem ajuda. O reforço positivo continua sendo essencial, ajudando o aluno a se sentir motivado a manter o comportamento.

O último passo seria incentivar o aluno a generalizar a habilidade, cumprimentando diferentes colegas e em diversos contextos. A modelagem, portanto, é uma ferramenta eficaz para ensinar comportamentos novos de maneira gradual, levando o aluno a alcançar autonomia nas interações sociais.

Passo a passo: um guia prático

Identificar a barreira ou o comportamento alvo

O primeiro passo para uma intervenção eficaz é identificar claramente o comportamento que precisa ser modificado ou ensinado. Isso pode ser feito observando o aluno durante as atividades diárias, registrando os comportamentos desafiadores ou desejados e considerando o contexto em que eles ocorrem. O comportamento alvo pode ser algo como dificuldade de atenção, agressividade ou falta de habilidades sociais.

Coletar dados e analisar o comportamento

Após identificar o comportamento alvo, é essencial coletar dados sobre a frequência, duração e intensidade do comportamento. A análise do comportamento é fundamental para entender as causas subjacentes, como as antecedências e as consequências que reforçam o comportamento. Uma análise funcional pode ser realizada para determinar os fatores que estão mantendo o comportamento, o que ajuda a elaborar intervenções mais eficazes. Como ocorre o comportamento? Em qual situação esse comportamento ocorre? O que acontece imediatamente depois de esse comportamento ocorrer? Com que frequência isso tem acontecido? São essas perguntas que devemos responder

Estabelecer objetivos claros e realistas

Defina objetivos específicos, mensuráveis e alcançáveis para a intervenção. Por exemplo, se o comportamento-alvo for a dificuldade para realizar as atividades independentemente, o objetivo pode ser "o aluno fará um exercício com autonomia, nas matérias de matemática e português". Ter metas claras ajuda a direcionar a intervenção e a monitorar o progresso.

Escolher e planejar intervenções baseadas em ABA

Com base na análise do comportamento e nos objetivos estabelecidos, o professor deve selecionar intervenções adequadas, como o reforço positivo, ensino estruturado ou modelagem. Por exemplo, se o aluno tem dificuldades em seguir instruções, o professor pode usar reforços imediatos (elogios, recompensas) sempre que o aluno seguir uma instrução corretamente.

Implementar a intervenção de forma consistente

A consistência é crucial para que a intervenção seja eficaz. O professor deve aplicar as mesmas estratégias todos os dias, em todas as situações apropriadas, reforçando os comportamentos desejados e ignorando ou redirecionando os indesejados. A aplicação consistente ajuda a estabelecer novas associações de comportamento, tornando as mudanças mais duradouras.

Monitorar o progresso e ajustar a intervenção

É importante monitorar continuamente o progresso do aluno por meio da coleta de dados regulares. Caso os objetivos não estejam sendo atingidos ou o comportamento-alvo não esteja mudando conforme esperado, o professor deve revisar a intervenção, ajustando as estratégias, os reforços ou os objetivos, conforme necessário. A flexibilidade nas intervenções permite adaptar a abordagem às necessidades do aluno.

Envolver a família e outros profissionais

A colaboração entre escola, família e outros profissionais (como psicólogos ou terapeutas) pode melhorar significativamente os resultados. Compartilhar informações sobre o comportamento do aluno e discutir estratégias de intervenção ajuda a garantir uma abordagem coesa e consistente, tanto na escola quanto em casa.

Ao longo deste texto, discutimos a importância da formação contínua dos educadores e como a aplicação da ABA pode transformar a experiência escolar, especialmente para alunos neurodivergentes. A implementação de intervenções eficazes, baseadas em uma análise cuidadosa do comportamento e nas necessidades individuais dos alunos, é fundamental para criar um ambiente inclusivo e que promova o aprendizado genuíno. Como psicóloga com experiência prática e teórica no campo da inclusão, minhas recomendações buscam oferecer aos professores ferramentas tangíveis e acessíveis para a aplicação dessas estratégias, garantindo que cada aluno tenha a chance de desenvolver seu potencial ao máximo. A educação inclusiva não é apenas uma meta, mas uma prática que se reflete no comprometimento diário de educadores bem-preparados, que, com o conhecimento adequado, podem transformar a sala de aula em um espaço de aprendizado verdadeiramente equitativo e transformador.

Referências

CAMARGO, S. P. H. *et al.* Desafios no processo de escolarização de crianças com autismo no contexto inclusivo: diretrizes para formação continuada na perspectiva dos professores. *Educação em revista*, v. 36, 2020.

COOPER, J. O.; HERON, T. E.; HEWARD, W. L. *Applied Behavior Analysis*. 3 ed. Londres: Pearson, 2020.

SKINNER, B. F. *The technology of teaching*. New York: Appleton-Century-Crofts, 1968.

WEIZENMANN, L. S.; PEZZI, F. A. S.; ZANON, R. B. Inclusão escolar e autismo: sentimentos e práticas docentes. *Psicologia Escolar e Educacional*, v. 24, 2020. Disponível em: https://doi.org/10.1590/2175-35392020217841. Acesso em: 8 jan. 2025.

CAPÍTULO 43

Saúde mental dos pais de autistas

A saúde mental dos pais de autistas é uma área de preocupação significativa devido ao impacto emocional associado ao cuidado diário. Os pais enfrentam altos níveis de estresse, ansiedade e depressão, principalmente por causa dos desafios relacionados ao comportamento da criança, cuidados intensivos e incertezas quanto ao futuro. Além disso, as dificuldades em encontrar suporte adequado, tratamentos especializados e apoio social podem agravar esses problemas.

Mônica Briglia Figueiredo

MÔNICA BRIGLIA FIGUEIREDO

Psicóloga, especialista em Neuropsicologia pelo IBPEX e em Psicologia Hospitalar pelo Centro Universitário Nilton Lins. Atualmente, é mestranda em Neuropsicologia pela UNEATLANTICO, com formação em Neuropsicologia Hospitalar pelo programa de formação continuada em Neuropsicologia. Membro da Sociedade Brasileira de Neuropsicologia, possui mais de dez anos de experiência em Psicologia Hospitalar, atuando no Hospital Geral de Roraima e na Maternidade Nossa Senhora de Nazareth. Psicóloga concursada do Município de Boa Vista, trabalha na Atenção Básica e é fundadora da MB Neuropsicologia, com 17 anos de atuação em avaliação e reabilitação neuropsicológica. É também pesquisadora dedicada ao estudo de síndromes raras.

Contatos: monica_briglia@hotmail.com
Instagram: @monica.briglia.neuropsic
95 99142 4842

A saúde mental dos pais de crianças autistas é uma área de grande importância, especialmente sob uma perspectiva neuropsicológica. Cuidar de uma criança com transtorno do espectro autista (TEA) envolve uma série de desafios emocionais, cognitivos e comportamentais que afetam diretamente o bem-estar psicológico dos pais. Esses desafios frequentemente resultam em altos níveis de estresse, ansiedade e até depressão, principalmente pela complexidade dos cuidados e as demandas constantes. Colaborando com o exposto, Costa & Silva (2023) afirma que os pais de pessoas com TEA comumente são os principais cuidadores responsáveis pelo acesso de seus filhos ao tratamento e aos serviços de que necessitam. É mais provável que os pais de pessoas com TEA relatem sintomas de psicopatologia quando comparados aos pais com filhos típicos ou com outros transtornos do neurodesenvolvimento.

Do ponto de vista neuropsicológico, a experiência dos pais pode ser influenciada por vários fatores, como as demandas cognitivas associadas ao entendimento das necessidades da criança, a dificuldade em lidar com comportamentos repetitivos e imprevisíveis, e a adaptação constante a novas rotinas. Muitos pais apresentam sinais de sobrecarga cognitiva, devido à atenção contínua que precisam dedicar às necessidades da criança, somada à dificuldade de conciliar essas demandas com as responsabilidades diárias e profissionais.

Os impactos frequentemente relatados são: financeiro, de organização e rotina de vida familiar, de convivência social e na carreira profissional, dentre outros. Embora esses aspectos negativos tenham destaque, pode haver impactos positivos como na coesão familiar, aumento na resiliência, aumento nas estratégias de enfrentamento e resolução de problemas (Costa & Silva, 2023).

Além disso, o estresse crônico a que esses pais estão expostos pode afetar negativamente suas funções executivas (conjunto de habilidades cognitivas complexas que permitem o controle, a regulação e a coordenação de pensamentos, comportamentos e emoções), como planejamento, controle inibitório e tomada de decisão. A necessidade de lidar com situações inesperadas, como crises de comportamento, exige que os pais ativem constantemente essas funções, o que pode gerar um desgaste significativo ao longo do tempo. Esses fatores, quando somados ao estresse cotidiano, podem comprometer significativamente sua saúde mental, levando a uma piora na qualidade de vida e na capacidade de lidar com as exigências do cuidado.

Quando os pais estão emocionalmente sobrecarregados, sua capacidade de tomar decisões, regular suas próprias emoções e lidar de maneira resiliente com situações estressantes pode ser prejudicada. Isso, por sua vez, afeta a dinâmica familiar e a relação com a criança, dificultando o desenvolvimento de um ambiente saudável e equilibrado em casa.

Outro aspecto importante é a regulação emocional, já que muitos pais relatam sentimento de frustração, culpa e isolamento. Neuropsicologicamente, esses sentimentos podem ser intensificados pela diminuição da capacidade de controle emocional, o que afeta diretamente a forma como lidam com situações desafiadoras, como o comportamento imprevisível da criança ou a dificuldade em obter apoio social. A seguir, alguns aspectos importantes sobre a saúde mental desses pais:

Altos níveis de estresse e ansiedade

Os pais de crianças autistas frequentemente relatam níveis mais altos de estresse e ansiedade em comparação com pais de crianças típicas. Esse estresse pode ser resultado de fatores como a incerteza sobre o futuro do filho, a necessidade de cuidados constantes, dificuldades no acesso a terapias adequadas e a responsabilidade de lidar com questões comportamentais complexas.

Risco de depressão

Devido ao desgaste emocional prolongado e à percepção de isolamento social, os pais podem estar mais suscetíveis à depressão. A sensação de perda de controle sobre a situação e as preocupações contínuas sobre o bem-estar e o desenvolvimento do filho podem contribuir para sentimentos de desesperança.

Isolamento social

Pais de crianças com autismo podem sentir-se socialmente isolados, seja por conta das dificuldades de inclusão da criança em atividades sociais, seja pela falta de compreensão de outras pessoas sobre os desafios enfrentados no dia a dia. Isso pode levar a um sentimento de solidão e desconexão com amigos e familiares.

Impacto nas relações familiares e conjugais

O cuidado intensivo de uma criança autista pode afetar a dinâmica familiar, incluindo o relacionamento conjugal. A divisão de responsabilidades e o tempo dedicado às necessidades do filho podem criar tensões no relacionamento entre os pais, gerando desgaste emocional e dificuldades na comunicação.

Exaustão física e emocional

A carga física e emocional de cuidar de uma criança com autismo pode resultar em exaustão. Os pais muitas vezes relatam a dificuldade em equilibrar suas próprias necessidades de autocuidado com as demandas da criança, o que pode afetar negativamente sua saúde física e mental.

Impacto financeiro

O cuidado com uma criança com TEA envolve despesas adicionais que vão além das necessidades típicas da criação de filhos. Crianças com autismo geralmente precisam de uma variedade de intervenções terapêuticas, como terapia comportamental (ABA), fonoaudiologia, terapia ocupacional, psicoterapia e intervenção precoce. Essas terapias, especialmente as mais intensivas e especializadas, podem ser caras e duradouras, levando a custos elevados ao longo do tempo. Em muitos países, os serviços de saúde pública ou seguros de saúde podem não cobrir totalmente essas terapias, forçando os pais a recorrer ao setor privado, o que gera despesas substanciais.

Impacto no trabalho dos pais

Em muitos casos, um dos pais pode precisar reduzir suas horas de trabalho ou até deixar o emprego para se dedicar ao cuidado da criança, o que resulta em uma perda de renda significativa. Essa situação é comum, pois o acompanhamento das terapias e consultas médicas, além do suporte diário, exige tempo e flexibilidade. Essa redução na renda familiar, combinada com o aumento das despesas relacionadas ao cuidado da criança autista, pode causar dificuldades financeiras consideráveis.

Resiliência e crescimento pessoal

Apesar dos desafios, muitos pais desenvolvem resiliência e habilidades de enfrentamento ao longo do tempo. Eles frequentemente relatam que o cuidado de uma criança autista pode trazer um crescimento pessoal significativo, com maior empatia, paciência e compreensão.

Importância do apoio social e terapêutico

Grupos de apoio e terapia para os pais podem ser extremamente benéficos, ajudando-os a lidar com o estresse e a desenvolver estratégias de enfrentamento. Ter uma rede de suporte, seja por meio de profissionais de saúde, familiares ou outros pais em situações semelhantes é crucial para melhorar a saúde mental.

O bem-estar dos pais é essencial não apenas para eles, mas também para o desenvolvimento saudável de seus filhos. A atenção à saúde mental dos cuidadores deve ser uma parte fundamental do plano de apoio para famílias com crianças autistas.

Intervenções neuropsicológicas que abordam o manejo do estresse, o treinamento de funções executivas e o suporte à regulação emocional podem ser altamente benéficas para melhorar a saúde mental desses pais. O uso de abordagens como a terapia cognitivo-comportamental (TCC), focada no manejo do estresse e reestruturação cognitiva, além de práticas de mindfulness, pode ajudar os pais a lidar de maneira mais eficaz com os desafios diários e a reduzir a sobrecarga emocional e cognitiva.

Suporte psicológico

Os psicólogos têm um papel crucial em fornecer suporte emocional aos pais, ajudando-os a desenvolver estratégias de enfrentamento para lidar com o estresse, a ansiedade e as preocupações sobre o futuro. Terapias como a terapia cognitivo-comportamental (TCC) são particularmente eficazes, pois ajudam os pais a reconhecer e modificar pensamentos negativos e disfuncionais, além de aprender técnicas de relaxamento e controle emocional. A TCC pode ensinar os pais a lidar com o estresse diário e a evitar que isso afete seu bem-estar mental.

Suporte neuropsicológico

Os neuropsicólogos podem ajudar a fortalecer as funções cognitivas dos pais, principalmente aquelas que envolvem planejamento, organização e controle inibitório, que podem ser afetadas pelo estresse crônico do cuidado diário. Treinamentos voltados a melhorar a memória operacional (ou memória de trabalho), a flexibilidade cognitiva e a regulação emocional podem ser úteis para os pais que se encontram sobrecarregados pelas demandas diárias de cuidados intensivos.

Por exemplo, o desenvolvimento de habilidades de organização pode ajudar os pais a gerir melhor a agenda de consultas, terapias e atividades da criança, enquanto a melhora no controle inibitório pode ajudar a lidar com reações emocionais intensas diante de situações de crise, como birras ou comportamentos desafiadores da criança.

Promoção do bem-estar e resiliência

A promoção do bem-estar dos pais deve ser um dos principais focos das intervenções, pois pais com uma saúde mental debilitada têm mais dificuldade em oferecer um suporte adequado e resiliente às suas crianças. Estratégias de autocuidado são fundamentais para garantir que os pais estejam física e emocionalmente saudáveis. Isso envolve a inclusão de momentos de descanso, o estabelecimento de limites claros e a busca de atividades que promovam relaxamento e lazer. A resiliência emocional e cognitiva também pode ser fortalecida por meio de práticas como mindfulness e meditação. Essas práticas ajudam os pais a ficarem mais presentes e atentos, gerenciando melhor as situações de estresse, além de promoverem uma resposta mais calma e reflexiva diante dos desafios cotidianos.

Grupos de apoio e redes sociais

Além das intervenções individuais, é crucial oferecer aos pais a oportunidade de participar de grupos de apoio. Esses grupos permitem que pais compartilhem suas experiências e aprendam uns com os outros, o que pode ser altamente terapêutico. A sensação de isolamento é comum entre pais de crianças com autismo, e essas redes de suporte podem reduzir essa sensação, oferecendo um espaço seguro para troca de vivências e apoio emocional.

O suporte da família extensa e redes de amigos também deve ser estimulado, visto que o apoio social é um dos fatores mais importantes na manutenção da saúde mental. Psicólogos e assistentes sociais podem ajudar a facilitar essa rede de apoio, promovendo a inclusão da família na vida cotidiana de forma mais eficaz.

Intervenções psicoeducacionais

Intervenções psicoeducacionais podem capacitar os pais com informações sobre o autismo, suas características e como lidar com os desafios comportamentais típicos de crianças com TEA. O entendimento adequado do transtorno pode reduzir a ansiedade e o sentimento de impotência, uma vez que os pais se sentem mais preparados e confiantes para enfrentar as situações diárias.

Suporte profissional e de saúde

Uma abordagem multidisciplinar também inclui o suporte contínuo de profissionais de saúde, como psiquiatras e médicos, para monitorar e tratar sintomas de ansiedade, depressão e burnout que podem se desenvolver ao longo do tempo. O uso de medicamentos pode ser indicado em alguns casos, mas sempre deve ser acompanhado de suporte terapêutico para garantir uma abordagem equilibrada entre saúde mental e tratamento farmacológico.

Benefícios para a criança

Cuidar da saúde mental dos pais também traz benefícios diretos para a criança com TEA. Quando os pais estão emocionalmente estáveis, conseguem fornecer um suporte mais consistente e atencioso, o que é fundamental para o desenvolvimento emocional e social da criança. Isso inclui melhor manejo de crises comportamentais, maior paciência para apoiar o desenvolvimento da criança em suas terapias e maior capacidade de adaptação às necessidades em constante mudança da criança.

Portanto, o cuidado com a saúde mental dos pais de crianças autistas é essencial para garantir que eles tenham as ferramentas emocionais e cognitivas necessárias para lidar com as exigências do cuidado. A abordagem multidisciplinar, envolvendo intervenções psicológicas e neuropsicológicas, pode fornecer suporte vital, promovendo o bem-estar e a resiliência. O objetivo é garantir que esses pais possam não apenas lidar com as demandas diárias, mas também prosperar emocional e cognitivamente, oferecendo o melhor cuidado possível para seus filhos, sem negligenciar sua própria saúde e felicidade.

Referência

COSTA E SILVA, R. Saúde mental de pais atípicos e o efeito no tratamento dos filhos. *In*: SERRA, T. (org.). *Autismo*: um olhar a 360º. 2.ed. São Paulo: Literare Books International, 2023, p. 17-22.

CAPÍTULO 44

A musicoterapia comportamental no tratamento de pessoas autistas

O trabalho demonstra como a musicoterapia comportamental pode ser útil no tratamento de pessoas autistas, elucidando como o musicoterapeuta pode se apropriar dos princípios dessa abordagem. É relevante devido à importância do tema, ampliando o olhar acerca da terapêutica de pessoas autistas, concluindo que a musicoterapia pode propiciar mais qualidade de vida e autonomia.

Pablo Leão

PABLO LEÃO

Psicólogo, bacharel em Psicologia pelo Centro Universitário Santo Agostinho (UNIFSA), especialista em Musicoterapia pela Universidade Federal do Piauí (UFPI), especialista em Educação Especial e Inclusiva pela Universidade Estadual do Maranhão, especialista em Ensino de Xadrez e Formação para o Mundo do Trabalho pela Universidade Federal do Piauí (UFPI), especialista em Análise do Comportamento Aplicada, e em Psicopedagogia pelo Centro Universitário Celso Lisboa. É violinista, atuando como segundo violino na camerata Professor Emanuel Coelho Maciel da Universidade Federal do Piauí, por vários anos. Atualmente, é presidente da Associação de Musicoterapia do Piauí (AMT-PI), biênio 2024/25, e membro da Academia Brasileira Rotária de Letras (ABROL), ocupando a cadeira número 26. Tem vasta experiência na prática clínica, atuando como psicólogo e musicoterapeuta por mais de uma década no Sistema Único de Saúde e na rede privada.

Contatos: pablo-padua@hotmail.com

Introdução

A musicoterapia, assim como a ciência comportamental, caracteriza-se como uma área recente do conhecimento, sendo que a primeira teve origem no período da segunda guerra mundial e a segunda em meados da década de 1930.

A musicoterapia é essencialmente interdisciplinar desde o seu surgimento, apropriando-se de conhecimentos de outros campos para constituição do seu saber, e é nesse contexto que a ciência da análise experimental do comportamento se insere, somando, contribuindo e potencializando os resultados de sua práxis (Bruscia, 2000). O musicoterapeuta, em uma perspectiva comportamentalista, manipula as variáveis do meio ambiente para provocar a modificação comportamental. Os elementos musicais são constantes na vida das pessoas, incluindo-se facilmente como recurso para o processo terapêutico, tanto no tratamento como na profilaxia de transtornos mentais e neurodiversidades.

A eficácia da Psicologia Comportamental e da musicoterapia no tratamento de pessoas com TEA é comprovada, e esses recursos são utilizados vastamente devido aos resultados alcançados e inúmeras pesquisas e experimentações. Alguns exemplos são os trabalhos de Steele (1968) *apud* Ruud (1990), ao mencionar pesquisas relacionadas em que a música foi utilizada para alterar comportamentos não cooperantes, com a finalidade de exercer controle sobre comportamentos agressivos de indivíduos com desenvolvimento atípico. Barret (1962) *apud* Ruud (1990) relata estudos nos quais estímulos musicais foram utilizados para reduzir tiques (contrações do pescoço, ombros, peito e músculos abdominais, piscadela dos olhos, movimentos faciais, abertura da boca etc.), produzindo mais autocontrole por parte do paciente. Além disso, Jorgenson (1971) *apud* Ruud (1990) discorre sobre os efeitos da utilização da música preferida de uma criança com necessidades específicas na diminuição da frequência de emissões de estereotipias motoras. Contudo, ainda assim há lacunas quanto a estudos que mencionem a junção dessas áreas do conhecimento no tratamento de pessoas com TEA.

Um breve olhar sobre a musicoterapia

No período da primeira guerra mundial, foram observados empiricamente os benefícios da música na recuperação de enfermos afetados pela guerra (Von Baranow, 1999). Quando músicos profissionais foram contratados para tocar nas enfermarias para fins de entretenimento, foi observada uma boa evolução do quadro clínico, apresentando melhoras nas esferas da saúde física e psicológica, visto que os pacientes se acalmavam e tinham uma melhor qualidade no sono. Porém, somente em meados da década de 1940, durante a Segunda Guerra Mundial, os primeiros movimentos em direção à sistematização do uso da música para fins terapêuticos começaram a ganhar força. Isso ocorreu em resposta ao grande número de egressos de guerra que retornaram com sérias debilidades físicas, causadas por ferimentos e mutilações, além de traumas psicológicos. Foi nesse contexto que a musicoterapia emergiu como uma abordagem terapêutica estruturada. Como profissão, a musicoterapia surgiu na década de 1950 nos Estados Unidos, mesma época da fundação da Associação Nacional de Musicoterapia americana. No Brasil, teve origem primeiramente nos estados do Paraná, Rio de Janeiro e Rio Grande do Sul. Os registros apontam que os primeiros movimentos em musicoterapia aconteceram em contexto manicomial, no Centro Psiquiátrico Nacional do Rio de Janeiro.

A musicoterapia comportamental

A musicoterapia comportamental é uma vertente que tem como base de sua fundamentação a abordagem da Análise Experimental do Comportamento (AEC), que foi criada e desenvolvida por Burrhus Frederic Skinner, fundando essa escola de pensamento da Psicologia em meados da década de 1930 nos Estados Unidos. Graduado em Letras, ele iniciou sua carreira como escritor por um breve período, mas não logrou êxito. Nessa época, conheceu os trabalhos de Ivan Pavlov e John Broadus Watson, sendo o segundo um dos precursores do comportamentalismo com a criação do behaviorismo metodológico. Ele se interessou pelo estudo do comportamento humano, fez doutorado em Psicologia na Universidade de Harvard e se tornou professor, obstinado pelo comportamento humano (Cruz, 2019). A AEC tem como base epistemológica o behaviorismo radical que permeia toda perspectiva que envolve a concepção de ser humano, fenômenos psicológicos, relações conceituais, além de fornecer embasamento para a aplicação de técnicas, manejo e procedimentos da Psicologia Comportamental; estuda o comportamento pelo comportamento, não considerando a mente e as emoções como mediadoras das ações humanas, como fazem as escolas tradicionais no campo da Psicologia. A AEC enxerga o homem como um ser monista, não aceitando a dicotomia entre mente e corpo, ou seja, as pessoas são regidas pelo comportamento, sendo esse o principal fundamento elementar. Não há distinção entre instâncias físicas, mentais e emocionais, e todos são considerados de uma mesma natureza. Os sentimentos, emoções e comportamentos são tão físicos quanto os objetos (Skinner, 2003).

Uma das muitas abordagens utilizadas na musicoterapia é a musicoterapia comportamental, que articula o seu arcabouço teórico à ciência comportamental.

A utilização da musicoterapia comportamental no tratamento de pessoas com TEA

Acredita-se que o ser humano é essencialmente musical, desde o ventre materno. Já nas fases iniciais do desenvolvimento intrauterino, o feto tem contato com os sons "binários" dos batimentos do coração da mãe e dos sons viscerais. Além disso, em poucas semanas já consegue ouvir os sons externos.

A musicoterapia comportamental tem por objetivo, por meio da aplicação de técnicas e manejo clínico adequado por um profissional qualificado, proporcionar mais qualidade de vida às pessoas com TEA. Por meio de seus procedimentos, busca-se intervir no ambiente, promovendo alterações que impactem os receptores sensoriais e, consequentemente, modifiquem os padrões comportamentais. O objetivo é que os indivíduos desenvolvam repertórios comportamentais mais funcionais e adaptativos, proporcionando-lhes maior autonomia e liberdade.

É perfeitamente congruente a aplicação da musicoterapia comportamental para tal fim, como afirma Ruud:

> Musicoterapia é um método de manipulação comportamental e pode, portanto, ser automaticamente considerada como inclusa na extensão do movimento de modificação comportamental. Talvez deva-se pesquisar uma redefinição da musicoterapia

> junto às linhas behavioristas. Este fato ocasionaria a necessidade a clínicos experimentalistas com prática tanto no rigor da metodologia científica como nos muitos aspectos de interação clínica. Dessa maneira, a musicoterapia poderia ocupar seu espaço no desenvolvimento da escola behaviorista de aplicações clínicas, um espaço que plenamente merece e ao qual corretamente pertence pela real eficácia de seu tipo de manipulação comportamental (1990, p. 20).

A seguir, serão citados brevemente alguns procedimentos, técnicas e procedimentos comportamentais aliados à musicoterapia que podem ser:

Reforço positivo

Algumas consequências do comportamento aumentam a probabilidade desse comportamento voltar a ocorrer em uma situação semelhante. Portanto, reforço é um tipo de consequência do comportamento que aumenta a probabilidade de um determinado comportamento voltar a ocorrer (Moreira, 2007).

A música é um estímulo potencialmente reforçador por ser inerente à natureza humana. Em intervenções em musicoterapia comportamental, são utilizadas músicas, sons, instrumentos musicais, ruídos etc. que o paciente/cliente goste ou que tenha um significado especial para esse sujeito. Benenzon (1985) discorre sobre o princípio do ISO, entre eles o universal e o individual. O primeiro é uma identidade sonora que caracteriza ou identifica todos os seres humanos, independentemente de seus contextos sociais, culturais, históricos e psicofisiológicos particulares. Dentro desse ISO universal, figurariam as características particulares do batimento cardíaco, dos sons de inspiração e expiração, e da voz da mãe nos primeiros momentos do nascimento e dias do novo ser. O segundo faz referência às músicas que caracterizam essa pessoa, músicas que por meio de experiências associadas possuem um significado idiossincrático.

Dessa forma, o musicoterapeuta pode reforçar os comportamentos dos pacientes com elementos musicais, manipulando a consequência dos seus comportamentos na aquisição de novos repertórios.

Extinção operante

Ao cessar a contingência de reforço, ocorre o processo de extinção operante. Moreira (2007) explica esse processo ao afirmar que:

> Quando a contingência de reforço é suspensa, ocorre o efeito contrário, ou seja, a probabilidade da emissão de um determinado comportamento diminui ou deixa de acontecer de forma gradual, fato denominado como extinção operante (2007, p. 50).

A música pode ser utilizada no processo de extinção de comportamentos inadequados, e isso ocorre quando, na terapia, o estímulo reforçador (no caso, a música) é retirado com o objetivo de diminuir a frequência ou extinguir a emissão de um determinado comportamento disfuncional ou inadequado.

Dessensibilização sistemática

O procedimento de dessensibilização sistemática consiste em expor o indivíduo a um estímulo aversivo gradativamente e de forma sistemática; dessa forma, ocorreria uma habituação a estímulos coercitivos. O princípio da habituação afirma que, quando um organismo é exposto repetidas vezes a um estímulo, esse mesmo estímulo perde a magnitude/intensidade.

Esse procedimento pode ser aplicado, por exemplo, em casos em que o paciente apresenta traumas relacionados a uma música ou som específico devido à hipersensibilidade auditiva. Essa situação é frequentemente observada em pessoas com TEA, quando determinados estímulos sonoros, associados a eventos traumáticos, tornam-se aversivos, causando intenso sofrimento ao paciente. Na prática, o musicoterapeuta comportamental expõe o paciente paulatinamente a sons, acordes, frases e trechos de música, fazendo uma associação com exercícios de relaxamento para redução dos sintomas de ansiedade, até ocorrer esvanecimento dos sintomas. Esse procedimento também pode ser utilizado em conjunto com o contracondicionamento, uma técnica que consiste em associar o estímulo inicialmente relacionado a algo ruim ou aversivo a algo reforçador e agradável.

Considerações finais

Este trabalho demonstrou de que forma a musicoterapia pode ser associada à prática da ciência comportamental no tratamento de pessoas com TEA em suas inúmeras facetas. Trata-se de um recorte, visto que o tema é amplo e o espaço é reduzido. O trabalho também objetivou fomentar as pesquisas na área para além do ensino e performance musical. Embora a prática da musicoterapia seja restrita a profissionais que tenham título de graduação ou especialização na área, os seus princípios podem ser apropriados por profissionais de diversas áreas, enriquecendo a sua prática no processo terapêutico e trazendo maior compreensão acerca do comportamento humano.

Referências

AMERICAN PSYCHIATRIC ASSOCIATION (APA). *Manual diagnóstico e estatístico de transtornos mentais*. DSM-5. Porto Alegre: Artmed, 2014.

BARCELOS, L. R. M. *Musicoterapia*: alguns escritos. Rio de Janeiro: Enelivros, 2004.

BARLOW, D. H. *Psicopatologia*: uma abordagem integrada. São Paulo: Cengage Learning, 2010.

BENENZON, R. O. *Manual de musicoterapia*. Rio de Janeiro: Enelivros, 1985.

BRUSCIA, K. *Definindo musicoterapia*. Trad. Mariza Velloso Fernandez Conde. 2. ed. Rio de Janeiro: Enelivros, 2000.

CRUZ, R. N. da. B. F. *Skinner*: uma biografia do cotidiano científico. Belo Horizonte: Artesã, 2019.

DALGALARRONDO, P. *Psicopatologia e semiologia dos transtornos mentais*. Porto Alegre: Editora Artmed, 2008.

FARIAS, A. K. C. R. de. *Análise comportamental clínica*: aspectos teóricos e estudos de caso. Porto Alegre: Artmed, 2010.

MARCONI, M. de M.; LAKATOS, E. M. *Fundamentos de metodologia científica*. 5. ed. São Paulo: Atlas, 2003.

MOREIRA, M. B. *Princípios básicos de análise do comportamento*. Porto Alegre: Artmed, 2007.

RUUD, E. *Caminhos da musicoterapia*. São Paulo: Summus, 1990.

SELIGMAN, M. E. P. *Aprenda a ser otimista*: como mudar sua mente e sua vida. Rio de Janeiro: Objetiva, 2019.

SIDMAN, M. *Coerção e suas implicações*. Campinas: Livro Pleno, 2009.

SKINNER, B. F. *Ciência e comportamento humano*. 11. ed. São Paulo: Martins Fontes, 2003.

SOBRINHO, J. B. de C. *Pautas de investigação musical*: contributo ao estudo do texto e contexto. Teresina: Editora Edufpi, 2012.

STRAPASSON, B. A.; DITTRICH, A.; CRUZ, R. N. *História da análise do comportamento no Brasil em autobiografias*. Curitiba: Editora UFPR, 2021.

VON BARANOW, A. L. V. M. *Musicoterapia*: uma visão geral. Rio de Janeiro: Enelivros, 1999.

WENZEL, A.; BROWN, G. K; BECK, A. T. *Terapia cognitivo-comportamental para pacientes suicidas*. Porto Alegre: Artmed, 2010.

CAPÍTULO 45

Treinamento parental no autismo

O caminho para o desenvolvimento infantil

O desenvolvimento infantil é influenciado por interações diárias, estímulos ambientais e o papel ativo dos cuidadores. Este capítulo convida as famílias a assumirem protagonismo no desenvolvimento de crianças com transtorno do espectro autista (TEA), destacando o poder transformador de pais capacitados, unindo amor e conhecimento para construir um futuro mais promissor.

Prycylla Mayra da Rocha

PRYCYLLA MAYRA DA ROCHA

CRP 17/5048

Psicóloga clínica infantil e Neuropsicóloga, mestranda em Atenção Precoce, especialista em Transtorno do Espectro Autista (TEA) e Análise do Comportamento Aplicada (ABA) pelo CBI of Miami. Também é especialista em Desenvolvimento Infantil e possui formação avançada no Modelo Denver de Intervenção Precoce (ESDM) pelo Mind Institute. Com mais de quatro anos de experiência na ciência ABA, atua com foco em estratégias naturalistas e treinamento parental pelo Instituto Singular. Concluiu o curso internacional introdutório JASPER + SPACE pela Navegar Terapias, além de diversas formações em neurodesenvolvimento, infância e terapia cognitivo-comportamental. Formação em Transtornos do Neurodesenvolvimento (TND) por Dr. Thiago Castro, certificação internacional em PRT (nível 1), formação continuada em Autismo pelo IEPSIS. Atua também como Treinadora Parental (PDA). Seu propósito é acolher crianças e suas famílias, acreditando firmemente na importância de uma intervenção precoce que promova o desenvolvimento infantil de forma natural, saudável e respeitosa.

Contatos: psiprycyllarocha@gmail.com
Instagram: @psiprycyllarocha
@iluminandoinfancias
Facebook: Prycyla Rocha
84 99992 8320

O conceito e a importância do treinamento parental no desenvolvimento infantil

O treinamento parental não é apenas uma técnica, mas uma filosofia baseada na ideia de que os pais têm um potencial único e insubstituível para impactar positivamente o desenvolvimento de seus filhos. Estudos científicos têm mostrado que, quando os pais participam ativamente das intervenções, as crianças:

- Aprendem mais rápido.
- Generalizam habilidades com maior facilidade.
- Estabelecem vínculos afetivos mais fortes.
- Têm mais flexibilidade para modelar os comportamentos ensinados com reforços positivos.

Pais treinados se tornam agentes de mudança. Eles transformam desafios diários em oportunidades de aprendizado e crescimento. Cada interação – seja uma brincadeira, um momento de leitura ou até mesmo um conflito – torna-se uma chance de construir habilidades e fortalecer laços.

A importância da intervenção precoce e da conscientização

A intervenção precoce é o alicerce para promover o desenvolvimento de habilidades e a autonomia em crianças com TEA. Quanto mais cedo os sinais são identificados, maior é a capacidade de potencializar as conexões neurais em formação e promover avanços significativos na comunicação, socialização e comportamento.

- **Transtorno do espectro autista (TEA)**: transtorno do neurodesenvolvimento caracterizado por déficits de interação social, déficits na comunicação verbal e não verbal, interesses restritos e comportamentos repetitivos, podendo incluir dificuldades sensoriais. O autismo é dividido em 3 níveis de suportes diferentes.
  - » ***Nível 1*** – pouco suporte necessário: precisam de um pouco de ajuda para lidar com situações sociais e emocionais, mas conseguem ter uma boa autonomia.
  - » ***Nível 2*** – suporte moderado necessário: precisam de mais ajuda para se comunicar, socializar e se regular. Algumas crianças nesse nível de suporte apresentam atrasos na fala.
  - » ***Nível 3*** – muito suporte necessário: precisam de bastante suporte, tanto para se comunicar quanto para as atividades de vida diárias. As crianças podem ter atrasos graves com a fala e precisam de apoio constante.

A conscientização é a chave para que as famílias possam observar as características do TEA com clareza e agir precocemente. Muitos pais desconhecem os sinais iniciais, como: **falta de resposta ao ouvir o nome, não apontar objetos ou demonstrar dificuldade em manter contato visual, dificuldade em comunicação e interação, movimentos repetitivos, não imitar, ausência ou pouca atenção compartilhada**. Esses sinais, quando compreendidos e trabalhados com a ajuda de pais bem orientados, deixam de ser barreiras e se tornam portais para um desenvolvimento saudável.

Ao compreender que cada criança tem um potencial único, as famílias passam a acreditar no poder das intervenções e a enxergar a possibilidade de construir um futuro mais promissor para seus filhos.

O diagnóstico precoce transforma vidas. Identificar sinais de TEA e algumas comorbidades nos primeiros anos, como transtorno de déficit de atenção e hiperatividade (TDAH), transtorno de ansiedade generalizada (TAG), transtorno opositivo desafiador (TOD) e transtornos alimentares, é essencial para que a intervenção comece o quanto antes.

Esses transtornos não definem quem uma criança é, mas indicam áreas em que ela precisará de mais apoio.

As intervenções naturalistas baseadas no desenvolvimento e comportamento (NDBIS)

As intervenções NDBIS são estratégias terapêuticas que integram os princípios do desenvolvimento infantil com os fundamentos comportamentais.

Elas buscam promover o aprendizado de habilidades fundamentais em contextos naturais, como brincadeiras e interações cotidianas. Uma ciência que tem como objetivo não apenas ensinar habilidades específicas, mas também fortalecer as conexões sociais e emocionais, respeitando o ritmo de cada criança.

A ciência Análise do Comportamento Aplicada (ABA), *Early Start Denver Model* (ESDM) e o *Joint Attention, Symbolic Play, Engagement, Regulation* (JASPER) são exemplos destacados de abordagens naturalistas. Eles enfatizam o aprendizado por meio de brincadeiras, explorando a motivação da criança e promovendo interações sociais espontâneas. Essas intervenções têm mostrado resultados expressivos na melhora da comunicação funcional, no aumento do engajamento social e na redução de comportamentos desafiadores.

Ao envolver os pais nesse processo, as intervenções naturalistas transformam cada momento do dia em uma oportunidade de aprendizado. Isso fortalece a conexão entre pais e filhos e cria um ambiente propício para o desenvolvimento integral.

Os benefícios de pais treinados e participativos

Os pais não são apenas os primeiros professores de uma criança, eles são também seus maiores modelos. Seus comportamentos e comunicação são absorvidos como base para as ações futuras dos pequenos. Por isso, o treinamento parental é tão transformador: ele capacita os pais a demonstrar, na prática, como enfrentar obstáculos com resiliência, como construir conexões sociais positivas e como valorizar o aprendizado contínuo. “O conhecimento liberta”.

Além disso, as habilidades de vida, como a comunicação funcional, a resolução de problemas, a autorregulação emocional e as interações sociais, precisam ser ensinadas e treinadas ainda na primeira infância. Esse é um período crítico, quando o cérebro da criança está em sua fase mais receptiva para adquirir conhecimentos e formar padrões de comportamento que a acompanharão por toda a vida. Investir nessa fase não é apenas uma decisão acertada; é a base para criar futuros mais sólidos, mais autônomos e mais prósperos.

Pais ativos – aplicando práticas naturalistas no treinamento parental

Integração de habilidades sociais durante brincadeiras

O momento de brincar com blocos de montar para ensinar ao filho habilidades de comunicação. Durante a atividade, os pais incentivam o filho a olhar para eles antes de pegar os blocos e a apontar ou verbalizar o que deseja. Usando frases como: “Você quer o bloco vermelho ou o azul?”, a mãe promove habilidades de escolha, contato visual e comunicação funcional de maneira natural e divertida.

Incentivo à atenção conjunta em atividades ao ar livre

Durante um passeio na praça, os pais aproveitam para fortalecer a atenção conjunta. Ao ver uma mãe, aproveitam para fortalecer a atenção conjunta. Ao ver um cachorro, os pais apontam, olham o cachorro e apontam enquanto perguntam: "Você consegue vê-lo? Ele é tão pequeno". Quando a criança responde, eles reforçam o comportamento, dizendo: "Isso mesmo, você viu o cachorro pequeno, vamos procurar mais?".

Ensinar palavras simples durante o jogo

Ao usar uma abordagem naturalista baseada na ABA, os pais incentivam o aprendizado de palavras durante uma brincadeira com carrinhos. Quando a criança aponta para um carrinho, o pai modela uma palavra simples, como "carro", e aguarda a criança tentar repetir antes de dar o brinquedo. Essa prática é reforçada ao longo do tempo, com a introdução de novas palavras relacionadas ao jogo, como "rápido" ou "parar" (Koegel & Koegel, 2012).

Desenvolver habilidades de vida durante a refeição

Usando princípios da ABA, uma mãe ensina o filho a usar um garfo durante as refeições. Ela modela o comportamento e guia a mão da criança, reforçando com elogios verbais, como "Muito bem, você usou o garfo sozinho!". Gradualmente, ela reduz o apoio físico até que a criança consiga realizar a tarefa de forma independente (Schreibman *et al.*, 2015).

Estímulo à comunicação funcional

Em um contexto natural, uma mãe utiliza a ABA para incentivar o filho a solicitar um brinquedo favorito. Ela espera que a criança use um sinal, gesto ou palavra antes de entregar o brinquedo, dizendo: "Ótimo, você pediu o dinossauro!". Com o tempo, ela incentiva o uso de frases completas, como "Eu quero o dinossauro, por favor" (Dawson *et al.*, 2010).

Generalização de habilidades em ambientes diversos

Após ensinar a criança a cumprimentar dizendo "oi" em casa, os pais ampliam o ensino para outros ambientes, como a escola ou o supermercado. Usando ABA naturalista, eles reforçam positivamente o comportamento em diferentes contextos, ajudando a criança a generalizar a habilidade para o dia a dia (Schreibman *et al.*, 2015).

Por que esses exemplos funcionam?

Essas práticas naturalistas funcionam porque:

- **Integram a aprendizagem ao cotidiano**: as habilidades são ensinadas em contextos naturais, em que as crianças se sentem confortáveis e motivadas.
- **Respeitam o ritmo da criança**: as estratégias são adaptadas ao nível de desenvolvimento da criança, tornando o aprendizado acessível e eficaz.
- **Reforçam comportamentos desejados**: ao premiar pequenas conquistas, os pais incentivam a repetição e o progresso.

Por que a ABA naturalista é eficaz?

A ABA naturalista combina os princípios da análise do comportamento com a espontaneidade dos ambientes naturais. É eficaz porque:

- **Envolve atividades do interesse da criança**: as estratégias são adaptadas para serem motivadoras e relevantes para a criança.
- **Promove habilidades em situações reais**: isso aumenta as chances de generalização do comportamento aprendido para outros ambientes.
- **Utiliza reforços naturais**: como elogios, brinquedos ou atividades favoritas, que ajudam a manter o engajamento da criança.

Principais caminhos

Observe o que sua criança já realiza, o que ela ainda não faz, como ela faz para atender a pedidos, se ela responde quando chamada pelo nome, se aponta para indicar objetos preferidos, objetos nos quais não tem interesse. Observe se sua criança fala sons, palavras, frases. Narre o brincar de acordo com o nível de comunicação, conheça os interesses, sente-se de frente para ela, olhe para ela, brinque, imite, modele, siga a motivação e interesse da criança, perceba quando ela quer interromper a brincadeira e pare antes de ela perder a motivação, assim você a ensina a trocar a brincadeira e seguir generalizando no brincar.

O sucesso do treinamento parental só é completo quando há colaboração entre famílias, escolas e profissionais

- **Famílias**: protagonistas da transformação, aplicando estratégias no dia a dia.
- **Escolas**: aliadas no desenvolvimento educacional e emocional;
- **Profissionais**: guias que oferecem ferramentas e suporte contínuo.

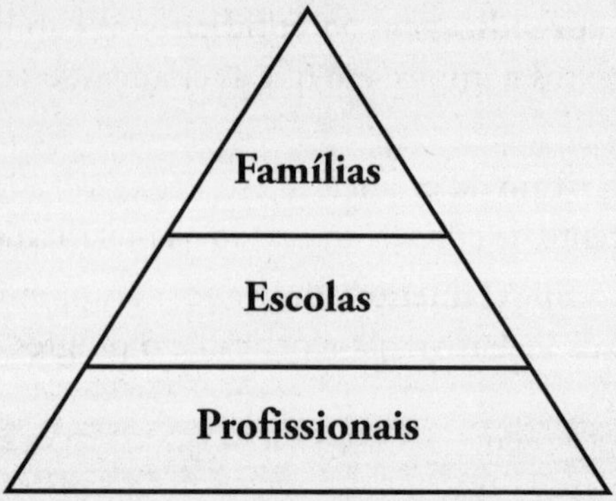

Quando todos trabalham juntos, a criança não apenas aprende – ela brilha, se transforma.

Juntos iluminando infâncias!

Conclusão

Este capítulo não é apenas uma explicação; é um convite à ação. Pais, professores e profissionais têm o poder de transformar vidas. O treinamento parental é muito mais do que uma ferramenta; é uma ponte para o desenvolvimento, uma luz que guia o caminho mesmo nas jornadas mais desafiadoras.

Os pais são os primeiros e mais importantes modelos para os filhos. As crianças aprendem não apenas pelo que ouvem, mas, principalmente, pelo que veem. Suas atitudes, comportamentos e formas de enfrentar os desafios são absorvidos como base para as ações futuras dos pequenos. Por isso, o treinamento parental é tão transformador: ele capacita os pais a demonstrar, na prática, como enfrentar obstáculos com resiliência, como construir conexões sociais positivas e como valorizar o aprendizado contínuo. Pais que se tornam exemplos conscientes inspiram confiança, segurança e possibilidades em seus filhos.

Ensinar habilidades de vida para o futuro vai além de preparar a criança para o momento presente. É um processo de capacitá-la para lidar com as demandas do amanhã, seja na escola, na convivência social, no trabalho ou na vida independente. Cada estratégia aprendida hoje se transforma em uma ferramenta essencial para o sucesso no futuro.

O treinamento parental oferece esperança traduzida em conhecimento, transformação por meio da prática e as ferramentas necessárias para transformar obstáculos em conquistas. Cada pequeno esforço, cada gesto consciente e cada palavra de encorajamento tem o poder de criar um impacto profundo e duradouro.

A mudança começa agora, e ela começa com você. Seja como pai, educador ou profissional, você pode fazer a diferença.

Conscientizar é dar poder às famílias para transformar vidas. Cada passo dado cedo é um salto para o futuro brilhante de uma criança.

Referências

DAWSON, G.; ROGERS, S. J.; VISMARA, L. A. *Early start Denver model for young children with autism*: promoting language, learning, and engagement. New York: The Guilford Press, 2010.

GAIATO, M. *Me ajuda a falar?* Guia especializado para desenvolver habilidades verbais em crianças com atrasos. São Paulo: nVersos Editora, 2024.

KOEGEL, R. L.; KOEGEL, L. K. *The PRT pocket guide*: pivotal response treatment for autism spectrum disorders. Baltimore: Paul H. Brookes Publishing Co., 2012.

LORD, C. *et al. Autism Diagnostic Observation Schedule (ADOS)*. Torrance: Western Psychological Services, 2002.

SCHREIBMAN, L. *et al.* Naturalistic Developmental Behavioral Interventions: Empirically Validated Treatments for Autism Spectrum Disorder. *Journal of Autism and Developmental Disorders*, v. 45, n. 8, p. 2411-2428, 2015.

VISMARA, L.A.; BOGIN, J. *Steps for implementation*: pivotal response training. Sacramento, CA: The National Professional Development Center on Autism Spectrum Disorders, The M.I.N.D. Institute, The University of California at Davis School of Medicine. 2009.

CAPÍTULO 46

Emoções veladas

O impacto da alexitimia nos relacionamentos e saúde mental da mulher autista

A alexitimia é uma condição caracterizada por déficits na interpretação e expressão das emoções, impactando na qualidade de vida e relações sociais. Pode se apresentar como comorbidade no TEA, intensificando os prejuízos. Como a mulher autista possui mais motivação social, buscou-se compreender neste capítulo os impactos da alexitimia na saúde mental e relacionamentos no espectro feminino.

Renata da Cunha Abdnor

RENATA DA CUNHA ABDNOR

Psicóloga graduada pela Pontifícia Universidade Católica do Paraná (PUC-PR) no ano de 2006, pós-graduada em Psicologia da Saúde e Hospitalar pelo Hospital Pequeno Príncipe, em Psicologia Educacional e Escolar, e pós-graduada em Neuropsicologia. Atua na área clínica há 18 anos, possuindo experiência em escola de educação especial, hospitais, clínicas e avaliação neuropsicológica. Atualmente, dedica-se também à psicoterapia de meninas e mulheres no espectro do autismo.

Contatos: renata.abdnor@yahoo.com.br
Instagram: @renata.abdnorpsi
45 99995 0930

O primeiro conceito de alexitimia foi introduzido por Sifneos na década de 1970, como sendo uma condição em que o indivíduo possui uma redução de seu funcionamento emocional, pouco repertório para fantasiar, que resulta em uma inabilidade para encontrar palavras que representem e descrevam suas emoções (Sifneos, 1973).

Apesar dos avanços em pesquisas acerca do tema, ainda há muito a ser estudado e explorado no que tange à alexitimia, que não se configura como um transtorno em si, sendo considerada uma condição subclínica.

O conceito central desta condição é caracterizado por déficits no processamento emocional, pobreza no reconhecimento de expressões emocionais faciais, menor capacidade de recordações de materiais emocionais, prejuízos na linguagem emocional e na percepção do conteúdo emocional. Em resumo, envolve dificuldades na identificação e descrição do próprio estado emocional (Bird & Cook, 2013).

Entretanto, a alexitimia também se caracteriza por uma baixa interocepcão, ou seja, dificuldade na percepção das sensações corporais, impossibilitando a discriminação das alterações físicas. A pessoa pode não compreender que aqueles sinais fisiológicos são de fome ou de frio, por exemplo. Isto pode resultar em mal-estar físico, como desmaio, resfriado, alteração na pressão arterial, dores, entre outras condições clínicas.

Não se deve confundir alexitimia com apatia: o alexitímico sente todas as emoções e sinais fisiológicos do seu corpo ao vivenciar a alegria, tristeza, surpresa, raiva; porém, há uma desconexão do seu interior e lhe faltam palavras e habilidade para identificar e nomear as emoções e sensações. Resumindo, ele possui baixa capacidade de dar significado ao que se passa em seu interior.

Sabe-se que a alexitimia não é um traço exclusivo do transtorno do espectro autista, estando implicada em outros transtornos, como a depressão (Honkalampi *et al.*, 2000), podendo ocorrer isoladamente na população em geral. Além disso, também está relacionada a um aumento de problemas de ordem psicossomática, bem como a transtornos alimentares, abuso de substâncias, esquizofrenia e outras condições psiquiátricas e neurológicas (Brewer & Murphy, 2016). Porém, no TEA, as pesquisas sugerem uma prevalência de 40% a 65% de alexitimia na população autista adulta (Berthoz, Pouga & Wessa, 2011).

Apesar da alta incidência em indivíduos autistas, é importante compreender que a alexitimia e o transtorno do espectro autista são construções independentes, portanto, a manifestação da alexitimia não é critério suficiente para o diagnóstico de autismo.

Assim como no espectro autista encontramos uma variabilidade de manifestações clínicas e níveis de suporte, igualmente a alexitimia pode apresentar diferentes formas de manifestação no sujeito. Em outras palavras, alguns autistas podem experimentar maiores níveis de prejuízos oriundos da alexitimia e outros com menos intensidade.

Ademais, há as variações no TEA relacionadas aos gêneros, masculino e feminino. Sabe-se que meninas e mulheres dentro do espectro tendem a ter melhores habilidades sociais, maior motivação para interação com o outro, sensibilidade e desenvolvimento de comunicação e linguagem. Neste capítulo, vamos nos concentrar nos efeitos da alexitimia na população autista feminina.

A despeito das "vantagens" sociais, a mulher autista alexitímica experimenta um aumento substancial de sofrimento emocional, somando os prejuízos das duas condições, devido ao fato de possuir maior interesse e expectativas em seus relacionamentos.

Uma maior motivação social na mulher autista faz com que ela almeje por mais interações, o que, consequentemente, a expõe a maior experimentação das suas dificuldades sociais, pois estar nesse contexto exige que a autista alexitímica direcione e invista mais esforços e recursos internos para se relacionar.

No autismo, a alexitimia amplifica os déficits sociais e emocionais (Bird & Cook, 2013), pois a inabilidade na compreensão, no reconhecimento e na interpretação de suas próprias emoções e sensações, aliada à dificuldade em ler expressões faciais e compreender pistas sociais, faz com que a pessoa autista apresente mais prejuízos na qualidade de suas interações, visto que há uma estreita relação e interferência entre comportamento social e emoções.

A interação social provoca a experimentação de sensações e emoções nos indivíduos envolvidos e estes, por sua vez, emitem respostas internas e externas (pensamentos, sentimentos e comportamentos) a estas emoções. Porém, a inabilidade em reconhecer e identificar as emoções comprometem as respostas a elas (Brewer & Murphy, 2016).

Ciente disso, é necessário refletir sobre os impactos que a alexitimia gera nos relacionamentos da mulher autista e em sua saúde mental. Segundo Teixeira (2017, p. 2), "ao preconizar que indivíduos com funcionamento alexitímicos são menos conscientes dos seus estados emocionais, acresce a presença de maiores índices de psicopatologia nos mesmos".

Impacto na saúde mental

Um dos impactos na saúde mental é o distanciamento de sua realidade e de suas necessidades emocionais e relacionais, bem como de sua identidade como sujeito, visto que existe uma desconexão de si mesmo. Torna-se mais complexo para a autista alexitímica fazer o gerenciamento das suas necessidades, dificultando a elaboração de estratégias para defender seu corpo e sua mente do sofrimento.

As emoções orientam nossos comportamentos, que se apresentam como atitudes que visam a adaptação. De certa maneira, estão relacionadas à sobrevivência, uma vez que interferem nas decisões, escolhas, prioridades e atribuem significado às experiências vividas.

Sendo assim, a funcionalidade do sistema emocional está intimamente relacionada com a adaptação e o bem-estar das pessoas, considerando, é claro, as suas necessidades psicológicas individuais (Greenberg, 2010).

Todo esse contexto e a exposição prolongada a essa tensão a deixa mais vulnerável ao adoecimento mental e físico, podendo resultar em crises de ansiedade, manifestações psicossomáticas, crises existenciais, depressão, transtorno de ansiedade, ideação e/ou tentativa de suicídio, burnout, dores e outras doenças físicas.

Além do mais, a autista que possui alexitimia é uma forte candidata a se tornar alvo de bullying, porque, diante da inabilidade em expressar suas emoções, pode ser vista pelos demais como uma pessoa fria, distante, sem empatia.

Em uma pesquisa realizada por Brewer & Murphy em 2013, que avaliou os níveis de empatia em indivíduos autistas com e sem alexitimia, ficou evidente que o autismo sem alexitimia apresenta, em geral, níveis típicos de empatia; já no autista alexitímico, esses níveis estavam mais baixos.

Isto não significa que os autistas alexitímicos não se importam com os sentimentos dos outros (acredite, eles se importam), entretanto, a inabilidade em compreender e reconhecer as emoções provocam uma resposta empática menor (Brewer & Murphy, 2016).

Consequentemente, o sofrimento psicológico diante da falta de compreensão de si mesma, de seus sentimentos, do que gostaria de expressar e das demandas externas, causa um acúmulo de angústias, medo, sensação de rejeição e de solidão que minimizam a qualidade de vida e bem-estar da mulher autista com alexitimia.

A experimentação de humor deprimido e ansioso se torna tão corriqueiro em seu dia a dia que ela já nem percebe mais que está adoecida e que precisa estabelecer mudanças que garantam proteção à sua saúde mental. Associado a isso, está a dificuldade que essa autista tem em comunicar a terceiros o seu estado mental e obter o apoio que necessita, tanto familiar quanto profissional.

Segundo Serani (2014), torna-se desafiador para os alexitímicos lidar com transtornos psicológicos coexistentes, pois a sua vulnerabilidade inata para compreender a si e aos outros dificulta o tratamento.

Impacto nos relacionamentos

Nos relacionamentos, ela pode tender a absorver demandas alheias e ser inábil em estabelecer limites, anulando assim os seus afetos e desejos, assumindo uma postura passiva que leva a um estado de angústia e vazio existencial.

Ademais, podem vir a se aproximar de pessoas com um perfil mais dominador, egocêntrico e impositivo que, de certa forma, compensam seus déficits emocionais e afetivos.

Em geral, nos seus relacionamentos, a autista alexitímica vivenciará conflitos interpessoais, produzidos por sua inabilidade de expressão, identificação e comunicação emocional associados à incompreensão dessa condição por parte da pessoa com quem está se relacionando e a possível insatisfação das necessidades e expectativas afetivas do outro e dela mesma. Isso pode levar o seu parceiro, amigos e familiares a pensarem que não são importantes para ela, e que é desprovida de afetividade, o que não é verdade.

É importante salientar que é possível que vivencie maiores níveis de sobrecarga sensorial e emocional, pois não consegue reconhecer os sinais de seus limites, expondo-se a situações que transcendem suas defesas pessoais. Há uma falha em perceber quando necessita de pausas para regulação ou sair de um local ou relação que já não lhe fazem bem, resultando em maior experimentação de crises e estresse emocional.

A autocobrança para atender às exigências afetivas de seu parceiro a levam para um estado de alerta constante, uma hipervigilância de suas palavras e de suas atitudes, para que possa parecer o mais "normal" possível aos olhos do outro, oferecendo-lhe mais satisfação. Porém, o gasto de energia mental e emocional para performar "positivamente" no relacionamento se torna tão intenso que o resultado é, inevitavelmente, o adoecimento psicológico.

Devido ao fato de a mulher autista, em geral, ter mais sensibilidade e percepção do outro em suas interações, para ela fica mais evidente o seu "fracasso" social.

Algumas vezes, devido aos problemas na resolução de conflitos, na manutenção da relação, a autista pode optar pelo isolamento e pela solidão. Esta opção pode ser vista como uma saída adequada, pois parece evitar a constante vivência de conflitos e falta de acolhimento em suas relações.

O cuidado e tratamento da mulher autista alexitímica

Considerando que a mulher autista tende a receber seu diagnóstico tardiamente, é necessário um olhar mais acolhedor e profundo aos prejuízos e seu sofrimento.

A autista frequentemente chega à terapia com um extenso histórico de prejuízos acumulados, além de ter enfrentado diversos diagnósticos e tratamentos inadequados que não contribuíram para a resolução de suas dificuldades. Ademais, a possibilidade de alexitimia raramente é considerada, o que intensifica seus questionamentos sobre si mesma, sua forma de se relacionar, de sentir o mundo e de se comportar.

Enfim, para o cuidado dessas mulheres, a psicoterapia visa aprimorar habilidades sociais, o autoconhecimento e o estabelecimento de estratégias para gerenciar os prejuízos, bem como tratar as sequelas na saúde mental da autista com alexitimia.

A prática da escrita tem gerado bons resultados nesse processo, assim como algumas alternativas terapêuticas, como leitura de romances, aulas de dança e teatro, que aproximam a vivência de estados emocionais e fantasias e visam estimular o repertório emocional, a sensação e expressão de seu estado interno.

O autoconhecimento se torna uma poderosa chave no tratamento da autista alexitímica, sendo necessário que o psicólogo ofereça suporte para a identificação, discriminação, nomeação e expressão dos sentimentos e emoções, auxiliando-a a conectar sentimentos com expressões emocionais, para que conheça o seu funcionamento diante de cada emoção.

Por último, vale salientar que é imprescindível o fomento de pesquisas que relacionem as duas condições e seus impactos na vida da pessoa autista com a alexitimia, e também sobre estratégias terapêuticas mais específicas e sensíveis a essas duas condições.

Referências

BERTHOZ, S.; POUGA, L.; WESSA, M. Alexithymia from the social neuroscience perspective. *In*: DECETY, J.; CACIOPPO, J. (eds.). *The handbook of social neuroscience*. Oxford: Oxford University Press, 2011.

BIRD, G.; COOK, R. *Mixed emotions*: the contribution of alexithymia to the emotional symptoms of autism. Translational Psychiatry, 2013.

BREWER, R.; MURPHY, J. People with autism can read emotions, feel empathy. *Scientific American*, 13 de julho de 2016. Disponível em: https://www.scientificamerican.com/article/people-with-autism-can-read-emotions-feel-empathy1/. Acesso em: 8 abr. 2025.

GREENBERG, L. S. Emotion-focused therapy: a clinical synthesis. *Focus: The Journal of Lifelong Learning in Psychiatry*, v. 8, n. 1, p. 32, 2010.

HONKALAMPI, K. *et al.* Depression is strongly associated with alexithymia in the general population. *Journal of Psychosomatic Research*, v. 48, p. 99-104, 2000.

LIN, J. *et al. Transtorno do espectro autista em meninas*: características clínicas e dificuldades diagnósticas. Boletim do Curso de Medicina da UFSC, 2021.

SERANI, D. The emotional blindness of alexithymia. *Scientific American*, 3 de abril de 2016. Disponível em: https://www.scientificamerican.com/blog/mind-guest-blog/the-emotional-blindness-of-alexithymia/. Acesso em: 8 abr. 2025.

SIFNEOS, P. *A prevalência de características "alexitímicas" em pacientes psicossomáticos*. Psychotherapy and Psychosomatics, n. 22, p. 255-262, 1973.

TEIXEIRA, S. B. F. *Alexitimia, processamento emocional, regulação emocional e sintomatologia*. Dissertação (Mestrado em Psicologia) – Universidade de Lisboa, Lisboa, 2017.

CAPÍTULO 47

Propósito da vida

"Ontem você se sentia culpada, hoje fala com o prefeito" foi o gatilho para o início da jornada da conscientização, após passar pelo processo de aceitação do diagnóstico. O próximo nível é o reconhecimento do propósito da vida. Neste capítulo, a mãe atípica compartilha o início dessa trajetória e, junto de seus parceiros de propósito que a vida traz, reconhece que é a voz daqueles que não falam.

Sara Radis

SARA RADIS

Administradora graduada pela Universidade Metodista (2008), com MBA em Gestão Estratégica Econômica de Negócios pela FGV (2014). Seu diferencial é ser mãe atípica (a maior escola da parentalidade), coterapeuta certificada pelo Instituto Singular (2020), mentorada pelo Design de Carreiras por Lilian Marins (2021), mentorada pelo Destrava e Grava por Fabiana Teixeira (2021), mentorada pela Manoela Duran. É apaixonada pelo desafio do desenvolvimento de seu filho e tem como jornada da conscientização o propósito da vida, sendo intermediadora do tema autismo. Ajuda por meio da comunicação, conscientização e inclusão.

Contatos: asararadis@gmail.com
Instagram: @asararadis

O propósito da vida é nos dar chance de nos reconectar com o circuito de amor original. Fazemos isto aprendendo a compartilhar.

Karen Berg

O momento em que encontramos o nosso propósito de vida

Encontrei minha missão depois do diagnóstico de autismo do meu filho, o Cesar, um menino muito sorridente, autista nível 2 (moderado) não verbal. Nele, encontrei minha reconstrução e minha missão de ser a voz daqueles que não falam. Nessa trajetória encontramos parceiros de propósito e, juntos, compartilhamos e intermediamos o tema autismo, por meio da comunicação, conscientização e inclusão, fazendo a diferença na vida das pessoas de uma forma genuína.

No início eu me sentia muito perdida, sozinha, culpada. Uma vez, a minha gerente, Andressa, me disse "ele te escolheu", e pensei, "se ele me escolheu é para fazer valer a pena e nada é por acaso, tudo tem um propósito na vida e aqui começa a minha jornada da conscientização".

Essa trajetória começou quando reencontrei um grande amigo da faculdade, o vereador Pery Cartola, atualmente o mais votado da cidade de São Bernardo do Campo. Ele foi secretário da Pessoa com Deficiência e é ativo na causa animal. Em sua gestão, São Bernardo do Campo foi a primeira cidade do Grande ABC a instituir a carteirinha do autista (CIPTEA) em junho de 2021, regulamentando a Lei Romeo Mion (Lei Federal n. 13.977, de 8 de janeiro de 2020), destinada à proteção dos moradores com transtorno do espectro autista.

Essa medida tem como objetivo garantir atenção integral, pronto atendimento e prioridade no atendimento e acesso aos serviços públicos e privados, em especial nas áreas de saúde, educação e assistência social para os moradores com transtorno do espectro autista (São Bernardo do Campo, s.d.).

Dias depois, enquanto estava na fila do mercado, recebi uma ligação do Alexandre, agendando um compromisso público com o secretário e o prefeito para participar da inauguração da primeira vaga pública de estacionamento para autistas. Quando me vi ali, falando com o prefeito sobre a incidência do autismo e a importância da inclusão – e com aquele momento sendo registrado e divulgado nos jornais da cidade – percebi que era uma grande oportunidade de adquirir experiência e ganhar visibilidade. Ali, pela primeira vez, senti que tinha uma missão.

Nesse mesmo dia, uma grande amiga e mentora, Manoela, me ligou e disse uma frase que marcou o início de todo esse propósito em minha vida: "Ontem você se sentia culpada e hoje está falando com a autoridade da cidade, o prefeito; você está vendo o poder da sua voz". A partir desse momento percebi que precisava compartilhar meu conhecimento e experiência. Meu gatilho foi reconhecer que o Cesar me escolheu, e com isso eu não podia ser egoísta. A essa altura já havia me certificado como coterapeuta, lido mais de 16 livros (processo que comento no meu primeiro livro, *Pais de autistas*), sabia que tinha como missão compartilhar, mas não sabia como. Depois disso, a vida foi trazendo as oportunidades certas e me mostrando as possibilidades, então deixei fluir e as coisas foram acontecendo e se conectando.

Sabe quando você escuta a voz do coração e a segue? Assim foram surgindo os parceiros de propósito.

Minha amiga Manoela me conectou com a mentora Lilian Marins, com quem fiz um curso. Durante a formação, fiz um teste de "perfil" e o resultado apontou para a área de comunicação.

Manoela também me conectou com outra amiga mentora, a Fabi Repórter, com quem participei de uma mentoria de comunicação. Nessa mentoria, recebi orientações e conheci ferramentas para aprimorar minhas apresentações.

Eis que surgiu minha primeira oportunidade de compartilhar minha experiência no ambiente corporativo. Em uma reunião do Café Bem-Estar, no mês das mães, fiz uma apresentação sobre o tema "O poder do amor da mãe atípica", na qual compartilhei a experiência de receber o diagnóstico e as estratégias que utilizei para aceitar, entender e auxiliar no tratamento do meu filho. Várias pessoas se conectaram com o tema que eu, em 17 anos de empresa, nunca havia escutado falar.

Depois disso, comecei a divulgar vídeos no Instagram, apresentando dicas de organização dos brinquedos em caixas transparentes com figuras PECS e compartilhando as dicas da fonoaudióloga Renata. Durante uma reunião corporativa sobre o programa 5S, publiquei fotos do antes e depois de uma organização que fiz baseada nessas dicas. Por esse trabalho, a secretária Alessandra me indicou para participar da reunião anual de 5S com todo o pessoal envolvido com o tema, incluindo o vice-presidente e o diretor da fábrica.

Diante dessa exposição, fui convidada a apresentar o tema em diversas áreas, como EHS, TI, Supply Chain, Marketing, vídeos para o programa de Diversidade e Inclusão (D&I) do RH e, durante a Semana da Segurança, tive a honra de palestrar na SIPATMA/22, em que vários pais atípicos se sentiram acolhidos e representados, com mais e mais pessoas sabendo do tema autismo.

Naquele mesmo ano, participei de um webinar com o grupo de afinidade de pessoas com deficiência, o *Be Different @BASF*, e passei a fazer parte desse grupo, auxiliando com o tema e projetos de inclusão.

Em paralelo, fizemos uma ação de voluntariado com a doação de 100 cestas básicas para a Casa de David, e depois pude representar a empresa na ALESP, em reconhecimento dessa ação.

No condomínio onde moro, organizei com a Dani a primeira caminhada pelo autismo. Hoje, temos cerca de 30 autistas no condomínio. No evento, tivemos uma revoada de balões e ações práticas, como um comunicado no elevador, solicitando aviso prévio para uso de ferramentas barulhentas, como a furadeira (no passado, meu filho Cesar teve crise com esse tipo de barulho). Esse evento virou matéria no jornal do ABC.

A conscientização continuou crescendo. Minha amiga Bia Sato, da 89 FM, publicou em seu programa meu áudio sobre o tema, alcançando milhares de pessoas.

Em outro compromisso público, Pery Cartola me convidou para participar de uma live da Prefeitura que contou com a presença de profissionais renomados da região, na qual eu representei a maternidade atípica da cidade, conscientizando os munícipes sobre o tema.

Paralelamente a tudo isso, fui convidada para escrever um livro, *Pais de autistas*, e o desenvolvi inspirada na apresentação "O poder do amor da mãe atípica".

No início de 2023, próximo ao fim de janeiro, recebi um convite de Pery Cartola para uma reunião na Prefeitura, para auxiliar e ser cofundadora do 1º Autistas Day, o maior evento voltado ao autismo do ABC. Junto à equipe da Secretaria da Pessoa com Deficiência, iniciamos a construção desse pioneiro evento.

Em março, houve o lançamento do meu primeiro livro, *Pais de autistas*, com a presença de profissionais, amigos, familiares, pais atípicos e o presidente da Câmara de SBC da época, Danilo Lima e seu assessor, Beto, que me auxiliaram a conseguir o local.

No mesmo mês, houve a ação de pintura da cavalaria de SBC, referência na equoterapia do Brasil, com a doação de tintas da Suvinil, com voluntários e pintores, e como contrapartida fizemos a doação de 100 cestas básicas para a Casa de David. Foi um dia diferenciado, uma ação em família que contou com a ajuda da Tati Rocco.

Realizamos a 2ª caminhada pelo autismo no condomínio, reunindo as famílias atípicas e discutindo as dificuldades. Uma delas foi a falta de um local apropriado para fazer terapias, algo que ficou na minha cabeça e precisava de uma solução.

No dia seguinte, chegou o momento mais esperado, o evento do ano, da vida: o 1º Autistas Day. Que emoção foi vestir a camiseta do evento com o crachá de apoio e, chegando ao local, ver a picape da 89 FM e o Luizão, um grande parceiro de propósito. Não pude conter as lágrimas. A camiseta trazia em homenagem o logo da clínica Bem Me Quer, onde o Cesar é atendido, cuidado e tratado com muito carinho e atenção. Também tivemos ajuda do Ale Oliver que, com a sua câmera, registrava todos os momentos.

Ver cerca de 4.000 pessoas unidas, todas pela mesma causa, vestindo a mesma camisa, foi maravilhoso. Um evento feito com muito carinho pela equipe formada por Fernanda Credidio, Carol, Lu Costa, Pery Cartola, Noboru e Luana. Ter a oportunidade de fazer parte disso, sendo que um dia me senti tão sozinha e ali me senti tão representada e acolhida, não tem preço. Ver meu filho brincando e não sendo o único atípico me emocionou.

Tive também a minha primeira experiência em rádio com o Saulo, da Rádio ABC, uma rádio tradicional da cidade, com 60 anos de história. Pude divulgar meu livro e falar sobre autismo e inclusão. Saulo sempre me incentiva, por meio da comunicação, para usar essa exposição positiva para conscientizar sobre autismo.

E por falar em rádio, mais uma vez, minha amiga Bia Sato divulgou meu áudio em seu programa na 89 FM, propagando mais a conscientização sobre o tema.

No ambiente corporativo, participei de diversos webinars e encontros do Café Bem-Estar. Um deles contou com a participação da Monica Pitanga, que indicou o livro do qual fui coautora. Além disso, o RH fez um comunicado sobre o mês da conscientização do Autismo e divulgou o meu livro para os colaboradores.

No plenário da Prefeitura de São Bernardo do Campo, palestrei para mães atípicas em um evento, compartilhando experiências e estratégias de aceitação do diagnóstico.

E, para finalizar o ano, tive a honra de participar de um podcast com a Fabi Repórter, em que compartilhamos o propósito de ser a voz daqueles que não falam.

Em 2024, ainda no mês de janeiro, iniciamos a conversa com a ADC para discutir o primeiro acampamento inclusivo da BASF.

Estabeleci uma pauta fixa na Rádio ABC, com uma participação mensal, sob incentivo do Saulo, sempre discutindo temas de inclusão e convidando as pessoas que têm ajudado em minha jornada.

Em dois de abril, um dia muito importante, pude trabalhar na região da Av. Paulista, próximo à 89 FM, e participar do programa da Luka, para comentar sobre o dia do autismo e fazer o convite para o 2º Autistas Day. Foi uma experiência e tanto! Participei de um podcast com o Estevão Camolesi, pai atípico, espírita, comunicador e vereador, no qual discutimos muitas informações sobre o tema e comentamos sobre o grande evento da cidade.

Mais uma vez com a Secretaria da Pessoa com Deficiência, do Pery Cartola e equipe, foram feitos os preparativos do 2º Autistas Day, sob a coordenação da Fernanda Credidio. Desta vez, o público foi de 6.000 pessoas, o melhor evento da vida! Toda vez, quando estou chegando ao evento e vejo a picape da 89 FM, me emociono. Foi inesquecível discursar em um palanque, com o prefeito, deputada estadual, secretário, vereadores, presidente da câmara e ver tantas pessoas ali presentes, sendo que houve um tempo em que me senti sozinha. E, naquele dia, representando a mãe atípica da cidade, lembrei das palavras da Manoela.

Na empresa, em uma reunião para discutirmos o tema do e-mail do RH para a conscientização, inspirada na inauguração da vaga de estacionamento, brinquei: “Por que não pinta uma vaga de estacionamento para autistas? Tinta não é problema”. O RH aderiu à ideia, e no dia quatro de abril, enquanto chegava ouvindo a música “Por você”, do Leonardo, vi a vaga pintada. Agora, toda vez que vou ao estacionamento tiro as folhas das árvores que ficam no chão cobrindo a vaga.

Em reunião com a gerência de diversidade, discutimos o uso do cordão de girassol e, como inspiração, hoje a BASF possui o cordão de girassol corporativo, ajudando os colaboradores que possuem deficiência não visível.

Em junho, tivemos o primeiro arraial inclusivo beneficente, com os pais atípicos Gi e Claudis. E, no mesmo mês, tivemos o primeiro acampamento inclusivo para colaboradores. O Cesar foi a primeira criança com deficiência a participar desse evento, pois em 23 anos nunca uma criança atípica havia participado. Isso é mérito da Paula Gonçalves, que se dedicou à causa do autismo para alcançar esse feito. Como resultado, depois do evento, o Cesar passou a dormir em seu próprio quarto, largou a chupeta e começou a beber água. Essa história foi tema de uma matéria da revista *ISTOÉ*, edição n. 2851, e acabou concorrendo ao Prêmio Global de Bem-Estar. Porém, muito mais do que isso, ver o ônibus chegando do acampamento e saber que seu filho atípico também participou do evento, sendo feliz em fazer parte desse momento, é inesquecível. Além disso, os amigos dele também puderam aprender a ser inclusivos, vivenciando isso na prática.

Inspirado no Projeto Cesar, em parceria com a Ana, o Glauber e a Natália, no dia 21 de setembro, Dia Nacional de Luta da Pessoa com Deficiência, foi inaugurada a sala sensorial terapêutica do condomínio. Para criar esse espaço, visitei showrooms e feiras especializadas, levando o Cesar para me ajudar a entender como montar a sala ideal. Fiz diversas cotações focando o que mais interessava para ele.

Hoje moramos no primeiro condomínio inclusivo do Brasil. É emocionante vê-lo entrando na sala sensorial, cheio de alegria. Essa sala inclusiva, com elementos voltados à hipersensibilidade sensorial, proporciona o resgate dos pais em brincar com os filhos, sentar no chão e interagir com tranquilidade, em um ambiente controlado e acolhedor. E o que é melhor ainda, os atípicos têm seu espaço para fazer as terapias, conter suas crises, e também um refúgio para quando houver obras e uso de ferramentas barulhentas, como a furadeira.

E, claro, esse projeto é um laboratório para outros que estão por vir.

A rendição ao processo e a confiança atraem milagres e abrem portas. No momento e hora exatos aparecem os parceiros de propósito para ajudar no que é necessário, para dar continuidade no propósito de alma, me ajudando a fazer a diferença na vida das pessoas, sendo a voz daqueles que não falam, e deixando um mundo melhor e mais inclusivo para quando eu não estiver mais aqui.

Cesar, você me escolheu, então vamos fazer valer a pena. Tudo isso é por você e para os amiguinhos atípicos. Encontrei na vida essa missão de compartilhar.

Agradeço a todos que me ajudaram, pois sozinhos não fazemos nada.

Referência

SÃO BERNARDO DO CAMPO. Carteira Municipal de Identificação da Pessoa com Transtorno do Espectro Autista *Prefeitura de São Bernardo*, s.d. Disponível em: https://www.saobernardo.sp.gov.br/maximizada/-/asset_publisher/5cLluTMV-cxDN/content/carteira-municipal-de-identificacao-da-pessoa-com-transtorno-do-espectro-autista?inheritRedirect=false. Acesso em: 7 abr. 2025.

CAPÍTULO 48

Caminhos cruzados

Família, profissão e o desafio do autismo

O capítulo aborda a evolução do conhecimento sobre o autismo, destacando desafios enfrentados por famílias atípicas e a importância de uma abordagem humanizada. Relata a experiência pessoal e profissional da autora, que lida com o diagnóstico de autismo de seu neto e a dualidade entre o conhecimento técnico e o afeto familiar. Explora o luto dos pais, as dificuldades no acesso a tratamentos e críticas às abordagens médicas e políticas.

Solange Ribeiro Aroeira

SOLANGE RIBEIRO AROEIRA

Psicóloga graduada pela UNIP (2009), pedagoga e palestrante especializada em Neurodiversidade. Especializada em Autismo, Deficiência Intelectual, Terapia Cognitivo-comportamental (TCC) e aprimoramento em Educação Especial e Atendimento Educacional. Extensão na clínica dos vínculos, violência, drogadição, adoção, marcas corporais e transsexualidade pela USP (2010) e *L' Institut de Recherche en Psychothérapie* (2012). Experiência na coordenação de Recursos Humanos e docência do ensino superior, UNISAN (2019), coordenação do curso de Psicologia LUSOFONA - SP (2023) com mais de 15 anos de prática clínica e, em janeiro de 2025, assumiu o cargo de Secretária da Mulher, Neurodiversidade e Inclusão Social em Cotia/SP. É autora do livro *Como viramos estrelinhas: finitude* e idealizadora do projeto "Seu olhar melhora o meu".

Contatos: solange.psico@gmail.com
Instagram: @solangearoeira
@seuolharmelhoraomeu
11 98592 9605

O mundo precisa de diferentes tipos de mentes para trabalhar juntos.

Temple Grandin

Ao iniciar este capítulo, lembro-me das aulas de psicologia do excepcional, uma nomenclatura utilizada nos anos 2000 no curso de psicologia, voltada para o público que hoje chamamos de PCD (pessoa com deficiência). Ao olhar para trás, percebo o quanto o conhecimento sobre as atipicidades evoluiu, especialmente em relação à neurodiversidade, que inclui o autismo. As atualizações no CID-11 (Classificação Internacional de Doenças), que entrará em vigor no Brasil até 2027, amplamente utilizado na área da saúde, dedicaram uma atenção especial ao autismo. Além disso, a influência das mídias sociais, principalmente durante a Covid-19, trouxe à tona o dia a dia de muitas famílias atípicas, revelando suas dificuldades emocionais, financeiras e sociais. Um portal se abriu e, com ele, surgiu uma gama de negócios relacionados às atipicidades. Leis para beneficiar as pessoas dentro do espectro estão sendo mais divulgadas. No entanto, nesse processo, as expectativas foram estabelecidas e as leis implementadas, mas os recursos humanos necessários para entender e atender a esse público emergente foram negligenciados. Segundo o CDC (*Centers for Disease Control and Prevention*), em 2023, a prevalência do autismo é de 1 em cada 36 crianças de oito anos identificadas com TEA nos EUA em 2020.

E quais são as causas? Sabe-se que fatores genéticos estão envolvidos na maioria dos casos de autismo, sendo responsáveis por aproximadamente 90% deles. As pesquisas na área genética avançaram rapidamente. Até alguns anos atrás, eram conhecidos cerca de 100 genes relacionados ao autismo; hoje, esse número já ultrapassa 1.000 genes. É importante pontuar que trabalho com pessoas dentro do espectro autista (TEA) e tenho um neto nessa condição. Vivencio as dificuldades pessoais e profissionais associadas a essa realidade e acompanho as famílias com suas dores e desafios, assim como colegas da área psicológica e pedagógica. Entendo a urgência de intervenções terapêuticas e médicas, assim como a importância do diagnóstico e apoio social. Também me perturba o quanto o diagnóstico pode ser usado tanto para garantir a eficácia em busca de atendimentos e tratamentos adequados quanto como uma justificativa para comportamentos: "Ele é assim mesmo, e o mundo que se adapte".

É difícil fazer essa crítica, mas sabemos e vivemos na pele o fato de que o nosso mundo não foi preparado para essas limitações. E, quando digo isso, é importante lembrar que somos todos seres em construção e adaptativos. Tanto a pessoa, a família, a escola e a sociedade ainda precisam compreender e aprender o que é direito e dever. Mais do que apresentar dados e tratamentos, a ideia deste capítulo é apresentar o mundo conflituoso de quem vive todas essas facetas.

Minha história

Quando fui docente da disciplina de Transtornos de Aprendizagem em um curso de pedagogia, vivenciei a realidade de transmitir conhecimento aos futuros profissionais da educação infantil. No consultório, durante o atendimento clínico de pessoas dentro do espectro autista (TEA), me deparei com outras experiências. Porém, em 2017, com o nascimento do meu neto, logo percebi as atipicidades aflorarem. Nesse momento, entrei em uma dualidade entre a razão e a emoção, entre o conhecimento técnico e a validação desse saber dentro da própria família. É claro que, com isso, tive que aprender a separar as atividades profissionais racionais do papel de avó, repleto de emoções, e conquistar a confiança dos pais para orientar a evolução do meu neto, da escola e dos terapeutas.

Assim que não tive dúvidas sobre a condição do meu neto Enzo, que se mostrou atípico, comecei a pensar em como comunicar essa informação de maneira segura para minha filha. Eles haviam decidido ter outro filho, Bernardo, que é típico, com uma diferença de apenas 1 ano e 4 meses entre os dois. Naquele período, pedi aos céus por uma bênção, enquanto duvidava do meu próprio saber, aflita pelas estatísticas que indicam que o autismo é a deficiência de desenvolvimento neurológico que mais cresce. Acompanhei ambos os nascimentos e a aplicação do APGAR (aparência, pulso, gesticulação, atividade e respiração), um teste realizado nos primeiros minutos de vida, para avaliar a saúde geral do recém-nascido.

De forma mais objetiva, as notas funcionam da seguinte forma e são importantes para avaliações futuras:

- **APGAR de 8 a 10**: ótimo! O bebê não necessita de intervenção.
- **APGAR de 5 a 7**: o bebê pode precisar de algum auxílio para se adaptar ao ambiente fora do útero. Um aconchego no colo da mãe pode ajudar, mas, às vezes, o pediatra precisa intervir.
- **APGAR abaixo de 5**: requer atenção especial do pediatra.

Esperei pelo momento adequado, mas quantas famílias têm essa oportunidade? Mesmo com todo o cuidado, a raiva, a frustração e o desconforto tomaram conta da minha filha, mãe dos meninos, enquanto eu, como mãe e avó, equilibrava as emoções com o pai dos meus netos. Passado o impacto inicial, conscientes das minhas percepções, iniciamos a saga em busca de um parecer médico. Conhecemos diversas intervenções terapêuticas e participamos de congressos.

Muitos profissionais argumentaram que eu não poderia realizar o atendimento do meu neto por estar emocionalmente envolvida, mas alguns tabus profissionais foram sendo superados. Nos primeiros meses, trabalhei com outros profissionais que não tinham equipe para atender às horas de terapia recomendadas pelos médicos. Tivemos que acionar judicialmente o plano de saúde, pois tudo era pago de forma particular (o tema era pouco discutido nas políticas públicas). Outra dificuldade foi o tempo de deslocamento, que muitas vezes superava o das sessões terapêuticas.

Nesse mundo atípico, aprendi o quanto de emoções são contidas e o quanto de empatia é necessário para lidar com muitas demandas racionais. É preciso aprender a compreender e respeitar as atividades dentro dos limites do outro e encontrar possibilidades dentro desses limites. Acredito que ainda não temos uma capacitação formal para isso; o aprendizado vem por meio da experiência humanizada.

O luto

Em algumas palestras, gosto de apresentar a ideia do luto, pois, ao orientar os pais, é possível perceber que algumas famílias entram em um estado de negação, enquanto outras demonstram agressividade. Somente quando ocorre a aceitação e a adesão aos processos terapêuticos é que vemos a evolução da pessoa autista e do ambiente ao seu redor. As fases do luto, conforme descritas pela psiquiatra Elisabeth Kübler-Ross (1998), são negação, raiva, barganha, depressão e aceitação. Essas fases podem ser observadas em muitos pais e familiares ao enfrentarem o diagnóstico de autismo, o que reflete o processo de ajustamento emocional necessário para lidar com as expectativas e realidades de criar uma criança atípica.

Essas fases representam as reações psíquicas do indivíduo enlutado para lidar com a perspectiva da perda/morte e são processos naturais do ser humano. E, quando falamos de perda/morte, falamos do(a) filho(a) idealizado(a), que é um processo psíquico e socialmente difícil, mas é libertador e transformador. O luto é um processo natural e necessário diante de uma perda e deve ser vivenciado, nunca reprimido. Diante de uma perda significativa, ao receber um novo membro na família, desejamos e sonhamos com situações que muitas vezes não irão acontecer. No entanto, diante das atipicidades, esse processo é crucial, para que todas as etapas sejam vividas e o indivíduo possa seguir em frente, com suas potencialidades e dificuldades únicas. Deixar de desejar aquilo que de fato não teremos, e despertar em nós a esperança do que podemos vir a ter, é algo que nos ajuda na conscientização sobre o que será o futuro.

Na escuta terapêutica

Com frequência, ouço mães dizerem: "Eu me sinto só nessa batalha; se não fosse por mim, meu filho não estaria fazendo tratamento". Há relatos de que "a escola encaminhou para buscar um psicólogo, mas são eles que não sabem lidar com ele". Outros pais enfrentam desafios como estar "na fila de atendimento e não conseguir fazer o tratamento", ou porque "o convênio mandou para uma clínica multidisciplinar, porém, devido à distância, fica inviável para a família". Ainda tem a inviabilidade do tratamento em clínicas particulares por grande parte da população, devido aos altos custos. Outro fator agravante é a extensa fila de espera do SUS para atendimento com neurologista ou psiquiatra. Alguns compartilham que "o médico recomendou muitas terapias e eu não dou conta de fazer tudo isso". Há também situações em que o "marido disse que ele não tem nada, só é manha", ou até mesmo "meu casamento acabou"; e essas são queixas comuns.

Enquanto isso, questões escolares são frequentemente evidenciadas pela inquietação em sala de aula. Casos em que mãe disse que tirou o remédio por conta própria, pois não quer medicar o(a) filho(a) e "ele(a) entrou em crise; liguei para a família e disseram que é só na escola que ele(a) se desregula". A ineficiência devido à falta de especialização dos docentes e auxiliares de classe ilustram as complexidades enfrentadas tanto por educadores quanto por familiares. E, com isso, muitas vezes o tratamento se assemelha a um piano desafinado no meio da sala, que deve ser carregado enquanto se hasteia a bandeira do espectro e, via de regra, surgem críticas nas redes sociais sobre a suposta falta de amor, capacitação e respeito.

Nesse mundo complexo do espectro autista, onde os níveis de suporte não se mantêm estáticos, nem nas características nem nas necessidades, e que variam de indivíduo para indivíduo, estar munido de leis, direitos e saberes simples e elaborados é necessário. No entanto, quando o piano sai do meio da sala, temos uma evolução visível em todas as áreas. Acredito que só através das atividades diárias e da participação ativa com uma visão humanizada é que vemos algo diferente acontecer. Enquanto os médicos e terapeutas se especializam em buscar estudos com melhores resultados, frequentemente adotando uma postura crítica em relação a intervenções que não são aquelas que estudaram, o mundo político entra em ação ao descobrir um nicho para conquista de votos.

Diante dessas mudanças múltiplas conquistas e retrocessos nas camadas do espectro autista, em que cada indivíduo tem sua trajetória única, reconhecer a importância das leis e dos direitos é essencial, mas não suficiente. O diagnóstico precoce e a intervenção contínua são pilares que sustentam uma jornada mais acessível e significativa, proporcionando mais qualidade de vida, independência e, para alguns, autonomia. Mas, além dos protocolos e diretrizes, é no cotidiano – nos pequenos desafios, nas conquistas diárias e na presença ativa da família e da comunidade – que a verdadeira transformação acontece. É nesse espaço de escuta e acolhimento que se constrói um caminho mais humano e respeitoso para todos.

Referências

APGAR V. A proposal for a new method of evaluation of the newborn infant. *Anesth Analg*. Baltimore, v. 120, n. 5, p. 1056-1059, maio 2015. DOI: 10.1213/ANE.0b013e31829bdc5c.

FEZER, G. F. *et al.* Características perinatais de crianças com transtorno do espectro autista. *Revista Paulista de Pediatria*, v. 35, p. 130-135, 2017.

KÜBLER-ROSS, E. *Sobre a morte e o morrer*. 8. ed. São Paulo: Martins Fontes, 1998.

MAENNER M.J. *et al.* Prevalence and Characteristics of Autism Spectrum Disorder Among Children Aged 8 Years – Autism and Developmental Disabilities Monitoring Network, 11 Sites, United States, 2020. *MMWR Surveill Summ*, v. 72, n. 2, p. 1-14, 2023. doi: 10.15585/mmwr.ss7202a1. Disponível em: https://pubmed.ncbi.nlm.nih.gov/36952288/. Acesso em: 20 fev. 2025.

MAZAHERY, H. *et al.* Relação entre ácidos graxos poliinsaturados n-3 de cadeia longa e transtorno do espectro autista: revisão sistemática e meta-análise de ensaios clínicos randomizados e de caso-controle. *Nutrients*, v. 9, n. 2, p. 155, 2017.

MINISTÉRIO DA SAÚDE. *11ª revisão da Classificação Internacional de Doenças será implementada no Brasil até 2027*. Governo Federal, 2025. Disponível em: https://www.gov.br/saude/pt-br/assuntos/noticias/2025/janeiro/11a-revisao-da-classificacao-internacional-de-doencas-sera-implementada-no-brasil-ate-2027#:~:text=Conforme%20a%20Nota%20Técnica%2091,capacitação%20dos%20usuários%20e%20publicização. Acesso em: 2 abr. 2025.

WELLS, R. H. C. *et al. CID-10*: classificação estatística internacional de doenças e problemas relacionados à saúde. São Paulo: EDUSP, 2011.

CAPÍTULO 49

O papel do neurologista pediátrico no transtorno do espectro autista (TEA)

Este capítulo aborda a importância do neurologista pediátrico no autismo, com destaque não apenas para a identificação e confirmação do transtorno, mas também para a coordenação de um cuidado empático e multidisciplinar, visando apoiar as famílias e otimizar o desenvolvimento das crianças e adolescentes com esse diagnóstico.

Tainá Maia Cardoso

TAINÁ MAIA CARDOSO

Graduada em Medicina pela Universidade Estadual de Montes Claros (Unimontes). Pediatra pelo Hospital Universitário Antônio Pedro/Universidade Federal Fluminense (HUAP/UFF). Neurologista Infantil pelo Instituto Fernandes Figueira (IFF/Fiocruz). Pós-graduada em Transtorno do Espectro Autista pelo *Child Behavior Institute of Miami* (CBI of Miami). Atualmente, reside em Goiânia/GO e dedica-se ao atendimento integral e humanizado de crianças e adolescentes, com enfoque na colaboração com as famílias, para a potencialização do máximo desempenho de cada paciente.

Contatos: tainamaiacardoso@gmail.com
neuropedgoiania@gmail.com
Instagram: @neuropedgoiania
62 99380 7135

Introdução

O autismo é uma condição complexa do neurodesenvolvimento; não é uma doença, mas um transtorno que requer diagnóstico cuidadoso e fundamentado em critérios bem delimitados. O papel do neurologista pediátrico é central nesse processo, uma vez que ele é essencial na identificação e condução do diagnóstico e inserção da criança ou adolescente no caminho terapêutico adequado.

O processo de diagnóstico

O diagnóstico do transtorno do espectro autista (TEA) começa com a percepção atenta dos sinais de alerta, principalmente pelo pediatra que acompanha o desenvolvimento da criança. As estimativas mais recentes indicam que uma em cada trinta e seis crianças nos Estados Unidos tem esse diagnóstico (Maenner *et al.*, 2023). Um importante instrumento utilizado para essa triagem é o M-CHAT (*Modified Checklist for Autism in Toddlers*), que é a ferramenta mais estudada e amplamente utilizada para a triagem de TEA em crianças pequenas (Hyman *et al.*, 2020). Inclusive, o Estatuto da Criança e do Adolescente foi modificado pela Lei nº 13.438/2017, que passou a prever a obrigatoriedade, por meio do SUS, de aplicação a todas as crianças, nos primeiros dezoito meses de vida, de protocolo ou outro instrumento para detectar a existência de eventual risco ao desenvolvimento psíquico. Essa escala de triagem é preenchida com base nas observações dos pais sobre o comportamento do filho, oferecendo uma visão detalhada dos sinais que podem estar relacionados ao autismo. Os testes de triagem baseiam-se nas primeiras manifestações de sintomas de déficits relacionados com a comunicação social (Hyman *et al.*, 2020).

A soma das respostas no M-CHAT auxilia o pediatra a decidir pela necessidade de uma avaliação neurológica mais específica. Vale ressaltar que os resultados de um teste de triagem não são diagnósticos (Hyman *et al.*, 2020). O diagnóstico do TEA segue critérios rigorosos delimitados pelo DSM-5-TR (*American Psychiatric Association* – APA, 2022). Esses critérios incluem:

1. Déficits persistentes na comunicação social e na interação social em múltiplos contextos, que incluem dificuldades na reciprocidade socioemocional, na comunicação não verbal e no desenvolvimento de relacionamentos.
2. Padrões restritos e repetitivos de comportamento, interesses ou atividades, manifestados por pelo menos dois dos seguintes: movimentos motores, uso de objetos ou fala estereotipados ou repetitivos; adesão inflexível a rotinas ou padrões ritualizados de comportamento; interesses fixos e restritos anormais em intensidade; hiper ou hiporreatividade a estímulos sensoriais ou interesses incomuns em aspectos sensoriais do ambiente.
3. Os sintomas devem estar presentes no período de desenvolvimento precoce, mas podem não se manifestar totalmente até que as demandas sociais excedam as capacidades limitadas, ou podem ser mascarados por estratégias aprendidas mais tarde na vida.
4. Os sintomas causam prejuízos clinicamente significativos no funcionamento social, ocupacional ou em outras áreas importantes da vida cotidiana.
5. Esses distúrbios não podem ser explicados melhor por deficiência intelectual ou atraso global no desenvolvimento.

O diagnóstico do autismo é essencialmente clínico, de modo que não há a necessidade de exames complementares para confirmá-lo. O processo de diagnóstico envolve uma avaliação multidimensional, que pode incluir observações clínicas, entrevistas com os pais e cuidadores, e a aplicação de escalas padronizadas, como a ADOS-2 (*Autism Diagnostic Observation Schedule*) e o ADI-R (*Autism Diagnostic Interview-Revised*). No entanto, o diagnóstico não deve se limitar a uma lista de sintomas e tem que levar em consideração a singularidade de cada criança. Nesse contexto, a avaliação neuropsicológica, embora possa ser útil para sugerir diagnósticos e oferecer um entendimento mais detalhado do perfil cognitivo de cada criança, não é obrigatória para o diagnóstico de TEA. Ela pode ajudar a delinear as habilidades e desafios individuais, mas o diagnóstico formal continua sendo uma decisão clínica fundamentada principalmente em critérios observacionais e comportamentais. Em casos de surgimento de dúvidas relacionadas aos diagnósticos diferenciais, como em situações de regressão do neurodesenvolvimento ou epilepsia associada, a utilização de exames complementares torna-se relevante. Nesse sentido, a neuroimagem e/ou o eletroencefalograma (EEG) podem fornecer informações relevantes para esclarecer ou descartar outras condições que podem se sobrepor ao quadro do TEA.

Fatores de risco

Tanto fatores genéticos quanto fatores ambientais desempenham um papel fundamental na etiologia do autismo (Wang *et al.*, 2023). O risco da recorrência do TEA entre irmãos mais novos é alto. O sexo do bebê, o número de irmãos autistas na família e o sexo do irmão mais velho são fatores determinantes na taxa de recorrência. A taxa de recorrência aumenta significativamente em famílias com mais de um irmão autista. Se o primeiro filho autista for do sexo feminino, a taxa de recorrência é de 34,7%, comparada a 22,5% quando o primeiro filho autista é do sexo masculino (Ozonoff *et al.*, 2024). Além disso, a presença de transtornos mentais ou comportamentais nos pais pode aumentar o risco de autismo, sugerindo assim uma predisposição genética. A idade dos pais na concepção também desempenha um papel importante. O aumento da idade materna e paterna está associado ao risco de TEA, isoladas ou em conjunto (Styles *et al.*, 2020). Outros fatores perinatais são a prematuridade (idade gestacional abaixo de 35 semanas), o peso ao nascimento inferior a 2.500 gramas e a necessidade de admissão em uma unidade de terapia intensiva neonatal, por exemplo (Gardener, Spiegelman & Buka, 2011).

Esses fatores de risco refletem a complexidade desse transtorno e a necessidade de um entendimento aprofundado das variáveis envolvidas, que vão além de uma simples relação causa-efeito.

Comorbidades

Muitas crianças diagnosticadas com autismo também apresentam dificuldades intelectuais e/ou de linguagem. O TEA pode fazer parte de síndromes genéticas conhecidas e se sobrepor a outros distúrbios genéticos, como a síndrome de Rett, síndrome de Angelman, esclerose tuberosa, síndrome de Tourette, neurofibromatose tipo 1, síndrome de Down e síndrome do X frágil, por exemplo.

Assim, a deficiência intelectual pode ser tanto um diagnóstico diferencial quanto uma comorbidade. A taxa de deficiência intelectual no autismo é estimada em 35,2% (Hyman *et al.*, 2020). Muitos estudos relatam que há maior prevalência de epilepsia em indivíduos com TEA em comparação à população geral. De acordo com os dados da literatura, a prevalência de epilepsia em pacientes com TEA varia de 2% a 46% (Precenzano *et al.*, 2020; Capal *et al.*, 2024). A presença de alterações eletroencefalográficas em autistas varia de 4% a 80%, mesmo na ausência de histórico de crises clínicas (Gardener, Spiegelman & Buka, 2011). Anormalidades cromossômicas, distúrbios metabólicos e infecções são exemplos de etiologias que predispõem tanto ao TEA quanto à epilepsia (Kwon, Wirrel & Jetté, 2022). Mais de 70% dos indivíduos autistas apresentaram pelo menos uma condição psiquiátrica comórbida, e mais de 40% apresentaram duas ou mais (Capal *et al.*, 2024). O Transtorno de Déficit de Atenção/Hiperatividade, distúrbios do sono e do comportamento, transtornos de ansiedade e depressão também são associações comuns. A presença de características dismórficas ou deficiência intelectual está associada à maior probabilidade de uma anomalia genética (Tammimies *et al.*, 2015).

Terapias e intervenções

Uma vez feito o diagnóstico, o neurologista pediátrico tem um papel importante na coordenação das terapias necessárias. Não existe uma abordagem única para todos os casos de TEA, mas há consenso sobre a necessidade de intervenções precoces e intensivas, que incluem:

1. **Análise do Comportamento Aplicada (ABA – *Applied Behavior Analysis*)**: a ABA, como ciência, é uma abordagem sistemática para entender comportamentos de interesse social. Como prática, é a aplicação de princípios analíticos do comportamento para melhorar comportamentos socialmente importantes. Atualmente, é uma das intervenções mais bem estabelecidas para melhorar habilidades comunicativas e sociais.
2. **Terapia ocupacional**: foca em desenvolver habilidades de vida diária, avalia e direciona os déficits de processamentos sensorial.
3. **Fonoaudiologia**: aprimora a comunicação, seja ela verbal ou alternativa.
4. **Fisioterapia**: trabalha a mobilidade, corrigindo posturas e movimentos.
5. **Psicomotricidade**: integra aspectos motores, cognitivos e emocionais.
6. **Psicopedagogia e intervenções escolares personalizadas**: o neurologista, em colaboração com a equipe pedagógica, deve auxiliar na elaboração de um Plano Educacional Individualizado (PEI), garantindo que a criança receba os apoios e adaptações necessários para seu pleno desenvolvimento acadêmico.

A reabilitação multidisciplinar, bem como a intervenção farmacológica, quando indicada, são os tratamentos que têm o maior nível de evidências diante da propedêutica do autismo.

Intervenção farmacológica

Embora o tratamento do TEA não dependa de medicação como primeira linha, há situações em que a intervenção farmacológica pode ser indicada, principalmente para tratar sintomas associados que interferem no bem-estar da criança, como irritabilidade grave, hiperatividade e/ou distúrbios do sono (Hyman *et al.*, 2020). A prescrição de medicamentos, quando indicada, deve ser feita pelo neurologista pediátrico, com monitoramento dos efeitos colaterais e ajustes, conforme necessário.

O cuidado coordenado

Uma característica fundamental do manejo do TEA é a coordenação entre múltiplos profissionais e serviços (Hyman *et al.*, 2020; Styles *et al.*, 2020). O neurologista pediátrico atua como um ponto centralizador, coordenando os esforços entre os diversos terapeutas, a escola e a família. A comunicação eficaz com a equipe escolar é essencial, uma vez que muitas das intervenções e adaptações precisam ser implementadas no ambiente escolar. Além disso, o apoio à família é imprescindível, tanto emocional quanto informativo, para que possam participar ativamente do processo terapêutico.

A empatia no cuidado médico

Outro aspecto fundamental do trabalho do neurologista pediátrico é o acolhimento; a família não busca apenas um diagnóstico, ela quer se sentir cuidada e acolhida. O impacto do diagnóstico de TEA em uma família pode ser desafiador. Colocar-se no lugar da família, ouvir suas preocupações e angústias e guiá-los com paciência e compreensão é parte essencial do cuidado. A empatia é um pilar-chave para que o acolhimento seja bem-sucedido. É necessário acompanhar a adaptação emocional da família ao longo do processo, com suporte adequado e orientações claras para cada etapa do tratamento. O cuidado humanizado faz toda a diferença no sucesso das intervenções terapêuticas e na qualidade de vida da criança e de sua família.

Conclusão

O papel do neurologista pediátrico no manejo do transtorno do espectro autista é multifacetado e de extrema importância. Além de realizar o diagnóstico correto, é fundamental que ele seja um facilitador no acesso a terapias adequadas e atue como coordenador de uma rede de cuidado que inclui terapeutas, educadores e a família. Ao mesmo tempo, a empatia e o entendimento das dificuldades enfrentadas pelas famílias devem estar presentes em todas as etapas desse processo. O TEA é um transtorno que pode ser abordado de maneira eficaz por meio de intervenções terapêuticas personalizadas e um suporte coordenado, com a promoção do pleno potencial de cada criança.

Referências

AMERICAN PSYCHIATRIC ASSOCIATION. *Diagnostic and statistical manual of mental disorders*: text revision. 5 ed. Arlington, VA: American Psychiatric Publishing, 2022.

CAPAL, J. K.; *et al.* Autism and epilepsy. *Pediatric Clinics of North America*, v. 71, n. 2, p. 241-252, 2024.

GARDENER, H.; SPIEGELMAN, D.; BUKA, S. L. Perinatal and neonatal risk factors for autism: a comprehensive meta-analysis. *Pediatrics*, v. 128, n. 2, p. 344-355, 2011.

HYMAN, S. L. *et al.* Identification, evaluation, and management of children with autism spectrum disorder. *Pediatrics*, v. 145, n. 1, 2020.

KWON, C.; WIRREL, E. C.; JETTÉ, N. Autism spectrum disorder and epilepsy. *Neurologic Clinics*, v. 40, n. 4, p. 831-847, 2022.

MAENNER, M. J. *et al.* Prevalence and characteristics of autism spectrum disorder among children aged 8 years – Autism and developmental disabilities monitoring network, 11 Sites, United States, 2020. *MMWR Surveillance Summaries*, v. 72, n. 2, p. 1-14, 2023.

OZONOFF, S. *et al.* Familial recurrence of autism: updates from the baby siblings research consortium. *Pediatrics*, v. 154, n. 2, 2024.

PRECENZANO, F. *et al.* Electroencephalographic abnormalities in autism spectrum disorder: characteristics and therapeutic implications. *Medicina (Kaunas)*, v. 56, n. 9, p. 419, 2020.

STYLES, M. *et al.* Risk factors, diagnosis, prognosis and treatment of autism. *Frontiers in Bioscience (Landmark Edition)*, v. 25, n. 9, p. 1682-1717, 2020.

TAMMIMIES, K. *et al.* Molecular diagnostic yield of chromosomal microarray analysis and whole-exome sequencing in children with autism spectrum disorder. *JAMA*, v. 314, n. 9, p. 895-903, 2015.

WANG, Y. *et al.* Autism spectrum disorder: neurodevelopmental risk factors, biological mechanism, and precision therapy. *International Journal of Molecular Sciences*, v. 24, n. 3, p. 1819, 17 jan. 2023.

CAPÍTULO 50

Estratégias para uma participação colaborativa dos pais na terapia dos filhos

Seu filho ou filha já está sendo tratado por especialistas (ufa!). E agora? Não há mais com o que se preocupar? Neste capítulo, realiza-se uma descrição da trajetória envolta de responsabilidades encarada pelos pais de crianças com TEA, desde a investigação diagnóstica até o tratamento. A partir disso, recomendações sobre a importância da participação colaborativa dos pais nos tratamentos de seus filhos são apresentadas com dicas para alcançar uma participação parental possível e saudável.

Wederson Chagas

WEDERSON CHAGAS

Psicólogo, graduado pela Universidade Paulista (2017), com especialização em Terapia Comportamental pelo HU-USP/SP (2018), formação avançada em Intervenção Comportamental (*Applied Behavior Analysis* – ABA) com pessoas diagnosticadas com Transtorno do Espectro Autista (TEA) pelo Instituto Terapia por Contingências de Reforçamento (2018), mestre em Psicologia Experimental – Análise do Comportamento pela PUC-SP (2024). Fundador e diretor da Ethos – Cultura e Neurodiversidade, clínica que presta serviços à população neurodivergente. Pesquisador de estratégias de capacitação parental e variáveis de controle para a tomada de decisão de planejadores de programas de capacitação para pais e cuidadores.

Contatos: www.ethoscn.com.br
eddychagas@ethoscn.com.br
Currículo: http://lattes.cnpq.br/8245994932639902
Facebook: psiwederson
Instagram: @psieddychagas

A melhor herança que um pai pode dar aos seus filhos é alguns minutos do seu tempo a cada dia.

O. A. Battista

A lista de responsabilidades dos pais de uma criança com desenvolvimento atípico é complexa e constantemente sujeita a reformulações. Antes do diagnóstico, é responsabilidade dos pais observar o desenvolvimento do filho e buscar ajuda especializada. Durante a investigação, os pais devem selecionar especialistas, agendar consultas e fornecer informações detalhadas. Após o diagnóstico, inicia-se uma fase de busca por tratamentos, incluindo a pesquisa de profissionais com disponibilidade, a análise de orçamentos, a organização de horários para levar a criança às sessões e a adaptação da rotina familiar para atender às necessidades terapêuticas. Ou seja, a lista de responsabilidades só aumenta.

Acompanhar regularmente a criança em tratamentos especializados, que favoreçam o desenvolvimento de habilidades de autonomia e relacionamento, já é uma conquista, mas as responsabilidades dos pais não terminam aqui. Após essa fase, surge a necessidade de continuar sendo uma pessoa funcional e participativa na sociedade e equilibrar a vida profissional, social e familiar, mantendo-se presente também na vida de outros familiares e amigos. Ao mesmo tempo, os pais precisam garantir que a criança tenha uma rotina "normal", com momentos de lazer e diversão, enfrentando sozinhos desafios impostos pela condição dos filhos e pela sobrecarga sensorial, o que muitas vezes resulta em tentativas frustradas de passeios, viagens e visitas à família e amigos.

Ainda que contem com a ajuda de especialistas e cuidadores, certas tarefas e necessidades da criança recaem exclusivamente sobre os pais, afinal, os terapeutas não estarão com as crianças o tempo todo. Pensando nisso, em uma realidade em que pais de crianças com TEA enfrentam desafios financeiros, altos níveis de estresse e ansiedade e redes de apoio limitadas (Montes & Cianca, 2014), o apoio e a capacitação se tornam essenciais para permitir uma participação saudável na vida de seus filhos.

A capacitação parental e a participação ativa dos pais

A capacitação parental é essencial para famílias de crianças com transtornos do neurodesenvolvimento (TN), pois oferece intervenções que ensinam práticas educativas, promovendo o desenvolvimento de habilidades sociais e cognitivas. Esse modelo, amplamente estudado desde a década de 1970, torna-se mais acessível por possibilitar o atendimento de diversos pais simultaneamente, além de ser financeiramente viável para famílias que não conseguem arcar com intervenções intensivas (Guralnick, 1997).

A participação ativa dos pais nas terapias, com orientação direta de especialistas, é vital para o sucesso do tratamento. Guralnick destaca a importância da colaboração entre pais e profissionais, que multiplica a eficácia do tratamento, pois comportamentos aprendidos em sessões terapêuticas precisam ser reforçados no ambiente doméstico. Pais capacitados conseguem generalizar e manter esses comportamentos em casa, promovendo um aprendizado mais duradouro (Mahoney, Robinson & Perales, 2004). A capacitação também melhora a dinâmica familiar como um todo, reduz problemas de comportamento e permite maior inclusão social, além de diminuir o uso de medicação, proporcionando economia e reduzindo riscos de efeitos colaterais (Matson, Mahan & LoVullo, 2009).

Desafios para a realização da capacitação parental

Apesar de amplamente recomendada, a capacitação parental enfrenta barreiras para sua implementação e continuidade. Entre os principais desafios estão a adesão dos pais ao programa, o engajamento e a permanência ao longo do processo. Morawska, Dyah Ramadewi & Sanders (2014) identificaram perfis de pais mais propensos a desistir, como aqueles que enfrentam episódios de depressão, têm dificuldade de pedir ajuda, não compreendem a gravidade dos problemas dos filhos ou lidam com problemas comportamentais graves.

Os profissionais que oferecem a capacitação também lidam com sua própria porção de desafios, como a necessidade de planejar intervenções mensuráveis, apropriadas e aceitas pelos pais, que promovam a generalização e a manutenção das habilidades e que mensurem a satisfação dos pais com o programa (Matthews & Hudson, 2001). Além disso, poucos terapeutas recebem formação em capacitação parental. Chagas (2024) aponta que 43% dos analistas do comportamento entrevistados relataram nunca ter estudado capacitação parental em suas formações, o que compromete a qualidade do suporte oferecido. Além disso, em minha experiência profissional, já recebi relatos de pais que acreditavam atrapalhar as sessões e que se sentiam pouco queridos dentro do consultório dos terapeutas. Tudo isso corrobora o fato de que os pais participam dos tratamentos de forma passiva, o que não contribui para a resolução dos problemas em casa.

Em busca de uma participação colaborATIVA

Há possibilidades para ajudar a superar esses obstáculos. Com certo esforço inicial, os pais e terapeutas podem adotar algumas estratégias práticas:

1. **Busque apoio emocional**: muitos pais enfrentam episódios de depressão, o que pode afetar negativamente sua participação em programas de capacitação. Buscar apoio emocional, seja por meio de terapia, acompanhamento psiquiátrico, grupos de apoio ou conversando com amigos e familiares, pode ajudar a lidar com o estresse e aumentar a disposição para se engajar no processo. Lembre-se, seu filho precisa de você, mas você precisa estar bem para poder cuidar dele.
2. **Aprenda a pedir ajuda**: reconhecer que todos precisam de ajuda em algum momento é fundamental. Acredite, trilhar esse caminho sozinho é muito mais difícil. Se os pais sentirem dificuldade em compreender ou implementar as estratégias ensinadas, é importante que eles se sintam à vontade para pedir orientação adicional aos profissionais envolvidos. A ajuda também pode vir de outros lugares: um vizinho que pode ficar com seus outros filhos para que você participe da sessão, um chefe que te libera mais cedo uma vez por semana, um amigo que traz os filhos para interagir com o seu filho de forma planejada e protegida. Até mesmo os terapeutas podem ajudar, com indicações, orientações etc.
3. **Não se deixe levar pela gravidade dos problemas**: muitos pais podem achar que, devido à gravidade dos problemas relacionados ao filho, ou devido ao histórico de fracasso em outros tratamentos, não há mais chances de que ele possa apresentar evolução. É muito importante que ainda haja esperança. É fundamental que os pais acreditem e estejam dispostos a tentar mais uma vez, fazer diferente, analisar o que deu errado, aprender com os erros e retomar a jornada.
4. **Aprenda a gerenciar o tempo e priorizar a capacitação**: a falta de tempo é um desafio comum, por isso, é preciso aprender a priorizar o que é mais importante: sua participação nas sessões de capacitação.

Converse com a equipe multiprofissional, estabeleça datas específicas para a capacitação e reflita sobre o que pode funcionar melhor para você (aulas, participação durante a sessão etc.).

5. **Invista em um relacionamento franco e aberto com os terapeutas**: ao longo da minha experiência como terapeuta, pude concluir, com certeza, que os maiores fracassos aconteciam em relações em que os pais não eram honestos sobre o que podiam realizar, sobre os obstáculos e sobre seus incômodos com relação ao tratamento. Seja franco com os terapeutas, procure uma relação honesta e sem rodeios. Não há tempo a perder. Se não observa abertura, procure outro terapeuta rapidamente.
6. **Participe ativamente no programa**: além de comparecer às sessões, os pais devem se engajar ativamente, fazendo perguntas, praticando as técnicas em casa e dando feedback aos terapeutas sobre o que funcionou e o que não funcionou. Esse tipo de envolvimento pode melhorar a eficácia da capacitação e a adaptação das estratégias ao contexto familiar.
7. **Mantenha-se paciente e persistente**: mudanças no comportamento das crianças e nas práticas parentais podem levar tempo. Os pais devem ser pacientes com o processo e persistir, mesmo que os resultados não sejam imediatos. Todos os dias temos a oportunidade de recomeçar, refletir e partir para a ação.
8. **Procure terapia familiar**: considerar a terapia familiar pode ser uma maneira eficaz de abordar questões sistêmicas que afetam a dinâmica familiar e que podem estar afetando a evolução do seu filho. Profissionais que trabalham com a família como um todo podem ajudar a resolver problemas que estão além do escopo da capacitação parental. Dica: a terapia familiar não precisa começar com a família toda. Em muitos casos, um dos responsáveis se mostra oposto ao tratamento. Nesses momentos, o terapeuta familiar pode trabalhar somente com os responsáveis disponíveis e ajudá-los a encontrar maneiras de inserir os outros na terapia.
9. **Busque capacitação alternativa ou complementar**: se os programas de capacitação parental disponíveis não atenderem completamente às necessidades da família, os pais podem explorar outras opções, como cursos on-line, livros, ou workshops que possam complementar o programa principal.
10. **Colabore com os terapeutas**: é importante que os pais trabalhem em parceria com os terapeutas, fornecendo informações sobre o progresso das crianças em casa e colaborando na adaptação das estratégias de intervenção, aceitando propostas, mostrando flexibilidade.

A chave é saber seus limites e suas restrições, estar aberto a novas propostas, confiar e manter o compromisso de tentar.

Apoiar uma criança com TEA é desafiador, mas a participação ativa dos pais nas terapias é crucial. A capacitação parental oferece ferramentas práticas para lidar com os desafios diários, fortalecendo o vínculo familiar e promovendo uma dinâmica colaborativa. Mesmo em momentos difíceis, o esforço dos pais é fundamental para ajudar o filho a alcançar seu potencial. Com paciência, apoio emocional e uma boa parceria com os terapeutas, é possível ver avanços. Cada vitória, por menor que seja, deve ser celebrada, pois faz parte de um processo maior de desenvolvimento e inclusão. A contribuição dos pais é essencial para construir um caminho de aprendizado, afeto e conquistas que beneficiam tanto o filho quanto a família.

Referências

CHAGAS, W. D. *A caracterização da prestação de serviços de analistas do comportamento na capacitação parental de pais de crianças com transtornos do neurodesenvolvimento.* 2024. Dissertação (Mestrado) – Pontifícia Universidade Católica de São Paulo, São Paulo, Brasil.

GURALNICK, M. J. Effectiveness of early intervention for vulnerable children: a developmental perspective. *American Journal on Mental Retardation*, v. 102, n. 4, p. 319, 1997.

MAHONEY, G.; ROBINSON, C.; PERALES, F. Early motor intervention: the need for new treatment paradigms. *Infants and Young Children*, v. 17, p. 291-300, 2004.

MATTHEWS, J. M.; HUDSON, A. M. Guidelines for evaluating parent training programs. *Family Relations*, v. 50, n. 1, p. 77-86, 2001.

MATSON, J. L.; MAHAN, S.; LOVULLO, S. V. Parent training: a review of methods for children with developmental disabilities. *Research in Developmental Disabilities*, v. 30, n. 5, p. 961-968, 2009.

MONTES, G.; CIANCA, M. Family burden of raising a child with ASD. In: PATEL, V.; PREEDY, V.; MARTIN, C. (eds.). *Comprehensive guide to autism*. Springer, New York, NY, 2014.

MORAWSKA, A.; DYAH RAMADEWI, M.; SANDERS, M. R. Using epidemiological survey data to examine factors influencing participation in parent-training programmes. *Journal of Early Childhood Research*, v. 12, n. 3, p. 264-278, 2014.